GIGN

Les secrets d'une unité d'élite

23, rue du Cherche-Midi, 75006 Paris.

Vous pouvez consulter notre catalogue général et l'annonce
de nos prochaines parutions sur notre site Internet :
cherche-midi.com

Jean-Luc Calyel

GIGN

Les secrets d'une unité d'élite

Collection
Documents

le
cherche
midi

À mon épouse Joce et à Charles Henri
qui ont su ouvrir mon cœur sur un monde meilleur...

De l'action au fondement de l'être que nous sommes. Un cœur à cœur discret au travers de missions toujours tenues secrètes. Une aventure humaine jusqu'à l'essence même de l'homme.

Il n'appartient qu'à nous d'admettre nos forces et nos faiblesses, nos succès ou nos maladresses pour en préserver à jamais l'essentiel. Alors peut-être qu'un jour, nous aussi, nous serons en mesure d'ouvrir notre propre porte vers les étoiles...

D'abord imaginée. Ensuite envisagée. Puis enfin réalisée. Aujourd'hui l'histoire, tant espérée il y a vingt-deux ans, appartient déjà au passé. Mon nom ne vous dira rien, mes perceptions non plus. En revanche, mes missions...

Jeune inconnu, je débarque à Versailles en 1986. En mai pour être plus précis. J'arrive tout droit d'une ville surplombant la Méditerranée. J'ai tout juste vingt-deux printemps. Je n'ai satisfait aux tests de sélection l'année précédente. J'ai pour unique bagage que la passion du sport et le goût de l'aventure. Le tout bâti sur un solide esprit d'équipe forgé dans le dépassement de soi et le respect de l'autre. Des ingrédients essentiels pour espérer, un jour, être à la hauteur des missions qui me seront confiées. Elles sont aussi diverses que variées. Elles me font rêver depuis la fin de mon adolescence. En silence, j'envie déjà les maîtres opérationnels alors que je ne suis qu'un apprenti. Je ne souhaite qu'une seule chose : en finir avec ma formation. Plus vite elle sera achevée, plus vite je serai un des leurs. J'ai de la chance, la fin du stage est prévue le mois de mes vingt-trois ans.

– Je voulais vous dire, vous êtes verni !

– Pourquoi ?

– La fin de votre formation correspond à votre mois anniversaire.

– Et alors ?

– Et alors, l'âge minimum pour entrer chez nous est vingt-trois ans ! m'informe l'un des officiers.

Six mois représentent le temps nécessaire pour être déclaré enfin opérationnel et reconnu de ses pairs. L'issue d'un stage est toujours sanctionnée par une démonstration de notre savoir-faire auprès de nos anciens. Nous connaissons tout des armes. Leur maîtrise, leur démontage et remontage, en tout temps, en tous lieux. De jour comme de nuit, été comme hiver. Épuisé ou pas. Nos tirs sont désormais d'une précision redoutable. Tant en arme de poing qu'en arme d'épaule. Nous le démontrons par le tir de confiance. L'équipier place un pigeon d'argile sur son gilet pare-balles. Il est suspendu à une cordelette. La tête et les membres sont dépourvus de toute protection. Quinze mètres le séparent du porteur de l'arme. Je dégaine mon revolver. Un 357 Magnum. D'un geste mille fois répété, je monte le canon. Bras tendu, le cran de mire et le guidon sont à présent alignés sur le camarade de stage. Les éléments de visée sont nets, le pigeon flou, mon meilleur ami immobile. Une coupelle jaunâtre apparaît devant la bouche de mon canon. Pour lui, les secondes se comptent en minute. Pour moi, l'échec est interdit. Une cartouche, une détonation, un impact, telle est la tradition. Point visé, point touché. Le pigeon doit se briser et l'ami être épargné. La respiration influe sur la visée. J'inspire, mon arme monte. J'expire, elle descend. J'inspire, elle s'élève, j'expire... Top ! Trop tard... Coup parti. L'impact passé, la cible vivante recule d'un pas. Témoin du pigeon brisé à ses pieds, mon camarade sourit. Je souffle, soulagé.

Les parcours de tirs orchestrés, les distances ordonnées, la taille et la forme des cibles sont autant de défis à relever.

– Entraînement difficile, mission facile, sourit un de mes instructeurs.

Toutes les épreuves imposées sont relevées. De la première à la dernière. Faire mouche quelle que soit la situation, sinon croissants pour tout le monde. L'erreur n'est pas sanctionnée sauf si elle se répète. Plus tard, elle sera systématiquement soulignée, voire condamnée si elle se produit en opération. L'obligation de moyen n'est pas suffisante. Seule l'obligation de résultat nous est consentie. La brebis galeuse se voit très vite gratifiée d'une mise en quarantaine et montrée du doigt. Les munitions n'ont plus de secret. Leur effet, la vitesse, le pouvoir de pénétration, l'impact, la puissance d'arrêt sont désormais des paramètres dominés. Les blessures engendrées sont maintenant connues. Excepté celles qui seront infligées à mon âme. Celles-ci me sont encore inconnues. Notre connaissance dépasse la pratique. Toutes les situations de crise sont envisagées, étudiées, décryptées. Toutes sont passées au crible. Qu'elles soient mineures ou majeures, sur terre ou en mer, dans un train ou dans un avion, toutes restent importantes. Elles constitueront notre expérience qui résoudra peut-être un jour la situation la plus inextricable. Cela dans un seul but : aider son prochain. Quel qu'il soit. Bon ou mauvais. La vie n'a pas de prix. Elle n'a pas non plus de catégorie. Elle n'a qu'un cœur, qu'une couleur, qu'une face. En revanche, qui préservera mon âme des peines et des peurs ? Qui m'expliquera que de mes convictions les plus profondes allaient naître les désillusions les plus grandes ?

Aujourd'hui la chance est avec moi. Faute de personnel suffisant, le patron est dans l'obligation de piocher parmi les stagiaires. Seul mot d'ordre : « Que cela reste entre nous ! Je vous rappelle que votre stage ne se termine que dans un mois. » L'opération est importante puisqu'il s'agit d'un hold-up programmé. Le flagrant délit aura lieu dans deux jours à quelques kilomètres d'Amiens. L'information nous est parvenue d'un repenti en mal d'une vie meilleure.

– *Yes !* mimé-je d'un bras vainqueur et d'un poing fermé.

À cet instant, j'ignore tout de la brutalité à laquelle je vais être confronté. Ils sont bien loin les cow-boys et les Indiens. Première mission, premières violences, premier choc.

Deux heures trente. La nuit est froide. La vitre de ma chambre suinte d'humidité. Le stress m'empêche de dormir. Je tourne depuis une éternité dans mes draps froissés.

Je suis en quête de la position idéale. Celle qui me permettra d'oublier. Rien à faire, la mission me hante. Dans moins de deux heures, je serai sur le pied de guerre. Face à mon armoire métallique, j'agencerai mon sac, préparerai mes armes, peaufinerai ma tenue. Une tenue civile et un gilet pare-balles. Surtout ne rien oublier. Comment se déroule un hold-up ? Dans les séries télévisées, les héros gagnent toujours. Mais, à quelques heures de l'aube, le doute m'habite. Les équipes ont été constituées la veille, lors du briefing. Deux véhicules seront chargés de couper la retraite des braqueurs ou les pourchasser si cela devait mal tourner. Je serai dans la seconde voiture banalisée. Le renseignement nous indique qu'ils seront trois dans une voiture encore non identifiée. Un seul voyou est connu des services de recherche de la gendarmerie. Il est signalé dangereux. Il a souvent fait usage de son arme dans le passé. Les deux autres sont de parfaits inconnus. Aucun casier. Aucun profil établi. Aucune photo. Le renseignement nous précise simplement que l'un des deux est un homme plutôt chétif. Le braquage est prévu à l'ouverture de l'agence. Neuf heures pour être exact.

Cinq heures, une longue colonne de voitures banalisées glisse sur le périphérique parisien. Direction le nord. Autoroute A1. Plus nous approchons de la banlieue d'Amiens, plus le stress me gagne.

– Ne t'inquiète pas, sourit Henri assis à mes côtés. Quand les voyous savent qui nous sommes, ils se rendent la plupart du temps.

À croire que les quatre lettres suffisent à rétablir la paix dans le monde. Je ne demande qu'à m'en convaincre. « GIGN et la "voyoucratie" disparaît. »

Sept heures. Nous sommes en place derrière une des vitres de la mairie. Réquisitionné pour les besoins de l'enquête, l'hôtel de ville nous a concédé quelques pièces. À couvert du voilage, nous visualisons la banque. La place baigne encore dans un demi-sommeil. Quelques matinaux se déverrouillent les jambes avec un pain frais sous le bras. Des chiens tractent des maîtres engourdis. À cet instant, j'ignore tout de la suite. En réunion, la stratégie retenue semblait parfaite. Alors, pourquoi m'inquiéter ? L'échec et mat est garanti. Nous connaissons leur tactique. Leurs chemins de fuite, leurs voies d'accès. Le moment et le point exact de l'arrestation, et cela quel que soit l'itinéraire emprunté. En revanche, quel sera leur comportement, leur réaction ? Ils seront à coup sûr tendus comme des arcs. À l'affût du moindre uniforme décelé, aux aguets du plus petit éclat de gyrophare bleuté. Les minutes s'égrainent. La place offre désormais un choix important d'otages. Il n'y a plus qu'à se servir.

Il est neuf heures. Pas l'ombre d'un truand à l'horizon. Aucune tête patibulaire. L'agence est à présent ouverte au public. Ignorants, les employés vaquent à leurs occupations quotidiennes. Encore des otages en puissance... Deux de leurs clients sont des nôtres. Le temps est long. J'y crois sans trop y croire. Je vise ma montre : il est neuf heures quinze. Soudain, une Renault 30. L'information est crachée par radio.

– À tous, les targets arrivent au rendez-vous.

Je bondis à l'écoute du message.

– Trois types à bord !

Nous confirmons. La voiture rôde à présent près de l'agence. Ma montre affiche neuf heures vingt. À faible allure, elle longe la façade de la succursale. Alors que les passagers démontrent un calme olympien, mon cœur, lui, bat à tout rompre. Que dois-je faire ? Dans quelle voiture suis-je ? Le stress brouille mes pensées. Je prends l'arme en main ou je la laisse à la ceinture ? Mon casque ? Où est mon casque pare-balles ? Tu as rêvé d'y être, te voilà servi. J'ignorais que les quatre lettres charriaient aussi la peur et l'incertitude. Allais-je devoir vivre ces sentiments durant toute une carrière ? J'éprouve de la vulnérabilité. Et si c'était ma première et ma dernière mission... Ça serait con ! Pas le temps d'apprécier. Pas le temps de tout vivre. Pas le temps de dire ouf ! Plus rien. En un millionième de seconde je passerais de la vie à trépas. Mort d'une passion en un claquement de doigts. Après tout pourquoi pas ? D'autres meurent bien par dépit. Mon décès serait la conséquence d'une cause souhaitée et logique.

– Ne t'inquiète pas, tout va bien se passer, assure Henri d'un sourire crispé.

Après deux passages, les six cylindres s'immobilisent enfin devant l'entrée. Deux types mettent pied à terre. Le passager à l'avant et le petit à l'arrière. Le chauffeur garde les mains sur le volant. Aucune arme n'est apparente. Elles sont dissimulées sous la gabardine de l'un et l'anorak de l'autre. Du moins je l'imagine. D'ici, je ne suis pas en mesure de percevoir le moindre indice. Impossible de déterminer le genre d'armes. Arme longue, arme de poing, Le calibre ? Balle à sanglier, 9 mm, 357, 44 Magnum, 7.62, 5.56 ? Ont-ils des grenades ? Si oui, de quels types ? Les questions se bousculent et me perturbent. J'ai vu les dégâts qu'engendre une grenade défensive. C'est dévastateur. Mes réflexions nourrissent une inquiétude déjà lourde. Les dommages perpétrés n'ont de limites que mon imaginaire. À mes yeux craintifs, Pearl Harbor devient une vaste rigolade. Les types pénètrent dans l'établissement. J'imagine la panique entre les murs. Dehors, tout est calme. Le ciel est chargé. Dedans, l'enfer a débuté. Pendant ce temps, un chauffeur serein patiente à bord d'une puissante cylindrée. Ses doigts pianotent sur le volant. Son regard balaie la place et les rues adjacentes.

Je ne maîtrise plus mon palpitant. Nous nous préparons dans l'urgence avant qu'il ne soit trop tard. Les « tordus » peuvent s'extraire de la banque à tout moment. Avec ou sans otage. Les voitures et notre moto sont prêtes à bondir depuis l'arrière de la mairie. Mon revolver est toujours à la ceinture. Je m'agite comme les autres. Une véritable effervescence anime à présent les couloirs de la bâtisse communale. Nous sommes prêts. Prêt à quoi ? Je n'en sais rien. À s'attendre à tout peut-être. J'attends le top départ sur le siège arrière de la voiture qui m'avait été désignée la veille.

– Ils sortent ! s'écrie Henri en enroulant d'une seule enjambée les cinq marches qui séparent la mairie de notre parking.

Mon cœur me défonce la poitrine. Ma bouche est sèche. Mes mains moites. Philippe et Jacques enfourchent la moto. Nous sommes quatre par voiture. Pas un de plus, pas un de moins. D'autorité, gilets et casques s'approprient la plus grande partie de notre espace vital. La tension est palpable. Elle se lit sur les visages.

– Tu es sûr que tout va bien se passer ?

– Ils sont faits comme des rats ! Nous sommes derrière eux et un bouchon les attend en amont. Ils sont obligés de se rendre, s'inquiète Henri en tapotant ma cuisse.

En silence, je l'espère. Son visage n'exprime pas la profonde certitude. C'est drôle, j'ai comme un nœud au fond de la gorge. La déglutition se fait mal. Notre convoi s'inscrit dans le sillage de la Renault 30. Je suis dans la seconde voiture. La grosse cylindrée adopte une allure lente. Le chauffeur respecte la limitation de vitesse et met le clignotant pour virer à droite. Il marque le stop au premier carrefour. À mon plus grand étonnement, tout se déroule dans une sérénité surprenante. Les cambrioleurs semblent vouloir visiter la contrée sous un ciel chargé. La région boisée regorge de marécages. En amont, un premier virage s'annonce. Il nous fera écran dans quelques secondes. Soudain, la Renault enquille le premier lacet à pleine vitesse. Le moteur hurle, ses pneus fument de rage. Aussitôt, les nôtres s'emballent.

– Fonce ! hurle Henri aux oreilles de notre chauffeur.

Les radios crachent l'information. « Nous sommes repérés ! Bloquez la route ! Bloquez tout ! » Moteur hurlant, nous surgissons à l'entrée du virage pour en sortir quelques secondes plus tard. Il est serré et serpente entre deux mouvements de terrain. Je bascule contre la portière, puis sur mon camarade. La moto remonte la colonne et prend de l'avance sur le convoi. La Renault n'est plus qu'à une centaine de mètres de nous et à une trentaine de la moto. L'un des braqueurs nous présente déjà son bras armé. Première détonation. À cet instant, je suis spectateur d'une fiction. Je suis soufflé par la violence de la scène. Cela devait bien se passer... Dernier virage avant la longue ligne droite. Nous sommes bousculés dans l'habitacle. Des résidences secondaires bordent la départementale. « Le barrage ! hurle la radio, le barrage ! » La courbe franchie, les six cylindres prennent de nouveau quelques mètres sur nous. C'est alors qu'une première herse est tirée. Puis une seconde. Rien n'y fait. Lancée à pleine vitesse, la Renault emporte avec elle les pointes en acier. Au passage, nous récoltons notre part d'étoiles acérées. D'instinct, la moto slalome entre les dards parsemés. Troisième et dernier obstacle ! Comme prévu, Éric engage son véhicule sur la chaussée. Sa voiture dépasse la tonne. La Renault percute de plein fouet le nez de la Citroën. Le break fait un cent quatre-vingts degrés et plonge son museau dans le fossé. À bord, Éric est sonné. Malgré le bouclier défoncé et les pneus crevés, la R30 persiste. Elle poursuit sa fuite. Ses jantes sont sur le point de déchausser. Le véhicule chasse de l'avant. Nous collons le pare-chocs arrière des malfrats. Vitres baissées, deux braqueurs ouvrent le feu dans notre direction. Aussitôt une pluie d'ogives crible nos pare-brise. Le feu appelle le feu. Désormais à portée de tir, mes camarades de la première voiture rendent coup pour coup. Moi, je reste stupéfait. Les projectiles se croisent et se décroisent au rythme de la fougue déployée des uns et la rage d'en sortir vivants des autres. Insouciant, je suis le passager d'un autre monde. Un film se déroule devant mes yeux hébétés. Mon revolver dort toujours à la ceinture et mon casque sur mes genoux. Pendant ce temps, le passager de la moto arrose copieusement les fuyards. Des étuis en cuivre virevoltent de toute part et rebondissent sur la chaussée. Désormais incontrôlable, la Renault 30 achève sa course effrénée dans le jardin d'une propriété privée. Pour l'instant tapis derrière leur épave, les fugitifs tentent de couvrir leur fuite par des tirs incessants. Le feu trop nourri oblige le pilote de la moto à coucher son engin. Philippe et Jacques achèvent leur course en une longue glissade sur le flanc. La première voiture est maintenant prise à partie. Elle est à moins de dix mètres des gangsters acculés. La nôtre est positionnée à quelques mètres derrière. À l'abri de leur tôle fumante, les malfaiteurs ajustent maintenant leurs tirs. Ils visent et touchent. Dans le premier véhicule, Bruno est atteint au visage. En un éclair, la balle perfore le pare-brise et se loge dans l'une de ses pommettes. Nous souffrons d'un manque cruel de casques pare-balles. Il s'extirpe de l'habitacle. La main plaquée au visage, il bat en retraite sous le feu des braqueurs.

–Je suis touché, braille-t-il d'une voix incertaine.

Très vite, il titube. Il pisse un sang vif. Des jets saccadés jaillissent d'un trou au visage de la valeur d'une pièce de dix centimes d'euros. La vie semble vouloir lui échapper par la bouche à présent. L'horreur ! Ses jambes vacillent, puis se dérobent. Il s'effondre de tout son poids sur le bitume humide. Sur le sol, il reste immobile.

Pendant ce temps, les coups de feu ne cessent de claquer. Les balles fendent l'air en un son strident. Les truands sont encore terrés à proximité de la ferraille. L'un d'eux se risque à prendre la fuite par la clôture défoncée. Puis un second. Le chétif hésite encore et tout lui donne raison. Nous ne sommes pas avares dans le partage des tirs. Je m'extirpe de la voiture. Je ne réalise pas encore la situation. Mon 357 sommeille toujours à la ceinture. Pistolet-mitrailleur en main, le chétif me braque de son canon. Quelques mètres nous séparent. Je l'observe. Il est recroquevillé sur son automatique. L'arme est vieille. Il tient une MP40. Elle date de la Seconde Guerre. Je m'étonne. De ses doigts acharnés, il presse la détente. Le percuteur claque sans effet. « Son arme est enrayée », songé-je. Il arme une seconde fois. Presse de nouveau, mais en vain. L'arme ne crache toujours pas sa longue série d'ogives libératrices. C'est incroyable, le type ne réalise pas l'incident. Moi non plus d'ailleurs, puisque je suis prêt à lui expliquer la cause du problème... Par deux fois il tente d'ouvrir le feu et je ne bouge pas d'un iota. Pire encore, mon revolver repose toujours dans son étui.

Je suis ébloui par la scène insensée. C'est alors que je suis catapulté dans le fossé. Henri me percute d'un violent coup d'épaule. Je valdingue comme un vulgaire sac de riz sur le bas-côté.

– Planque-toi, hurle-t-il l'arme en main.

Le chétif saisit l'opportunité, largue son pistolet-mitrailleur et file par le grillage défoncé. Henri lui emboîte aussitôt la foulée. Une course à pied s'engage alors dans les sous-bois. Direction les marécages.

Des détonations se font entendre sous les grands arbres. Gendarmes et voleurs se donnent la réplique sans le moindre état d'âme. Pendant ce temps, le nez dans les orties, je réalise mon incroyable attitude. Elle aurait pu me coûter la vie. La prise de conscience est foudroyante. *A posteriori*, j'éprouve la peur. Ce millième de seconde valait bien plus que tous les stages de formation de la planète. Henri venait de m'administrer un concentré de réalisme et de prudence, dont je n'avais jamais perçu l'intérêt ni mesuré la portée. Une théorie complète, même bien menée, ne suffisait pas à devenir opérationnel. Combinée à l'expérience, elle devenait alors plus efficace. Sans le savoir, Henri brisa, ce matin-là, ma coquille juvénile d'un simple coup d'épaule. Nous n'apprenons rien de nos erreurs à moins de s'y brûler le cœur. À cet instant, le mien se consume par l'inexpérience d'un métier, doublée d'un point de déshonneur inavoué. En ce matin d'hiver, je dois ma sauvegarde non pas à Dieu mais à la chance. Ce n'est que bien plus tard que je changerai d'avis...

À l'aube de mes vingt-trois printemps, j'ignorais que l'on pouvait renaître d'une vie bercée de principes bien établis. J'en voulais à la terre entière, en commençant par moi. C'est étrange, je me sens coupable mais pas responsable. En effet, durant la guerre d'Algérie, ma mère avait eu à subir le même sort. Le canon d'une arme automatique avait été pointé sur son ventre. Elle portait déjà en elle l'histoire d'un petit monde. Pouce en bouche, un fœtus dormait paisiblement. Je n'avais que quelques mois. Suspicieux, un gendarme armé d'un pistolet-mitrailleur l'avait obligée à ouvrir son sac à provisions. Vingt-deux années et onze mois plus tard, un gangster, armé d'une arme similaire, obligeait son fils à renoncer à une hypothétique poursuite. Étions-nous intimement liés aux émotions de notre mère ? M'avait-elle programmé, sans le savoir, à l'événement... Puisqu'elle en était sortie indemne, je supposais qu'il en serait de même pour moi aujourd'hui.

Je me dresse, dégaine mon arme et détale aussitôt sous les grands arbres. J'arrive trop tard. Un individu est déjà couché sur la tourbe. Il est menotté dans le dos et blessé de plusieurs impacts de balles. Non loin de lui, un 357 Magnum gît sur le sol. Alors qu'il rassemblait ses dernières forces pour appliquer un tir précis sur ses poursuivants, le braqueur plia comme un roseau sous le quintal du grand Christian, surnommé le Gaulois.

Un autre braqueur, aussi bien sanglé, revient entre deux collègues. Il est détrempé de la tête aux pieds. L'onde du marais l'a trahi entre les joncs. Le trio converge à présent vers la départementale. Quelque peu gêné par ma prestation, je les suis en silence. Le complice est aussitôt remis aux enquêteurs de la brigade de recherche. Notre mission s'arrête ici puisque le malingre nous a échappé. Menotté, l'individu est couché sur la chaussée. Dès lors, un officier de police judiciaire rapplique et lui flanque un violent coup de pied au visage. Le sang gicle aussitôt de sa bouche. La seconde suivante, deux des nôtres raisonnent l'enquêteur insensé. Choqué, je détourne mon regard. Rien ne justifie ce geste. Ce gradé ne vaut pas mieux que l'homme allongé sur le sol. Bon nombre d'entre nous auraient eu un réel plaisir à lui passer les menottes avec un aller simple dans la poche pour le premier hôpital psychiatrique venu. Personne dans l'unité n'accepte ni ne supporte ces actes. Les observer chez un homme d'honneur m'est insupportable. Il n'est pas de notre unité, mais il porte un uniforme. Bien que sa tenue soit différente de la nôtre, il nous unit à la gendarmerie. Par conséquent, il doit inspirer le respect, non générer la haine viscérale. Nous ne frappons jamais un homme sans défense encore moins à terre. Quelle raison puis-je donner à cet acte ? Est-ce le simple fait de porter un uniforme ? Nous ne neutralisons l'adversaire que si la vie d'autrui ou la nôtre est directement menacée. Au sein du groupe, le respect est notre seul mot d'ordre, même si parfois notre détermination et nos mots engendrent le doute auprès des malfaiteurs. Cela, je l'ai très vite assimilé sous peine d'être montré du doigt.

– Hurlez votre fureur pour ne pas avoir à vous en servir, préconisait un de nos cadres. Ayez le regard féroce et déterminé. Résolu à aller jusqu'au bout, certes, mais dans le plus grand respect.

Quel que soit l'homme ou les actes perpétrés, une vie reste une vie. Elle mérite tous les égards. Au-delà de la frontière fragile qui sépare le bon de la brute, il existe la destinée. À chacun de la vivre en son âme et conscience...

Il reste le chétif. Il erre toujours dans la forêt sans entrevoir une issue favorable à sa cavale. Quelques heures plus tard, une patrouille de gendarmes nous l'annonce capturé au détour d'une lisière de forêt. Le plan Épervier a pour une fois bien fonctionné.

Bruno, quant à lui, est pris en charge par notre médecin et infirmier. À cet instant, je réalise le bien-fondé de leur présence à nos côtés. Les premiers soins lui sont administrés. Très vite, il est évacué vers l'hôpital le plus proche. Couché sur la civière les yeux clos, il respire... moi aussi...

Même si je n'ai pas brillé lors de la mission, je me considère déjà des leurs. C'est un véritable cœur à cœur. Un lien indestructible m'unit désormais à ces hommes que j'estime presque comme des frères. Je les ai vus se donner corps et âme au péril de leur vie. Au détriment de leur famille. Je n'ai pas encore reçu le saint sacrement, en l'apparence d'une médaille remise lors d'une cérémonie officielle, mais j'ai essuyé mon premier baptême du feu.

Et ça... c'est sacré.

Le grand jour est enfin arrivé. Six mois de stage se sont enfin écoulés. Après une démonstration de notre savoir-faire, sous le regard averti des plus anciens, mes camarades stagiaires et moi-même sommes alignés face à un parterre d'opérationnels. Tous revêtent une combinaison bleu marine. Moyenne d'âge : trente-deux ans. Le moment se veut solennel. Trois groupes se préparent à être les témoins de mon initiation : la remise du brevet. Après et seulement après, je serai considéré comme un des leurs. Ce que j'ignorais, c'est que se serait pour la vie...

La tenue traditionnelle du gendarme fait désormais place à celle d'un homme du GIGN. Chaussures montantes noires, combinaison ignifugée sombre rehaussée d'un revolver à la ceinture. Lors de la cérémonie, le plus ancien nous remet l'arme officielle de l'unité. Un Manurhin. Je suis intimidé. Je troque pour la première fois de ma carrière mon vieux Mac 50 contre un 357 Magnum. Je réalise une fois de plus le fossé qui sépare les deux mondes. D'un côté la vieille dame napoléonienne et ses traditions, de l'autre une gendarmerie révolutionnaire dotée de moyens dignes de Star Trek. J'imagine d'ores et déjà en avoir terminé avec la hiérarchie lourde et sclérosée dont les maîtres mots étaient : « Pas de creux, pas de vagues. » Oublier les ambitions motivées par l'appât du galon. Fini la « galonnite » des uns et le précarré des autres. Place à l'action ! La décision claire et précise, l'initiative et la prise de responsabilité. Je ne fais pas une carrière, mais un métier. Mon objectif encore immature, quelque part un peu prétentieux, se résume à modifier la destinée des victimes au profit de la vie. Je vise la lune. À défaut, je serai tout de même dans les étoiles...

C'est alors qu'un officier s'approche et épingle sur ma poitrine la médaille ronde. Symbole de l'harmonie, de la précision et de la discipline. Nos principaux domaines d'action y sont gravés : Tir, escalade, parachutisme. Les trois emblèmes sont placés sous la grenade enflammée de la gendarmerie nationale.

– Soyez-en fier et portez-la haute ! chuchote l'officier dans le creux de mon oreille lors de l'accolade.

Menton levé, je gonfle les poumons. Plus tard, Christian, fondateur de l'unité, me glissera en aparté :

– Vous êtes à présent un homme du GIGN. Ne l'oubliez jamais. Vous l'êtes et vous le serez durant toute votre carrière, parfois même durant toute une vie. Pour le meilleur comme pour le pire. Car, même mort, nos détracteurs diront de vous que vous étiez un homme du GIGN. Quand on épouse le groupe, c'est pour toujours...

Je l'ignorais. Je souris en portant la coupe de champagne à mes lèvres. Par tradition, dans le nectar blond pétille mon brevet. Il est magnifique. Il est flanqué au recto du chiffre 105. À cet instant, je prends conscience que je suis le cent cinquième gendarme à intégrer l'unité depuis sa création en 1974. Le groupe numéro 1 est désormais ma seconde famille. L'unité se décline en trois entités opérationnelles. Excepté le contrordre ou le besoin, je suis censé y rester durant toute ma carrière. C'est donc au sein de ce groupe que je partage désormais mon intimité. Mes souhaits et mes déceptions, mes joies, mes peines et mes secrets, sont autant de confidences dévoilées à mon meilleur ami. Au groupe, les échanges sont frappés du sceau de la confidentialité. Souvent au détriment des épouses ou des petites amies d'ailleurs. Les aventures sont fréquentes et les liaisons éphémères. La microsociété effiloche bien souvent les liens sacrés du mariage. Et oui, il arrive parfois que la lumière jaillisse d'un regard étranger et bouleverse un ordre établi. En revanche, le groupe favorise les affinités. Elles s'y créent, s'y développent ou s'y rompent. Certaines durent pour la vie et même bien après. Elles perdurent dans les souvenirs... Très vite, les complicités naissent. Elles prennent racine dans les missions. Elles se renforcent au fil du temps et au travers des épreuves. Il n'est pas nécessaire de s'exprimer pour se comprendre. Le regard suffit. Il induit l'attitude à adopter. Le sourire donne le ton, le clin d'œil l'opportunité. « Si l'un de nous tousse, tout le monde avale sa cuillère de sirop. » Nous ne faisons qu'un. Une seule et unique âme. Il est mon regard. Je suis sa sauvegarde. Il est mon soutien. Je suis sa béquille. Il est mon ami. Je suis son confident. Si j'ai peur, il me dira les mots que j'attends. S'il doute, je lui soufflerai les mots qui rassurent. Et ils seront nombreux. S'il meurt... je n'ose pas l'envisager. Cela ne peut pas arriver !

Une fois de plus, une démonstration est organisée cette semaine. La prestation est planifiée depuis quelques jours. Les shows sont presque hebdomadaires. Tous possèdent un caractère professionnel ou commercial. Parfois les deux. La semaine dernière, l'aérospatiale a repeint un Dauphin aux couleurs du désert. Les clients venaient tout droit du Moyen-Orient. La veille de l'événement, l'appareil avait relié Marseille à Paris par la voie des airs. La promotion du Dauphin fut parfaite et les bons de commande signés.

La semaine prochaine, une prestation est prévue en l'honneur du ministre de l'Intérieur Pierre Joxe. Il n'est pas des nôtres. Il défend les intérêts de son ministère, non ceux de la gendarmerie. Faut-il le considérer comme un rival ou un adversaire ?

Quoi qu'il en soit, une démonstration doit se dérouler aujourd'hui devant un prince arabe et sa ribambelle de conseillers. L'un d'eux détient les cordons de la bourse. Un mot de Sa Majesté et l'assistant, homme de confiance, émargera le premier chèque. Des formations confiées à des experts de la gendarmerie sont proposées au royaume princier. Un contrat en perspective se dessine pour le ministère de la Défense.

Ce matin, notre savoir-faire représente l'atout majeur de notre administration. Aujourd'hui, il est la vitrine de la vieille dame. Demain ? Il constituera une fois de plus nos principaux points de désaccord. Le train à grande vitesse GIGN file trop vite sur les voies du progrès. Paradoxalement, l'omnibus gendarmerie présente souvent des signes d'inconfort, de réticence, voire de résistance ferme et définitive. Il est fréquent de voir l'autorail dérailler. La difficulté réside sur l'anticipation des problèmes. L'enjeu est là. Avant, c'est le moment ; pendant, c'est déjà trop tard ! Nos besoins exprimés sont souvent cruciaux et même vitaux. Pendant que certains bureaucrates réfléchissent encore et encore, les problèmes s'accumulent et s'impatientent de voir rappliquer les moyens. La vie a-t-elle un prix ? Je m'inquiète. Face à nous, les voyous roulent déjà en formule 1 ! La hiérarchie trop frileuse finit souvent par bloquer le fonctionnement de l'unité pourtant simple. Des besoins à honorer tout de suite, pas dans dix ans.

– Pourquoi faire simple quand on peut faire compliquer, ironise Fred, puisque avec rien nous faisons le maximum ? Tout va bien pour la direction... pourquoi changer ?

Le plus grave est que l'inertie émousse parfois la motivation des hommes ou met en péril la vie d'autrui, faute de décision rapide ou de prise de responsabilité...

Comme convenu, un hélico nous attend sur le stade. L'Écureuil flanqué des trois couleurs a écrasé son train d'atterrissage à une centaine de mètres de l'unité. Les exercices héliportés sont toujours risqués. Ils se déroulent la plupart du temps entre cinquante et soixante mètres d'altitude. Le bruit des turbines, le claquement des pales et le vent déployé par les rotors accentuent le stress. Je le sais et ma concentration est à son maximum. L'erreur peut être fatale et sans appel. J'évite de traduire l'anxiété sur mon visage. Bien que compris par tous, le mal-être est contenu dans le cœur de chacun. L'exprimer jetterait un trouble dans le regard des autres et le discrédit sur mes aptitudes. Être au top, c'est abandonner bien souvent ses envies les plus profondes et enfouir ses peurs les plus tenaces. Cela m'oblige à taire mes humeurs ou faire abstraction d'un douloureux souvenir.

Quelques mois plus tôt, Jean-Michel a payé de sa vie lors d'un exercice similaire. Il avait empoigné un sac dans lequel se trouvait une corde. La technique consistait à quitter l'appareil et se laisser glisser le long de celle-ci en la dévidant au fur et à mesure de la descente. Le sac tenu par la ceinture était aussi sanglé à la cuisse. Convaincu qu'il possédait une corde de soixante mètres, Jean-Michel se jeta à corps perdu hors de la machine. À notre grande surprise, la poche contenait une corde beaucoup trop courte. Trente mètres. La moitié lui manqua pour se poser à terre. À notre malheur s'ajouta l'incompréhension. Pas le temps de souffrir. Il resta au sol. Son âme, quant à elle, reprit la voie des airs...

Nos cordes sont désormais prêtes. Les attaches sont de nouveau testées. Toutes sont doublées et sécurisées par des nœuds d'arrêt. Les sacs vérifiés. Les harnais et les mousquetons contrôlés. Porte latérale grande ouverte, je suis assis face au vide. Je me prépare au décollage. Le mécanicien est placé à ma droite. Installé sur son fauteuil inversé, sa jambe me barre la sortie et m'évite la chute accidentelle. Son siège pivote à cent quatre-vingts degrés. Dos au cockpit, il visualise ainsi mon départ et mon arrivée soixante mètres plus bas. Moins de huit secondes suffisent pour toucher le sol. La corde me relie désormais au treuil de la machine grâce à un double nœud de huit. Le reste du cordage dort encore dans la poche en toile sanglée à ma cuisse. La descente accomplie, le nœud sera libéré du treuil par le mécanicien navigant. La corde chutera ensuite de toute sa hauteur jusqu'à mes pieds. Je hurle les instructions au mécanicien.

– Première rotation, sommet de la tour !

L'édifice se situe dans l'enceinte de l'unité. Le sommet n'excède pas cinq mètres carrés de surface et affiche une hauteur de vingt-cinq mètres. La structure de béton sert aux entraînements quotidiens. L'appareil devra effectuer, dans moins de deux minutes, un vol stationnaire à la verticale de la tour. À soixante mètres au-dessus de la dalle de béton pour être plus précis. Quatre-vingt-cinq mètres plus bas, des têtes couronnées s'impatientent d'assister à l'exploit. En guise de prouesse, ils seront servis, moi horrifié.

– Reçu ! s'écrie le mécano casque vissé sur la tête.

Le message radio est aussitôt transmis au pilote. L'appareil s'arrache du sol. Sous la poussée du rotor, le souffle couche l'herbe grasse. L'Écureuil s'élève mètre par mètre.

Après avoir atteint l'altitude suffisante, l'appareil plonge tête la première. Il fend l'air dans un cri déchirant. Le ciel est dégagé. Le vent s'engouffre dans la cabine. Nous volons porte ouverte. À bord, nous sommes quatre : le pilote, le mécanicien, Didier et moi. Arrivés sur zone, la machine se cabre. Les pales frappent l'air devenu frais. Je me penche. Sous mes pieds, j'aperçois la haute structure bétonnée. Comme le chant des sirènes, la perspective abyssale m'envoûte. Le vide m'appelle. Nous sommes désaxés du sommet. Je fais signe au mécanicien. Sanglé au fauteuil, il se penche à son tour et acquiesce d'un signe de tête.

– Trois mètres à gauche, communique-t-il au pilote.

Le pilote ne possède aucune vue sous la machine. Son champ de vision se limite à l'horizon et à une vue plongeante à proximité de son assise. Par conséquent, son mécanicien devient ses yeux et ses oreilles. Le regard posé sur ses instruments de navigation, le pilote rectifie le stationnaire. L'appareil glisse sur la gauche.

– Deux mètres en avant, ajuste-t-il une deuxième fois.

La manœuvre est délicate. Une zone de posée aussi étroite doit être verrouillée. À défaut, je m'exposerais à une chute de vingt-cinq mètres en bout de corde.

– Un mètre, stop ! ordonne le mécanicien.

Les turbines résonnent dans l'habitacle. Les hauts dignitaires s'agglutinent déjà au pied de la tour. Derrière ma cagoule, je les perçois les yeux tournés vers le ciel. À cet instant mon rythme cardiaque est aussi élevé que l'appareil qui me transporte.

– OK ! me fait signe du pouce le mécanicien.

Je m'extirpe de la carlingue. L'hélicoptère tangue. Un poids vient de s'ajouter brutalement en bout de potence. Chevronné, le pilote anticipe et compense le roulis. Je pends dans le vide. Suspendu, je suis brassé par un tourbillon d'air froid. Soixante mètres plus bas, une frite verticale m'attend. J'entame aussitôt ma descente avant de subir une rotation de plus en plus étourdissante. L'effet circulaire des pales induit un vent tourbillonnant sous l'appareil. Les mètres défilent entre mes mains gantées de cuir. Chaque torsade rencontrée sur la corde bloque ma descente. Tout arrêt brutal influe sur la stabilité de l'appareil. Stupeur ! Le toit se dérobe sous mes pieds. Tandis que vingt mètres me séparent de la dalle de béton, trois m'en éloignent. Je freine. La décélération est progressive. Je perds quelques mètres de plus avec l'élasticité du cordage. Moins de dix mètres me séparent à présent du vide. Je vise le mécanicien. Micro plaqué sur ses lèvres, il semble communiquer avec le pilote. Sa main agrippe la corde désormais tendue. Du haut de sa position, ses yeux fixent les miens. Il se veut rassurant. Soudain, j'oscille d'une grande brassée. Je gagne enfin les mètres manquants. Posé ! Enfin posé ! Pour ne pas dire sauvé… Didier suit. Par sécurité, je tiens l'extrémité de la corde. Il glisse jusqu'à moi en une longue trajectoire. Le cordage largué, la prochaine rotation s'annonce déjà. Régis est à bord. Il charrie sur son dos deux bouteilles de gaz lacrymogène. À son propre poids s'ajoutent celui de deux flacons d'acier et celui de la charge émotionnelle. L'hélicoptère se cabre. Cette fois-ci au-dessus de la pelouse. Cinquante mètres d'altitude. Assis sur le rebord de la porte glissière, jambes ballantes, il est prêt à s'extirper de la cabine. D'un coup de reins, il s'éjecte de la machine. Faute de mousquetons adéquats, le sien se déverrouille. Trop tard ! La corde est libérée. La chute immédiate est inévitable. Elle est vertigineuse. Trois secondes ! C'est le temps qu'il faut au sac bleu marine rehaussé de deux bouteilles en acier pour percuter la planète. Les magnums s'écrasent sous le choc. L'impact est si violent que Régis rebondit sur le flanc. Des sillons creusent la pelouse. Recroquevillé, le camarade reste immobile. Ses yeux sont ouverts. Silencieux, il semble tout de même conscient. C'est pour l'instant un miracle. Le médecin et l'infirmier se ruent vers lui matelas coquille en main. Effaré, le prince est prêt à financer l'intervention chirurgicale. Après vingt-quatre heures d'observation au service des urgences et après avoir passé de multiples radiographies, le copain s'en tire seulement avec la langue sectionnée. Contusions et contracture généralisées se partagent le reste du corps ankylosé. Aucune fracture n'est à déplorer, aucun organe n'est touché. Excepté sa langue. Rien de grave. Il devra simplement apprendre à vivre, durant quelques semaines, avec plusieurs points de suture. Son heure n'a pas sonné ! Faut-il croire au destin ou à une volonté divine... Je me surprends à mener de plus en plus souvent la réflexion.

Sept jours plus tard, la démonstration programmée subit une organisation encore plus drastique. Le visiteur n'est autre que le ministre de l'Intérieur Pierre Joxe. À lui seul, il symbolise nos principaux détracteurs. Rien n'est laissé au hasard. Tout est calibré, orchestré, chronométré. Rien ne doit nous échapper. Les différents ateliers sont passés avec succès. Tirs, escalade, descente en rappel. Tout fonctionne comme une machine bien huilée. Imperturbable, le ministre n'affiche aucune surprise. Encore moins la satisfaction. Le cortège officiel est constitué d'officiers, d'autorités civiles, gardes du corps et quelques journalistes. La plupart des personnalités présentes conservent une certaine retenue. À croire que toutes attendent le sourire du chef pour apprécier la démonstration en toute légitimité. L'inverse m'effraie déjà...

– C'est pas mal, s'exprime l'une d'elles à voix basse.

C'est alors que notre mise en scène se met en place. Le scénario fait partie du programme. Le thème ? Un braquage qui a mal tourné. Je suis l'otage de l'un des gangsters. Deux de mes collègues jouent le rôle de voyous prêts à en découdre avec n'importe qui. Leur seule échappatoire : demander une voiture et s'extraire de la banque au plus vite en toute sécurité. L'un d'eux tient une grenade offensive. L'autre braque l'assemblée malgré tout fascinée. Les fugitifs acculés se montrent menaçants et déterminés. Bernard brandit à bout de bras l'explosif dégoupillé. S'il libère la grenade, il restera un peu moins de six secondes à l'équipe d'assaut pour la neutraliser. Six secondes après éjection de la cuillère. Six secondes ! Pas une de plus ! Parfois même, une de moins... De manière générale, le public médusé tombe sous le choc de la maîtrise affichée. Excepté cette fois...

Dès la sortie du local, je suis ceinturé par l'équipe d'assaut. L'un des preneurs d'otages est maîtrisé, l'autre est plaqué à terre. L'interpellation est percutante. L'explosif est lâché. La cuillère virevolte, la grenade aussi. Fait exceptionnel, celle-ci refuse de tomber dans les mains de l'assaillant préparé. Elle lui échappe une première fois, puis une seconde fois. Elle rebondit sur le bout de son pied et roule sur le sol. Tout cela sous le regard inquiet du ministre de l'Intérieur. Elle s'immobilise enfin, mais à portée de l'assemblée officielle. Elle tournoie encore. Les effets sont connus et instantanés. Au-delà du temps imparti, je m'attends au flash, à la détonation et au souffle. Dans une pièce obscure et confinée, vous perdez provisoirement la vue, l'audition, voire « les verres de contact ». La cage thoracique tressaille souvent sous l'onde de choc émise. L'assemblée est figée d'inquiétude. Compte tenu du temps déjà écoulé, l'un de nous applique la solution d'urgence. Coup de pied franc. La grenade est catapultée en plein travers sous un véhicule. À moins de cinq mètres de monsieur le ministre. Encore raté. La détonation retentit. La camionnette sursaute. Pierre Joxe offre le dos à la déflagration mais trop tard. Il plaque les mains sur son visage. Un gravier vient d'être soufflé. Un filet de sang perle déjà sur son front. Dès lors, il faut s'attendre à ce que la foudre s'abatte sur l'unité. Si seule l'obligation de résultat nous est consentie, je n'ose pas imaginer l'erreur... L'avais-je oublié ? La démonstration s'achève ici. Le ministre est évacué sous l'œil avisé d'un de nos médecins. Trois jours plus tard, une enquête est diligentée par la gendarmerie. La vieille dame établi, un compte rendu sur lequel est mis en évidence un manque de sécurité lors de la démonstration. Désormais, les choix des exercices présentés devront répondre à toutes les mesures de sécurité. En résumé, les prestations s'éloigneront de plus en plus de la réalité. L'occasion était trop belle pour la laisser filer. L'administration va pouvoir enfin mettre la main sur le groupe. Elle qui depuis toujours estime l'unité trop indépendante et loin des règles de bienséance se voit aujourd'hui offert l'opportunité de mettre le nez dans nos affaires. Difficile d'accepter. Compliqué de lui faire comprendre qu'une unité à missions spécifiques a besoin d'entraînements particuliers. Je n'ai que quelques années d'expérience, mais je sais déjà que la réussite d'une opération dépend toujours de l'esprit d'équipe, de l'initiative, du sens de l'adaptation et d'une bonne dose de pratique. Nonobstant les connaissances techniques. Nous brider ne fera qu'appauvrir notre savoir-faire essentiel au succès de nos missions. Ce que je vis ne s'apprend pas dans les livres d'histoire ou les manuels de combat, mais bel et bien sur le terrain. L'intervention en milieu urbain, aérien, maritime ou carcéral ne répond à aucun code bien établi. Tout repose sur l'homme à l'instant T. Dans nos rues, les procédures sont inexistantes. Il n'y a pas de règle. Le premier qui frappe gagne souvent. Il faut juste connaître ses limites pour ne jamais se perdre. Pour éviter cela, les valeurs « gendarmiques » restent miennes. Je ne mène pas une guerre sur un champ de bataille. Je ne sais pas faire. Je ne suis pas équipé pour ça. Mes ennemis sont de simples adversaires qui ne répondent bien souvent à aucune logique. Rien d'autre.

J'ignorais qu'ici j'aurais à subir des mesures drastiques au point d'engendrer parfois la déception...

Trois jours plus tard, l'effervescence quotidienne libère enfin l'unité du malaise. Chacun vaque à ses occupations. Certains entament un entraînement collectif pendant que d'autres s'adonnent à un exercice individuel. Quelques-uns s'appliquent à suivre des cours théoriques sous l'égide d'un spécialiste en gestion de crise. Aujourd'hui, le thème est la morphopsychologie. Outil indispensable pour mener à bien une négociation. La communication contrôlée devient depuis peu l'axe majeur dans nos missions. Plusieurs y consacrent une grande partie de leur temps. Comment gérer les enjeux et les risques des parties en présence ? Condition essentielle à remplir : être en mesure d'encaisser la pression médiatique, politique, locale et conflictuelle d'une mission. Une seule et unique obsession : préserver les innocents. Pas simple ! La « négo », c'est passionnant. Je l'ai vite réalisé. Le succès par les mots vaut mieux que la réussite par le sang. La victoire n'a pas le même goût et le respect inspiré ne souffre d'aucun reproche.

Grâce à l'incident, les démonstrations se comptent désormais sur les doigts d'une main. Certes, nous perdons un peu plus l'estime d'un ministre, mais nous gagnons de précieuses minutes sur le plan opérationnel.

– Dormez tranquilles, braves gens, nous veillons sur vous.

À cet instant, mon biper retentit…

Le départ est imminent. Chaque semaine, les groupes opérationnels passent tour à tour de première puis de seconde alerte. La première astreinte concerne les départs sous le signe de l'urgence. Prise d'otages, mutinerie. La seconde se destine aux missions planifiées. Transfèrement, arrestations domiciliaires ou flagrants délits dénoncés. Le décollage est à présent confirmé. Direction le Sud de la France. Une bourgade proche de La Grande-Motte. Un forcené est retranché dans sa villa. L'avion nous attend sur la base de Villacoublay. Un Transall. Un cargo body-buildé capable de nous projeter, avec armes et bagages, à l'autre bout du pays en moins de trois heures. Un camion chargé et deux voitures banalisées attendent d'être embarqués dans le ventre du bimoteur. La rampe d'accès à bord est baissée sous la queue plate de l'appareil. Conditionné dans sa cage, Burk donne déjà de la voix. Surexcité, il salive déjà. Le malinois déchaîné est d'ores et déjà prêt à bondir sur le premier homme désigné. Toujours volontaire, il plantera peut-être ses crocs acérés dans un bras ou une cuisse dès que l'ordre lui sera donné. À cet instant, je suis sur le point de m'envoler pour une mission à durée indéterminée. Toubib, infirmier sont du voyage. Je suis tendu. La maîtrise d'un homme armé reste une opération délicate. Plusieurs d'entre nous en ont déjà fait les frais. À ma plus grande peine, deux ont déjà perdu la vie. Paix à leur âme. La situation est sensible. Le forcené, aidé de son épouse, détient un huissier de justice en otage. « Bonnie and Clyde » sont au bord du désespoir. Le temps sera désormais notre principal allié. Sauf si la vie de la victime est directement menacée. Je souhaite que la raison l'emporte sur la passion. Comme prévu, après deux heures de vol, l'appareil épouse enfin la piste à l'aéroport de Montpellier. Moteurs vrombissants, il roule sur l'asphalte et se parque à l'écart des vols commerciaux. Comme de coutume, un comité d'accueil, constitué de gendarmes motorisés, s'impatiente de nous voir arriver. La région est en émoi. Les motards ont la responsabilité de nous accompagner à destination sans accuser le moindre retard. La prise d'otage a débuté depuis plusieurs heures. Les autorités n'ont pas trouvé d'issue favorable à la crise malheureusement sociale. L'homme semble déterminé. S'il n'obtient pas satisfaction, il exécutera l'huissier de justice. Quitte à tout perdre, autant abandonner sa vie sous les honneurs d'un ultime combat.

– Ça ne sent pas bon, annoncé-je à mon ami Tonio.

Notre arrivée est toujours assimilée à la solution. Le remède miracle. Hélas... la plupart du temps, nous n'avons aucune idée sur la stratégie envisagée ! Cependant, bien que nous soyons toujours très attendus et accueillis à bras ouverts, certains responsables de circonscription n'hésitent pas à nous faire part de leur réticence. Sans raison valable, quelques officiers nous associent souvent au bain de sang, au compte rendu catastrophique et à la mise en péril de leur carrière. *Adieu veau, vache, cochon, galon. La course aux étoiles est maintenant bel et bien terminée.* Alors, les responsables attendent. Attendent quoi ? Je n'en sais rien. Chacun s'impatiente de voir la solution descendre du ciel ou d'être le destinataire d'une décision venue d'un échelon supérieur. Mais où se cache le vrai décisionnaire ? Résultat de l'attente insensée ? La situation s'aggrave et se fige sur des ultimatums qu'il nous faut par la suite dénouer à défaut de les avoir évités. Acculées au fond de leur aberration, la plupart des autorités locales n'ont plus guère le choix que de faire appel à nous.

– Surtout pas de sang, s'inquiète déjà un colonel.

J'aurais tendance à traduire : « Surtout pas d'initiative malheureuse. » J'imagine volontiers l'état d'esprit de cet officier craintif. J'envisage déjà toutes les questions qui se posent désormais à lui. Qui ? Quoi ? Où ? Quand ? Comment ? Pourquoi moi ? Nous n'avons décidément pas les mêmes priorités. Encore un point de divergence qui me sépare de la vieille dame...

La villa aux murs blanchâtres rôtit depuis la fin de la matinée sous un soleil ardent. L'été commence « bien »... Les volets sont clos. La porte du jardin fermée. Le quartier résidentiel bouclé. Pas une âme ne circule. Les rues sont désertes. Pas un chat. Juste un silence accablant. Les maisons voisines sont vides de tout occupant. Agglutinés à la périphérie du cordon de sécurité, curieux et badauds se donnent la réplique. Chacun va de son commentaire.

– Incroyable ! Qui aurait pensé ?

– Je crois qu'il a déjà vécu la situation...

– Attention, c'est un fou ! L'autre fois...

– Circulez, s'il vous plaît ! Il n'y a rien à voir, ordonne enfin un gendarme exaspéré.

Sous le couvert de cartes officielles, trois ou quatre téléobjectifs shootent déjà un bon nombre de photos. Sans aucun doute, le malheur des uns fait bien la richesse des autres... La situation s'annonce d'ores et déjà difficile. Depuis plus d'une heure, le silence règne dans la maison. Le couple reste muet. Quel que soit le mode de communication utilisé, téléphone ou porte-voix, aucun d'eux ne semble donner un résultat. Toutes les tentatives échouent les unes après les autres. Les appels à la raison restent vains. Le doute m'envahit. Sont-ils toujours vivants ? La victime va être papa dans quelques semaines. Enfant, le preneur d'otage avait été témoin d'un affront similaire infligé à ses parents. Malgré lui, le douloureux schéma se reproduit aujourd'hui. Intrigué par ces situations dupliquées, je m'interroge. L'un de ses parents s'était donné la mort après la visite de l'huissier de justice. Trop jeune pour défendre le nid, il éprouvait sans doute encore aujourd'hui une certaine culpabilité. Les histoires se répètent souvent sans que quiconque ne puisse enrayer le processus.

– À moins d'en être conscient peut-être, souligné-je à Tonio, il existe bien quelque part un bouton d'arrêt.

– Dans ta tête, sourit-il.

De toute évidence, le type ne se laissera pas bercer d'illusions. Il faut l'obliger à bouger, à réagir à nos propos. Provoquer, pourquoi pas ? Mais jusqu'où ? Une vie est en jeu. La stratégie du chat et de la souris est envisagée. Pendant qu'Alain tente d'engager la conversation depuis le perron, l'un d'entre nous se risque à franchir le mur voisin. Sa mission est de placer une écoute depuis le toit. À l'aide du micro filaire, glissé dans la cheminée, il sera, j'espère, en mesure de localiser les personnes. Nous nous faufilons de jardin en jardin jusqu'au contact de la maison sourde. Sous mon casque pare-balles, je transpire à grosses gouttes. Mon palpitant tambourine de nouveau dans ma poitrine. Je suppose qu'il en est de même pour les copains. Nous avons atteint la résidence aphone. Philippe est perché sur le faîtage, Alain est à l'abri du muret. Notre équipe est scindée en deux. Nous nous partageons les angles opposés. L'une à l'arrière, l'autre à l'avant.

– Monsieur Vincey, s'il vous plaît ! Je suis Alain, crache le porte-voix. Vous m'entendez ?

Une atmosphère accablante étouffe la demeure.

– Monsieur Vincey, m'entendez-vous ? Je peux vous aider, résonne la voix.

– Ça bouge, susurre Philippe à la radio.

– Monsieur Vincey, s'il vous plaît, tout peut encore s'arranger. Je suis là pour vous aider.

– Des pas, j'entends des pas.

– Quel côté ? grésille le récepteur logé dans l'oreille.

– Monsieur Vincey, je connais votre souci ! Croyez-moi, tout peu s'arranger ! Rien de grave n'a été commis jusqu'à présent !

– Ça circule de droite à gauche, côté nord, chuchote Philippe.

Les équipes s'effacent aussitôt de la façade arrière. Les volets et la porte-fenêtre du jardin sont clos. Soudain, un loquet claque.

– Monsieur Vincey ! Vous m'entendez ? Je suis là pour vous aider ! se risque Alain côté opposé.

– Volet droit entrouvert, informe l'un de nos tireurs par radio.

Trois d'entre nous font volte-face vers l'angle dangereux, tandis que les autres conservent le regard vers la façade orientée au sud.

– Je distingue le type, précise le sniper, chemise blanche. Il est méfiant. Il observe... Il se tient en retrait des volets entrouverts.

– Monsieur Vincey ! J'ai rencontré le sous-préfet... Votre situation n'est pas dramatique. Il suffit de s'entendre, c'est tout ! tente Alain pour la énième fois.

– Volet arrière fermé, annonce le tireur.

– Ça bouge, chuchote Philippe, on traîne des meubles.

– Monsieur Vincey !

– Ça baragouine dans la cuisine, des bruits de casseroles et de cuillères.

– Quel côté ?

– Façade avant.

– Monsieur Vincey, je sais que vous m'entendez ! affirme Alain. Je connais votre passé ! Croyez-moi...

– Tu vas la fermer ! hurla une voix enragée du fond de la maison. Foutez-moi la paix ou je bute l'huissier... Vous m'entendez ? Vous ne pouvez plus rien pour moi. Sortez de chez moi.

– Je vous entends ! Je suis à l'extérieur de votre jardin, monsieur Vincey. Je vous respecte, vous et votre maison. Je vous rassure, je ne suis pas là pour vous prendre quoi que ce soit ! Je suis ici pour vous proposer des solutions, suggère Alain.

– Mon cul, oui !... Je connais vos propositions. Elles ont déjà tué ma mère...

Au contact du crépi blanchâtre, mon équipe confirme l'emplacement. L'individu est localisé dans la pièce avant droite. Seule l'épaisseur du mur nous sépare de lui.

– Une ardoise peut très bien s'effacer ! se risque Alain.

Aucune réponse en retour. De nouveau le silence.

– Je perçois une voix féminine, signale Philippe. Une femme chuchote, c'est inaudible. Des pas, côté sud.

– Où est-elle ? s'impatiente une voix à la radio.

– Je la situe pas très loin de la cheminée, côté ouest. Le couloir sans doute. Elle parle...

– Ça bouge derrière, coupe le tireur.

– Monsieur Vincey ! sollicite de nouveau Alain.

– Volet gauche entrouvert, annonce Didier couché derrière sa lunette de visée, target chemise blanche, toujours méfiant... pas d'arme apparente.

– Alors, c'est la femme qui traîne un meuble. Elle discute, poursuit Philippe.

– À tous, l'huissier se trouve peut-être avec elle, annonce Jean-Michel par radio. Selon le plan de masse, l'otage pourrait se situer non loin de l'entrée, dans la coudée du couloir qui mène au salon.

– Fermeture du volet arrière, crache l'oreillette.

Les minutes se comptent en heures. Comment un homme peut-il perdre ses repères ? Comment lui faire retrouver la raison et l'extraire de sa logique meurtrière ? Utiliser le lacrymogène lui laisserait le temps de faire usage de son arme. Forcer tour à tour les volets ne ferait que dégrader la situation et démultiplierait sa colère. Lâcher le chien supposerait qu'un volet soit déjà ouvert. Alors qu'Alain s'ouvre à la discussion, le forcené s'obstine à rester dans son marasme.

– Écoutez, monsieur Vincey, cela serait plus facile si vous libériez monsieur de Casas, tente Alain. Pour faire preuve de ma bonne foi, je suis prêt à me découvrir. J'attends la même chose de vous. Croyez-moi, cela rendrait la situation plus facile. Les autorités seraient plus enclines à vous aider.

Alain se dévoile de son écran de pierre, paumes de main tournées vers le ciel. À cet instant, j'espère l'ouverture d'un volet ou de la porte. Gilet sur le dos, casque sur la tête, je suis prêt à arracher des mains le premier canon braqué sur lui. Accompagné de mes camarades, je me place entre la porte d'entrée et les volets clos. On ne sait jamais, il peut surgir.

– Façade nord tout est calme, annonce Didier derrière son fusil.

– Vous m'emmerdez ! Vous comprenez ? Dégagez d'ici ou vous aurez un mort sur la conscience, braille l'individu. Il est venu ici, alors qu'il y reste.

– On déroule du scotch, perçoit Philippe.

– Où ?

– Toujours côté couloir... À mon avis, l'otage est placé de façon à être visible de toutes les pièces de la maison. Je pense : la coudée.

La tension grimpe en même temps que le mercure dans le thermomètre fixé au mur crépi.

– Selon le plan, le coude est à moins de trois mètres de la porte d'entrée. Le couloir a la forme d'un « L ». Il part ensuite sur quatre ou cinq mètres sur la droite, complète Jean-Michel par radio.

– Vous ne me croyez pas capable, c'est ça ? menace l'homme.

Puis, l'individu entre de nouveau dans un mutisme absolu. Aussitôt mon imagination accentue le malaise. Tout peut arriver. Le pire, peut-être...

– Attendez, monsieur Vincey ! calme aussitôt Alain. Ne faites pas de bêtises !

– Ça se bouscule, s'alarme Philippe sur le toit. Ils poussent des meubles, susurre-t-il.

Mon cœur explose dans ma poitrine. Adossés au mur, nos regards se croisent. L'inquiétude se dessine derrière nos visières épaisses. Tommy arque les sourcils. Le doute s'empare de lui. Il n'est pas le seul. J'ignore aussi l'épilogue. La tension grimpe d'un cran. Éric se tient prêt à appliquer un tir fichant sur la serrure de l'entrée. L'otage ? En cas d'urgence, il faudra faire vite. Très vite. Nous sommes à présent rassemblés de part et d'autre de l'entrée. Par gestes, les binômes se constituent. Je reste avec Tommy. Nous sommes prêts à bondir comme un seul homme, comme un seul fauve. Philippe détecte un son étouffé. Plus de risque, action !

Éric pulvérise la serrure. La porte coince. Des meubles gênent l'ouverture. J'entraperçois l'huissier dans une semi-obscurité. Bâillonné, ficelé, il fait corps avec la chaise. Assis à son poteau d'exécution, il est dans l'axe de la porte. En même temps qu'il effectue un mouvement de balancier, une détonation retentit. Il bascule avec sa chaise sur le sol. Écarquillés, ses yeux expriment l'horreur. D'où provient le coup de feu ? Notre poussée féroce arrive enfin à bout de la voie presque impénétrable. À droite, la cuisine. Vide ! Plus loin, une porte à gauche. Puis une autre, une troisième se dessine à l'angle du couloir. À nos pieds des meubles entassés. Derrière le capharnaüm, couché sur le flanc, l'huissier muselé reste toujours solidaire de sa camisole en bois. Apeuré, il semble vivant. Nous tentons de nous frayer un passage jusqu'à lui. Arme en main, Tommy précède mes pas. Je le marque à la culotte. Fléchi, il enroule la première porte à gauche. Deuxième détonation ! Il est catapulté dans mes bras. Je bascule sous son poids projeté. Mes camarades amortissent notre chute. Le haut de son casque est défoncé. Le sang perle déjà derrière sa visière intacte. Ses paupières sont closes. Il est... il est... je n'en sais rien. Aussitôt Bertrand et Christian appliquent des tirs en direction de l'homme retranché. Ils ouvrent l'angle de tir. Insistent, persistent. L'un d'eux distingue enfin le tireur dans le salon. Il est embusqué derrière un canapé. Il tient un fusil. D'un tir précis, ils lui logent une balle dans chaque bras. Sous le choc, l'homme se résout à l'abandon. À bout de forces, il lâche son arme à ses pieds.

Officiellement, l'intervention est un succès. Cela se confirme très vite sur les ondes. Cependant, nous gardons au fond de nous un peu d'amertume. À choisir entre un homme blessé ou un homme mort, nous aurions préféré la reddition. Tommy est en observation au centre hospitalier de Montpellier. Dieu merci, il est vivant ! Il ne participera pas au petit déjeuner toujours organisé après chaque mission. Telle est la tradition. Pour les besoins de l'enquête, son casque est désormais entre les mains des officiers de police judiciaire de la gendarmerie. À bout presque touchant, la balle à sanglier a perforé le casque sans toutefois le traverser. Thomas pourra brûler un cierge à la première chapelle venue. La déformation intérieure de sa protection lui a ouvert le cuir chevelu comme une vulgaire peau d'orange. Dès le premier pas dans la pièce, le malheur a voulu qu'il se trouve nez à nez avec le forcené. Ou plutôt nez à nez avec le fusil puisqu'il a distingué l'âme du canon. Le type se tenait juste derrière le mur. Il s'apprêtait à ouvrir le feu une seconde fois sur l'otage cloué au sol. Il s'en tire avec quelques points de suture, un bel hématome au visage et l'amour perpétuel de ses frères d'armes.

L'huissier, quant à lui, a retrouvé la liberté. Il est sain et sauf. C'est notre plus belle récompense. Aucune égratignure ne viendra désormais perturber sa vie de futur papa. Excepté l'émotion à tout jamais contenue dans son cœur... Il gardera sans doute en mémoire l'histoire d'un parfait inconnu qui, par un jour d'été, a offert sa vie pour sauver la sienne. Maître de Casas lui en sera éternellement reconnaissant puisque le nouveau-né porte désormais en second prénom celui de Thomas.

Merci, monsieur...

Toutes les trois semaines notre groupe passe en disponibilité. Depuis plus d'une décennie les entités se succèdent ainsi les unes aux autres. Les trois cent soixante-cinq jours sont couverts, jour et nuit, par deux groupes d'alerte. Opérationnels, médecins, infirmiers, logisticiens, mécaniciens se partagent ainsi les astreintes durant toute une année puis, très vite, durant toute une carrière. Au fil des mois, je réalise que ma vie est désormais rythmée par les alertes successives. Neuf mois sur douze pour être exact. Ma vie privée en est souvent bousculée. Plus tard j'imagine qu'elle en sera sans doute bouleversée. Comme la plupart d'entre nous d'ailleurs. Les familles demeurent très souvent dans l'ombre. Elles restent en attente d'un signe ou d'un geste tendre qui démontrerait enfin l'intérêt ou la place qu'elles occupent dans le cœur de chacun. Aussi incroyable que cela puisse paraître, si le choix m'était donné, j'opterais pour les copains d'abord. Je m'exposerais à coup sûr à la critique de mes proches qui n'hésiteraient pas un seul instant à me qualifier d'égoïste immature. Mais tant pis ! Au diable les jugements ! Pourquoi être ici alors que mes camarades sont sur le terrain ? La fraternité m'envoûte par-delà les sentiments éprouvés. Il y a quelques semaines, je me suis surpris à contenir mon envie de lâcher celle qui partage ma vie sur cette plage aux Antilles. La radio m'incite à rejoindre ceux partis en mission commandée à l'autre bout du pays. Que fais-je sur le sable alors que je serais plus utile là-bas ? À cet instant, je ne parie pas un kopeck sur la pérennité de mon couple. Ce que j'ignore, c'est que l'avenir exaucerait un jour mon envie cachée. Tout me pousse à vivre une vie différente des autres. L'envie de sortir des sentiers battus et des principes établis me taraudent de plus en plus l'esprit.

Attention, être disponible ne signifie pas dégager de toutes obligations et cocooning à volonté ! Malheur à qui ne l'a pas bien intégré. Être libéré des alertes s'explique par la mise à disposition du service. Renaud, ancien opérationnel et gestionnaire émérite, s'évertue chaque jour à répondre aux besoins des unités de recherche de la gendarmerie ou pallier le manque d'effectif d'un des trois groupes. Il passe le plus clair de son temps à jongler avec les disponibles, afin d'honorer les demandes de renfort, les missions annexes et les entraînements dirigés. Spécialiste et doté de matériels de plus en plus sophistiqués, l'homme du GIGN devient incontournable. Ses missions sont souvent couronnées de succès. Rien de plus aisé, puisque nous croyons en nous et avons la passion du métier. Ce sentiment m'habite depuis longtemps. Grâce à lui, je réalise que tout est possible... La recette est simple : rien de bien ne peut se faire sans amour ou sans envie. En théorie, il suffit d'être habité par l'un des deux sentiments pour réussir à dénouer une crise. Les deux réunis peuvent même aller jusqu'à générer un miracle dans une situation que l'on pensait perdue. C'est aussi valable dans la vie privée...

Disponible, j'endosse soit un costume en prévision d'une protection rapprochée, soit des guenilles afin d'assurer une filature ou une tenue de plongée pour un exercice en mer. Les jours se suivent mais ne se ressemblent jamais. D'ailleurs cette semaine, quarante-huit heures sont consacrées à un entraînement en Méditerranée. Tonio et moi sommes du voyage. C'est le bon moment puisque aucune autre mission n'est envisagée. Pour l'instant... Au pire, Renaud nous contactera par téléphone. Plongeur comme moi, Antonio est mon binôme. Il l'est aussi dans le privé. Je partage tout avec lui. Mes regrets, mes envies, mes espoirs. Lui aussi échange tout avec moi. Ses joies, ses projets, ses remords. Nos fous rires sont nombreux. Il est moi, je suis lui, puisqu'il est mon meilleur ami. Il aurait pu être mon frère ou mon nouveau témoin si... Je préfère en rester là pour l'instant. La confiance entre nous est absolue et inaltérable. D'ores et déjà, je sais que rien ni personne n'y changera rien. Ni même les années.

Jacky, Jean-Jacques, Tonio et moi traçons à présent sur une mer d'huile coiffée d'un dôme étoilé. Direction les îles de Lérins. Au loin, je devine la silhouette sombre des terres émergées. Elles s'étalent au fur et à mesure que nous approchons. Seul le bruit du moteur déchire le silence de la nuit. Notre sillage blanchâtre ouvre la mer comme une fermeture à glissière dont nous serions le curseur. À tribord, Cannes scintille. La fête bat son plein. À bâbord, le cap d'Antibes plonge dans un sommeil très confortable. Un confort presque indécent. Nous échouons comme prévu le Zodiac sur le rivage de Sainte-Marguerite. Seul un bras de mer nous sépare de l'île Saint-Honorat. La pleine lune ondule à la surface de l'eau. Le ciel est clair et la nuit douce. Toutes les conditions sont réunies pour effectuer une traversée subaquatique sans encombre.

Jacky est le plus expérimenté d'entre nous. Il a décidé ce soir d'effectuer un exercice d'orientation. Incontournable dans le cadre de la lutte contre le terrorisme maritime. La manœuvre est simple. Pénétrer dans le petit port de l'île Saint-Honorat. Un fer à cheval serti dans la roche. La navigation doit durer trente minutes sauf erreur de cap. Quinze minutes jusqu'au corps-mort au milieu du chenal, puis quinze autres à cent quatre-vingts degrés jusqu'au refuge antique. L'émersion sur objectif et le temps respecté sanctionneront le succès de l'exercice.

– Fin de la plongée vingt-trois heures trente, annonce Jacky en visant sa montre. Quinze minutes après votre départ, Jean-Jacques et moi glisserons dans votre sillage.

C'est parfait, puisqu'un verre nous attend dans un bar à la mode à quelques brassées d'ici. L'appareil respiratoire est indétectable. Placé sur le torse, il nous permet d'être immergés trois heures sans émettre la plus petite microbulle. La respiration se fait en circuit fermé jusqu'à épuisement complet de l'oxygène. Poumons, appareil, poumons et ainsi de suite. Rien à l'extérieur, tout à l'intérieur. Le dioxyde de carbone expiré se fixe sur des granules de chaux sodée contenus dans l'appareil. De ce fait, l'ensemble des muscles est dopé, à cent pour cent, à l'oxygène pur. La fatigue ? Connais plus. Indissociable de la bouche, le détendeur reste plaqué sur elle durant toute la traversée par une sangle glissée derrière la nuque. Puisqu'il est l'heure et que nous sommes prêts, Tonio et moi nous sanglons l'un à l'autre par les poignets. Solidaires dans la vie, nous le devenons aussi dans le monde du silence. Liés par une cordelette de nylon, nous nous immergeons à la verticale dans un silence absolu. Profondeur cinq mètres. La plongée ne doit jamais excéder sept mètres. Au-delà, l'oxygène devient toxique. Seul un ricochet à moins dix-huit mètres est admis. À une condition : ne jamais dépasser trois minutes en dessous du seuil autorisé. Cela est valable pour un seul aller-retour. Pas deux. Quiconque enfreint la règle s'expose à une sanction immédiate et sans appel. Elle est infligée par son propre métabolisme. D'où le lien de vie qui nous unit. À la vie, mais pas à la mort imprudente.

Désormais en immersion totale avec mon être intérieur, je suis ravi de ne faire plus qu'un avec mon ami. L'un garantissant toujours la survie de l'autre. Insidieuse, l'onde obscure nous phagocyte en silence. Plus profond, des masses sombres défilent sous nos néoprènes. Tonio n'est plus que l'ombre d'une silhouette bâillonnée. Je garde les caps et la profondeur pendant que lui veille aux temps. Deux fois quinze minutes. Mon rôle est de l'emmener à bon port. Je garantis le succès de l'exercice grâce au compas et au profondimètre fixés sur ma planchette. Je la tiens bien à plat entre les mains. Elle reste mon seul repère tangible dans ce monde liquide. La traversée est maintenant bien entamée. Jamais je ne quitte des yeux les aiguilles fluorescentes. Antonio agrippe toujours la sangle de mon gilet gonflable. Il vise le cadran luminescent de sa montre et les obstacles éventuels qui se dresseraient devant moi. Aveugle par le maintien forcé du cap et le strict respect de la profondeur, je redoute le filet de pêche. Piège mortel pour les poissons mais aussi pour l'homme paniqué. Un haut-fond ne serait qu'un détail. Il n'occasionnerait qu'une bosse ou une plaie tout au plus. En parfaite harmonie, nous glissons entre deux eaux au rythme de trois minutes au cent mètres. Il est mes yeux, je suis son guide. Demain il sera mon berger, je serai son ange gardien. Depuis quelques minutes, le verbe a fait place aux gestes. Un coup donné au sommet de la tête m'avertira d'un obstacle. Je stopperai aussitôt la navigation. Un autre sur l'épaule m'autorisera à changer de cap. D'ailleurs, il vient de m'être donné. Il m'informe d'une moitié de temps écoulée. Je devine la chaîne qui relie le corps-mort au fond ténébreux. Je pivote de quelques degrés. À mes côtés, mon ami épouse mon second cap dans une confiance sans mesure. Douze minutes plus tard, il me pince le bras. J'en déduis que trois minutes nous séparent désormais de l'objectif désigné. Nous grimpons à trois mètres sans nous laisser embarquer par la dépression engendrée. En effet, faute de précaution, une pression extérieure plus faible peut dilater d'un seul coup l'oxygène contenu dans nos poumons et dans celui artificiel de l'appareil. Il nous faut donc le consommer au plus vite, afin de réduire son volume et mieux contrôler notre remontée. Cela nous évitera de jaillir hors de la surface. La percer comme des baudruches reviendrait à porter atteinte à la discrétion exigée. Une ouverture béante dans la roche devrait maintenant surgir devant nos masques. Le doute m'envahit. Les secondes s'égrainent sans percevoir la silhouette d'un port ou l'ombre d'une fortification. Aucun poing sur la tête ne vient donner un coup d'arrêt final à ma navigation. Je m'interroge. Je devine le fond à présent. Il amorce une pente douce sans entrevoir la moindre entrée empierrée. Étonné, je distingue le sable clair. Il remonte sous mon néoprène. Nous sommes désormais contraints à faire surface. En d'autres termes, nous échouons sur le rivage comme deux gros phoques luisants. Cent mètres à l'ouest du port désigné. Je me déleste du matériel devenu encombrant à l'air libre. Surpris, nous nous posons un instant sur une roche plate. Je retourne mes gants détrempés comme de vulgaires chaussettes et les jette à mes pieds palmés. Comme Antonio, je libère ma bouche de mon détendeur plaqué. Tout comme lui, j'en porte très certainement les stigmates autour des lèvres.

– Bravo ! Un peu plus nous mettions le cap sur Marseille, ironise Tonio tout dégoulinant.

– Désolé, je ne comprends pas.

– Un verre au Pam-Pam te remettra les idées en place, souligne-t-il d'un clin d'œil amical.

Antonio glisse sa cagoule sur la nuque. Je perçois un visage flétri pour avoir trempé trop longtemps dans l'eau salée. J'imagine le mien boursouflé.

– Tu as un souci ?

– Pas du tout ! Il y a des jours avec et des nuits sans. J'ai foiré ma navigation. Suppose la même erreur lors d'une véritable mission ! Nous passerions à côté du bateau détourné.

– Les exercices sont faits pour commettre des erreurs, sinon comment veux-tu les éviter en mission ? Le courant a dévié notre navigation. Les autres émergeront sans doute par ici dans quelques minutes, s'impatiente Tonio.

Son regard est malicieux et son sourire charmeur. Il passe une main fripée sur son crâne chauve. L'eau ruisselle encore sur son visage.

– Allez ! La nuit est belle et elle ne fait que commencer. Toi qui as toujours souhaité viser la lune, apprends déjà à viser la berge, ricane-t-il une fois encore. Rejoignons le port par la plage avant que l'autre équipe ne découvre notre fiasco.

– Quelque chose ne va pas ? intervient soudain Jacky.

Lui et Jean-Jacques se tiennent derrière nous. À ma grande surprise, ils sont vêtus de vêtements secs.

– Vous êtes là depuis longtemps ? m'étonné-je.

– À vrai dire, nous ne sommes pas partis. Quelques minutes après votre départ, la sonnerie de mon téléphone a retenti dans le Zodiac, précise Jacky. Nous sommes attendus demain pour renforcer le groupe 3. Quatre domiciliaires sont prévues après-demain au nord de Paris.

Que ce soit en France ou dans le monde, lorsque la vie d'un ressortissant français est en danger ou le destin d'un seul homme menacé, nous trépignons d'impatience d'être réquisitionnés. Ni le lieu ni le moment ne font obstacle à notre volonté de réussir. L'événement fait de nous la proie facile des urgences absolues.

Une domiciliaire signifie arrestation dans un lieu privé. Souvent considéré plus sûr qu'ailleurs, l'endroit permet aux malfaiteurs de vivre à l'abri d'une éventuelle capture. La stratégie reste selon moi aléatoire et très risquée. Une mise au vert forcée aide, paraît-il, à se faire oublier des fins limiers de la police ou de la gendarmerie. Ce dont je doute. La « voyoucratie » regorge de complices mais aussi d'un bon nombre d'ennemis. L'information s'achète ou se vole. Selon la méthode utilisée, elle peut même s'extorquer... Dans ces milieux, les enquêteurs ne tarissent jamais d'idées pour arriver à leur fin. Des braqueurs, restés enfants pour certains, trouvent souvent refuge au sein du logis familial. Un retour aux sources qui tombe à point nommé. Un père ou une mère finissent souvent par tout pardonner à leur enfant. Ou presque... Le sang versé change parfois la nature des liens qui les unissent. Une arme à feu n'est pas une manette de jeu. Les vies ne se multiplient pas au fil des braquages manqués. En revanche, les peines s'additionnent toujours. Elles s'ajoutent sans cesse jusqu'au jour où elles deviennent trop lourdes pour espérer vivre une vie meilleure. Alors que certains trouvent le repos pour avoir adopté enfin une conduite plus saine, d'autres le découvrent parfois à leurs dépens. Un jour, une nuit, étendu dans un caniveau...

– Adieu Pam-Pam et tout le reste, m'exclamé-je un peu déçu.

À peine arrivés, déjà partis !

Cette fois-ci, il s'agit de malfrats planqués dans quatre appartements différents. Ils ont été repérés et identifiés par les enquêteurs après de longues heures de filature, d'écoute et de recherche. Les domiciles sont localisés dans des barres d'immeuble. Des cités ghetto. Les logements sont distants les uns des autres de plusieurs centaines de mètres. L'un d'eux se situe à plus d'un kilomètre. Le groupe 3 ne peut pas, à lui seul, répondre aux contraintes de l'arrestation. Grâce au renfort, il se scindera en quatre équipes distinctes. Chacune sera autonome dans son action. L'opération doit se dérouler en parfaite coordination et simultanéité. À six heures précises. Heure légale. Pas une minute de plus, pas une de moins. Les individus recherchés sont tous frappés d'un mandat d'arrêt pour vol à main armée et usage d'armes à feu. Deux d'entre eux sont déjà tombés pour des faits similaires. Faut-il croire que la leçon n'a pas été bien apprise ou la sanction trop modérée ? Ou alors... faut-il penser que notre appareil politico-judiciaire ne prépare pas assez bien la sortie d'anciens détenus ? Plus jeune, certains instituteurs me disaient : « Il n'y a pas de mauvais élèves, il n'y a que de mauvais professeurs... » Ça laisse à réfléchir...

Toutes les équipes sont maintenant prêtes. Je suis avec Norbert, dit Nono, l'un des plus anciens du GIGN. D'abord responsable de ma formation, il est ce matin mon chef d'équipe. Ce quadragénaire possède l'art et la manière de travailler sérieusement sans se prendre au sérieux. Son ancienne allure athlétique fait place désormais à un certain embonpoint lié à l'expérience d'un homme mûr. Notre sous-marin est maintenant avancé. Nous sommes cinq dans le fourgon banalisé. Les véhicules dédiés aux autres équipes s'apprêtent déjà à quitter la brigade de Bobigny. Il est quatre heures cinquante-cinq. La ville dort d'un profond sommeil. Équipés comme de véritables porte-avions, nous sommes prêts à en découdre avec n'importe qui. L'un des officiers de police judiciaire, en charge de l'enquête, devient notre chauffeur. Il a la responsabilité de placer notre fourgon au plus près de l'entrée de l'immeuble. C'est parti !

– Attention, les gars, le type est un fou furieux ! avertit le chauffeur. Il est craint dans le milieu et toujours calibré. Il se planque chez ses parents au troisième étage. Porte gauche. Juste en haut de l'escalier. Il se nomme Djilali Belkassen. Un solide gaillard d'un mètre quatre-vingt-dix.

Un solide gaillard ! Je le suis déjà moins au regard des mensurations entendues. J'irai même jusqu'à dire que je suis à cette heure très matinale beaucoup plus liquide que solide. L'inconvénient dans ce genre d'opération, c'est que l'on ne sait jamais ce que l'on va trouver derrière la porte. Dort-il ? Veille-t-il derrière les rideaux ? A-t-il son arme à portée de main ? Si oui, où ? Sous son oreiller ? À la ceinture ? Ouvrira-t-il le feu au moindre bruit ? La vie d'un fugitif se résume souvent à ça. Vivre avec la peur au ventre dans l'attente d'être serré par une horde de flics déchaînés. La minute d'après ne lui appartient jamais. La cavale trouve souvent son terme à cause d'un ami que l'on pensait fidèle. Comment est l'appartement ? Cette fois, nous ne possédons aucun plan. Nous n'avons pas d'autre choix que de faire confiance aux enquêteurs. Nono n'apprécie guère l'inconnu. Moi non plus. Il part du principe que la confiance n'exclut jamais le contrôle. Je partage son avis. Surtout, ce matin. Dire qu'avant-hier je baignais dans une eau limpide et qu'un verre m'attendait au cœur de Juan-les-Pins. À chaque nid-de-poule, nous sursautons dans la caisse métallique. Ballotés comme du bétail, Didier détient l'explosif, Philippe la masse, Alain le butoir et les liens en plastique. Moi, je détiens les détonateurs. Nono est en liaison radio constante avec les autres équipes.

– Les équipes Alpha et Bravo arrivent sur leur point, rebondit une fois encore Nono. L'artiste, calme-toi un peu, suggère-t-il au chauffeur.

L'écran bleuté de ma montre affiche cinq heures quarante-cinq. Dans un quart d'heure, j'aurai toutes les réponses à mes questions angoissantes. Notre fourgon s'engage à présent sur l'immense parking. Nous longeons la barre d'immeuble jusqu'à la troisième entrée.

– C'est ici, annonce le chauffeur en tirant le frein à main.

Il coupe le contact. En tenue civile, il descend du camion, s'assure du verrouillage de la portière et disparaît d'un pas tranquille à l'angle de l'immeuble. Des graffitis ornent les murs extérieurs et intérieurs du hall. Étonnant, les portes vitrées sont encore en place. À nous de jouer à présent. Il nous reste sept minutes. Premier risque : s'extraire du camion dans la plus grande discrétion. Il faut faire vite, très vite ! Pas simple avec le harnachement. Équipé, mon poids frôle les quatre-vingt-dix kilos. Alors que soixante-dix-sept représentent mon poids de forme. Une dizaine de mètres nous séparent de l'entrée. Aucune lumière n'apparaît dans les appartements empilés juste au-dessus d'elle. Une pièce vient de s'éclairer au numéro suivant. Un néon crépite au plafond d'une cuisine un peu plus loin et plus haut.

– *Go !* annonce Norbert.

H moins six minutes avant explosion. Les boîtes aux lettres sont pour la plupart défoncées. Quelques noms résistent encore aux actes de vandalisme. Le nom de Belkassen figure bien au feutre noir sur l'une d'elles. L'étage n'est pas indiqué. L'immeuble dort encore dans un profond sommeil. Un chien renifle sous une porte du rez-de-chaussée.

– Tutututu ! apaise Nono.

Il place l'index sur ses lèvres. Il exige le silence. Au signal, nous grimpons en file indienne. Nos pas se font feutrés. Notre respiration imperceptible. Direction le troisième étage. La cage d'escalier s'élève dans une obscurité de plus en plus dense. Interdiction d'utiliser l'éclairage des locaux communs. L'oreillette crache déjà la mise en place des autres équipes.

– Équipe Alpha en place, grésille une voix.

– Bravo, prêt !

Cinq minutes. Nous plaquons les murs jusqu'à atteindre l'étroit palier rectangulaire. Deux portes se font face. À gauche celle de l'homme traqué, à droite celle du voisin. Distance : trois mètres entre les deux. À l'aide d'une lampe de poche, je tente de confirmer l'identité des locataires. Aucun nom ne figure sur les portes ni sur les sonneries. Afin d'éviter le bruit lors de la prise de repère, Didier et moi prenons nos marques sur la porte palière située à l'étage en dessous. Important, la prise de mesure détermine la longueur exacte de l'explosif à utiliser. La charge épousera la serrure dans un arc-de-cercle ouvert. Un chat miaule. Plus que trois minutes.

– Delta OK !

Nous grimpons de nouveau à l'étage. L'équipe est prête. Il ne manque plus que nous.

– Deux minutes, susurre Norbert sa main sur mon épaule.

Explosif en main, Didier scotche la charge creuse autour de la clenche. Une barre de plomb à section triangulaire et à la base incurvée. Elle est peu malléable et farcie d'un puissant explosif. Surprise ! Je distingue un verrou plus haut. Je m'en veux de ne pas l'avoir noté plus tôt.

– Une minute ! chuchote Nono dans le creux de mon oreille.

D'initiative et avec beaucoup d'approximation, Didier ajoute une seconde longueur d'explosif sur le verrou supérieur. Est-ce trop ou pas assez ? Plus le temps d'ajuster !

– Trente secondes !

Je glisse le détonateur électrique dans les cavaliers respectifs. Leur extrémité colle à présent les barres de plomb. L'équipe descend de quelques marches et se met à l'abri du mur. Je déroule le câble électrique jusqu'à m'intégrer dans la colonne prête à bondir.

– Ouvrez vos bouches, rappelle Norbert.

Important ! L'onde de choc doit nous traverser le corps sans nous ébranler. Nous évoluons dans un espace restreint pour ne pas dire confiné.

– Sept secondes, chuchote la voix presque inaudible, cinq, quatre, trois, deux, un. Top action !

La déflagration est surprenante. Jamais je n'ai ressenti un choc si violent dans ma poitrine. L'explosion a été brève mais dévastatrice. Elle a pulvérisé la porte en milliers de dards et copeaux de bois. L'onde de choc a été si puissante qu'elle a soufflé la porte du voisin innocent. Trois étages plus bas, les vitres du hall ont volé en éclats par la surpression engendrée. L'immeuble s'est ébranlé de toute sa hauteur. Arme en main, casques sur la tête, nous nous engouffrons dans le logis secoué. Il fait sombre. Un nuage de poussière réduit mon champ de vision. Une odeur de poudre à canon envahit l'appartement. Revolver pointé en avant, je cours. Je découvre une pièce. Salle à manger : vide ! Porte au fond, chambre ? Salon : vide ! Demi-tour ! À droite, cuisine : vide !

– OK, les gars ! annonce Norbert trois secondes plus tard.

Un couple de sexagénaires est extirpé de son sommeil. Trois canons et quatre lampes de poche braquent leurs yeux endormis. Paralysés par la peur et le réveil violent, les silhouettes tremblent sous les draps froissés. Philippe lève l'interrupteur. La lumière inonde la pièce chaude.

– Où est Djilali ? interroge Philippe.

– Quel Djilali ? s'étonne l'homme apeuré.

Inquiet, il écarquille les yeux. Surpris, nos regards se croisent.

– Qui êtes-vous ? demande Nono arme en main.

– Comment ça, qui je suis ?

– Êtes-vous monsieur Belkassen ?

– Pas du tout ! Belkassen, c'est dessous...

Aussitôt nous dévalons vers l'étage inférieur. Sans aucun doute, la déflagration a extirpé tous les locataires du lit. Quatre à quatre, Norbert enroule seul les dernières marches jusqu'à atteindre en urgence le parking. Un homme s'apprête déjà à enjamber une fenêtre à bascule. Elle se situe au deuxième étage. L'individu est à califourchon sur le chambranle.

– S'il vous plaît, aidez-nous, une explosion vient d'avoir lieu ! Nous sommes les pompiers ! Ouvrez vite la porte ! tente Norbert.

Sans doute encore groggy, l'homme hésite un instant.

– Qu'est-ce qui s'est passé ? s'étonne l'individu.

– Le gaz ! Dépêchez-vous ! se risque-t-il une seconde fois.

L'inquiétude estompée, Djilali se ravise.

– Deuxième étage, porte de gauche, crache aussitôt la radio.

D'un violent coup de butoir, Alain percute la serrure. La porte cède sous la violence du choc. Me voilà nez à nez avec le fugitif. Il est vêtu d'un survêtement et d'un polo clair. Je le braque en plein visage. Il est immense. Une force de la nature.

– On ne bouge plus, gendarmerie ! sommé-je, les mains sur la tête !

– Tire ! Vas-y, tire ! hurle-t-il. Qu'est-ce que t'attends ?

« Il est fou », songé-je. Son regard revolver affiche une détermination à toute épreuve. Je ne peux pas faire usage de mon arme. Rien ne m'y autorise ou ne m'y oblige. Il est désarmé. Ses menaces sont verbales. Aucune vie n'est en danger immédiat. Seule sa volonté d'en découdre avec moi reste féroce.

– J'ai dit : On ne bouge plus ! Les mains sur la tête !

Je songe à ma formation. « Toujours se montrer plus fou que l'autre », m'expliquait un jour un de mes instructeurs. Là, je dois admettre que ce n'est pas gagné...

– Allez, qu'est-ce que t'attends ? Tire ! Tu vois pas qu'j'ai mes parents et ma sœur ici ? désigne-t-il du menton.

Il a raison. Les membres de la famille rappliquent à l'instant dans le salon. En pyjama et chemise de nuit, ils sont accompagnés de Philippe et Didier. Sur ces entrefaites, le fugitif avance d'un pas. Alain le saisit aussitôt par les poignets et les lui tord derrière le dos. En un zip, il les rend solidaires à l'aide d'un lien en plastique. Je respire. La situation est enfin maîtrisée. C'est maintenant au tour de la maman. Pendant que le père et la sœur restent encore sans voix devant la scène, la mère hurle au ciel son désespoir. La douleur de perdre une fois encore son fils ruisselle sur ses joues. Partagée entre son amour maternel et sa colère, elle s'acharne à lui pincer les pommettes et à lui embrasser les mains. À bout de souffle, elle serre sa poitrine. Bouche bée, elle semble manquer d'air. Le prisonnier s'agite. Nous ne sommes pas trop de quatre pour le maîtriser.

– Ma mère ! rage-t-il. Aidez-la ! Lâchez-moi ! Son cœur !

– Un médecin, vite, et des renforts ! exige Norbert à la radio.

Je crains le pire. Une douleur paraît irradier sa poitrine. Je soupçonne le malaise cardiaque. La crise a-t-elle été déclenchée par le trop plein d'émotion ? Ou par la rupture brutale d'un lien de cœur ? Peut-être les deux... Lequel est générateur de l'autre ? Le corps exprime souvent par les maux ce que l'homme tait... Au fil des mois et des années, les situations traversées nourrissent de plus en plus mes réflexions. La maladie ou le mal a dit ? Pourquoi les événements se répètent-ils ? Pourquoi des familles pourtant unies se déchirent-elles soudain dans un bain de sang ? Pourquoi lui blessé et moi sauvegardé juste à ses côtés ? Est-ce le fruit du hasard ou d'une destinée différente ? Chaque tragédie met en cause l'existence de Dieu. Et Toi, Dieu, que fais-Tu quand l'homme souffre ? Parfois, j'avoue avoir beaucoup de mal à percevoir le sens profond de la vie et du monde qui nous entoure.

Sans aller chercher bien loin, un univers sur lequel je m'interroge souvent, c'est celui de notre chère direction. Un bruit court que le commandant du GIGN risque d'être remplacé de manière peu conventionnelle. Une crise sans précédent semble vouloir se dessiner à l'horizon. À la différence de toutes les autres, celle-ci couve cette fois-ci au sein de notre unité. Sommes-nous préparés à cela ? J'en doute. N'oubliez pas, cher monsieur le directeur général et chers généraux tout court, nous ne faisons qu'un... n'en déplaise à certains.

Malheur à celui qui changerait la règle du jeu...

Ce matin, le patron a préféré nous réunir sous le signe de l'urgence. Installés dans une salle, une soixantaine de Bons Samaritains attendent que l'ordre du jour leur soit donné. La rumeur enfle. Il faut vite percer l'abcès avant qu'il ne soit trop tard. Avant qu'une crise ne s'installe dans nos rangs et paralyse la machine GIGN. Ce n'est jamais bon de partir en mission la tête pleine d'interrogations. Une guerre de chefs semble vouloir prendre forme entre la direction et nous. Une manœuvre insidieuse se mettrait en place à nos dépens. Pendant que nous nous exposons sur le terrain, d'autres derrière leur bureau s'appliquent à nous faire adhérer à une administration sclérosée. Nous faire entrer dans les rangs, comme il se dit dans les milieux autorisés. Le problème est que le moule proposé est bien trop étroit, bien trop réducteur pour espérer être efficace. Depuis toujours la bureaucratie tente de bouleverser l'ordre des choses. Faut-il comprendre qu'elle nous prépare une énième tentative ? Sa volonté s'imposerait-elle une fois de plus à nous ? Il y a tant de choses à faire, tant de manques à combler. Pourquoi s'acharne-t-elle à ralentir la motrice, alors qu'une simple pelletée de soutien et de confiance suffirait à traîner volontiers la vieille dame jusqu'au firmament ? J'enrage à l'idée !

– Messieurs, rien n'est encore fait. Quelques amis bien placés à la direction ont eu la gentillesse de me lâcher certaines indiscrétions.

– Lesquelles ? s'empresse Guy déjà courroucé.

– La direction veut saisir l'opportunité de ma mutation pour placer à la tête de l'unité un officier issu d'un commandement traditionnel.

Stupéfaction générale. L'ordre des choses en serait bouleversé. Voilà que se dessinent devant nos visages abasourdis les prémices d'une déstabilisation bien orchestrée. Aussi incroyable que cela puisse paraître, elle émane cette fois-ci de notre propre famille. À l'écoute des propos, les Irlandais de Vincennes et les plombiers de l'Élysée n'engendrent pas plus de houle dans mon cœur qu'une pierre jetée dans l'océan. Et pour cause, je suis bien trop jeune pour prétendre avoir vécu les derniers troubles versés sur l'unité. Seul le souvenir attache de la valeur aux choses. Je n'en dispose d'aucun.

En revanche, je garde en mémoire un fait. Il date de la période qui a suivi mon intégration au groupe. Loin d'être subversif, celui-ci aurait pu tout de même me marquer l'âme au fer rouge. L'opération « Artichaut ». Pourquoi ce nom ? Parce que la mission impliquait plusieurs unités de l'armée française. Toutes les entités se préparaient à huis clos pour un même objectif : la libération des otages au Liban. Une terre minée. Au sens propre comme au figuré. Certains y auraient sans doute laissé leur peau. Peut-être aurais-je fait partie de l'un d'eux si un besoin de renfort avait été exprimé ? Fort heureusement, au regard de mon inexpérience, Jean-Paul Kauffmann, Marcel Carton et Fontaine avaient été libérés quelques semaines avant notre départ pour le Moyen-Orient.

Tout a un prix, l'information, l'homme, alors pourquoi pas notre tranquillité ?... Quel est le vôtre, madame la direction, pour espérer enfin obtenir la paix ? Je réalise que tout dépend de la volonté des uns et la priorité des autres. Que font-ils de nos urgences ? Parfois, comme mes camarades, je me désole d'être un outil performant aux mains d'apprentis débutants.

– C'est comme si la direction plaçait un motard aux commandes d'un Mirage 2000, relève Hervé. Pas besoin d'être devin pour présager l'impact.

– Encore faut-il savoir le faire décoller ? raille Christian.

– Calmez-vous, messieurs ! Pour l'instant rien n'est fait. Ce ne sont que des bruits de couloir, des hypothèses si vous préférez.

– Méfiez-vous des étoiles, mon commandant. Ce n'est pas parce qu'elles brillent la nuit qu'elles n'existent pas le jour, ironise Patrick. Croyez-moi, il y a beaucoup de constellations dans notre administration.

– Merci de partager vos inquiétudes.

– La prudence, mon commandant ! L'inquiétude vient après, précise Jean-Michel.

De mémoire d'anciens, c'est la première crise intestine à laquelle l'unité est confrontée. J'espère qu'elle sera la dernière. Personne ne rentre au GIGN sans test de sélection, sans être choisi et sans formation appropriée. Les phases sont indissociables les unes des autres. Pas de chance, elles sont aussi incontournables. Elles sont organisées et menées par les sous-officiers. Seul l'homme de terrain est capable d'évaluer, sélectionner et former l'officier ou le sous-officier en mal d'aventure. Tel un rituel mille fois répété, la validation du parcours achevé est toujours soumise à l'approbation collégiale. Autant dire que le passe-droit n'existe pas. En cas de litige, la décision finale revient toujours au patron. En règle générale, une tête bien faite vaut mieux qu'un corps d'athlète. C'est pour toutes ces raisons que cette éventualité nous paraît aussi peu probable qu'absurde. Puisque la suggestion nous est inconnue voire risquée, l'idée est d'ores et déjà balayée. Décidément, nous sommes peut-être de la même famille, mais je finis par croire que nous ne sommes pas issus du même moule...

L'unité ouvre ses portes aux gendarmes non gradés et aux lieutenants. Chacun de nous entame sa carrière au bas de l'échelle. Avant de briguer un poste de chef de groupe ou de commandant d'unité, chacun doit faire ses preuves. Comment ? Par la démonstration des actes accomplis et la confiance gagnée de ses hommes. Les échelons se méritent au travail réalisé, non par le nombre de barrettes cousues sur les manches. Le temps de présence au poste de commandant est évalué à cinq années. La fonction est obtenue après, et seulement après, avoir cultivé son savoir-faire et son expérience. Personne ne passe du rang d'apprenti à celui de maître sans avoir vécu celui de compagnon. En ce qui concerne le sous-officier, son temps de présence est estimé à quinze ans. Le nombre d'années fait de lui l'homme expérimenté. Cinq années sont nécessaires pour côtoyer toutes les situations auxquelles il sera confronté durant toute une carrière. Ce n'est qu'après ce quinquennat opérationnel que l'homme du groupe est enfin reconnu de ses pairs. C'est-à-dire un homme solide digne de toute confiance. La réussite des missions est la preuve de l'équation toujours avancée auprès de nos chefs. Qui aurait songé à se faire passer aussi vite pour un pompier, si ce n'est un homme d'expérience ? L'initiative et la maturité de l'esprit sont aussi des éléments nécessaires au succès. Angoissé par l'initiative malheureuse, un jeune galonné exempt de pratique placé sous l'emprise d'une hiérarchie trop lourde aurait sans nul doute manqué le rendez-vous crucial. Encore une fois, monsieur le directeur général, messieurs les généraux et officiers supérieurs, cela ne s'apprend pas dans les livres ni dans les journaux. Peut-être n'avez-vous pas assez confiance en nous ? N'avez-vous pas conscience qu'un accident mortel pourrait naître un jour ou l'autre d'une de vos décisions insensées ? Comprenez qu'attendre l'accord d'un chef inexpérimenté peut parfois conduire l'homme de terrain à la mort. Un ordre inadapté peut aussi mener à la perte d'un être cher. Au même titre qu'un patron doit savoir défendre ses hommes, un homme du groupe doit savoir s'engager mais aussi s'opposer à l'autorité si l'ordre lui semble absurde ou irréalisable. (Ce que j'ignore, c'est que des ordres irraisonnés, j'en recevrai plus d'un dans ma carrière.) Je souhaite que vous abandonniez votre idée au profit du bon sens. J'espère que notre refus sera considéré comme un acte de raison, non comme une rébellion. À défaut, je prie pour que le pire ne se produise jamais dans nos rangs ni dans ceux des innocents que nos routes croiseront un jour... Certes, je suis un militaire, mais je ne joue pas aux soldats. J'ai dit, mon général.

– Écoutez ! Que chacun retourne à ses activités. J'attends de vous un soutien sans mesure. Faisons bloc une fois de plus. Ensemble nous ferons face, doute-t-il dans son regard.

– Comptez sur nous, mon commandant, reprend une voix.

Je garde et garderai toujours en mémoire le vieil adage qui souligne la place d'un chef dans le cœur de ses hommes. Il m'avait été transmis par Henri lors de mon admission à l'unité. Il m'est aujourd'hui plus précieux qu'hier, car il prend tout son sens ce matin : « Si tu t'assois, ils se couchent ; si tu marches, ils te suivent ; si tu leur tends la main, ils te donneront leur peau. » L'idée que je me fais d'un chef se résume à ces quelques mots. Je doute que cet étranger venu d'ailleurs réponde aux exigences que nous nous imposons. Attendons la suite du projet décidé par nos bureaucrates pour le voir très vite avorter. Du moins, je l'espère...

Plus que trois jours avant la fin de notre disponibilité. Demain, une nouvelle mission nous attend. Nous transférerons Francis Vanverberghe *alias* Francis le Belge. Un caïd du milieu marseillais. Dix-huit hommes sont prévus pour cette mission à haut risque. Je connais son nom et son sobriquet mais j'ignore tout de sa physionomie. La mission se veut discrète. Malgré cela, des informations nous parviennent des autorités judiciaires. Selon un proche du milieu marseillais, il n'est pas exclu qu'une tentative d'évasion soit organisée durant l'escorte. Il nous faut donc prévoir un dispositif de sécurité renforcé. Nos armes sont de gros calibres et nos grenades prêtes à l'emploi. L'aura de Francis dépasse les frontières de l'Hexagone. Il bénéficie d'un soutien sans limites d'une véritable armée de fidèles. Des amis de toujours sont prêts à tout pour l'extraire des griffes de l'appareil judiciaire. Toujours selon cette même source, il s'agirait plus d'une action de cœur que d'une affaire d'honneur.

C'est au beau milieu de la nuit que nous quittons l'unité. Deux heures quarante-cinq. Cinq breaks à la couleur de l'arme s'engagent sur l'autoroute du Nord en direction de la frontière franco-belge. L'un d'eux est destiné à accueillir Francis. Le mien. Au volant, un opérationnel expérimenté et pilote chevronné, Michel, dit la Brèche. Par précaution, plusieurs itinéraires de délestage ont déjà été prévus sur le chemin qui nous mènera de la Belgique à Marseille. Destination finale : la prison des Baumettes. Nous devons éviter la mise en échec. Le mat nous serait insupportable et inexcusable. Afin d'échapper aux deux, il est impératif de prévoir tous les cas de figure qui s'opposeraient à nous. L'agression par armes à feu, l'obstacle inopiné, l'accident manigancé dont nous serions la victime ou la cible désignée. Surtout ne jamais écarter les trois hypothèses en même temps. Il faut anticiper les événements avec au moins trois coups d'avance. L'anicroche peut surgir de n'importe où, à n'importe quel moment. À cette occasion, tous les péages nous seront ouverts. Ils seront sécurisés par les pelotons d'autoroute. Trois motards nous accueilleront à l'entrée de la cité phocéenne. Ils seront chargés de nous ouvrir la voie jusqu'aux portes de la prison. Deux points critiques subsistent encore : l'arrêt dans les stations-service et la période estivale. En ce début de saison, les juilletistes abondent sur les routes et les aires de repos. J'ose à peine imaginer le ravitaillement en carburant et les pauses pipi incontournables. Mots d'ordre : synchroniser les deux. Moins il y aura d'arrêt, meilleure sera la sécurité.

Le jour se lève à peine. Le ciel est bas et la chaussée humide. L'aurore tarde à venir. Tout comme Francis. Nous sommes en place depuis cinq heures. Le contact était prévu à cette même heure. Ma montre souligne un retard d'au moins dix minutes. Y aurait-il eu une erreur sur le point ou l'heure de rendez-vous avec nos homologues belges ? Nos véhicules sont stationnés en épi côté français. Nos réservoirs d'essence ont été complétés. Les postes frontaliers nous ont ouvert leurs portes. Une salle nous a été réservée pour la fouille au corps du détenu. Étape incontournable avant la prise en charge de l'individu. J'ai le sentiment de vivre l'échange d'un espion lors de la guerre froide. Il ne manque plus que le pont de fer, les guérites camouflées, les barrières et les soldats en armes. Le calme de la campagne wallonne m'inquiète. Une brume ondule au-dessus des champs. Aucune âme ne semble vivre au poste frontalier. Quinze minutes de retard et aucun détenu en vue. Soudain, une estafette à l'horizon. Est-ce notre client ? Seul sur la voie, le véhicule se pointe à faible allure. Ses contours se font maintenant plus précis. Je distingue un gyrophare. La scène paraît presque irréaliste. Au volant de la fourgonnette, un flic en tenue. Il est accompagné de deux collègues à l'arrière. Entre les deux, Francis. Les agents trimbalent l'un des plus grands caïds de la mafia marseillaise en toute sérénité. La quiétude qu'ils affichent me sidère. De toute évidence, l'information sur les risques encourus ne leur est jamais parvenue. La frontière délimiterait-elle la menace ? D'un côté rien à craindre, de l'autre la route de tous les dangers ? Au regard de leur dispositif allégé, nous faisons figure de véritables cuirassés de haute mer. À se demander si les complices de Francis n'auraient pas mieux fait de projeter une évasion en terre wallonne plutôt que sur le sol français. Dommage pour eux. Comme prévu, notre convoi se met en place le long du bâtiment. Michel se tient au volant de la troisième voiture. Les regards sont tournés vers l'extérieur. Les copains en armes encerclent le dispositif. Pendant ce temps, Bernard et moi invitons les gendarmes belges à nous remettre en main propre le prisonnier. Pendant que le chauffeur glisse la porte latérale, les deux autres prient le détenu de les suivre jusqu'à la salle de fouille. Serein, Francis s'exécute menottes aux poignets. Intrigué par le personnage haut en crimes et délits, je découvre un homme mince à la chevelure argentée. La cinquantaine très élégante. Le teint légèrement hâlé. Bel homme. Il est vêtu d'un complet gris clair et d'une chemise blanche ouverte au col. Son charisme et sa retenue lui confèrent presque l'allure d'un gentilhomme. Il l'est peut-être dans son cœur envers ses proches, mais dans ses gestes envers ses rivaux... Bref, je ne suis pas ici pour refaire son histoire. Nonobstant le souci de ma mission, je lui accorde presque ma sympathie. Il n'empêche que nous lui emboîtons aussitôt le pas. Nous voilà arrivés dans la pièce. Elle est froide et austère. Une table et deux chaises agencent le lieu aux murs défraîchis. Le moment se veut délicat. C'est selon moi l'instant le plus désagréable du transfèrement. Par sécurité, nous devons pénétrer l'intimité du détenu. Je suis embarrassé. D'autant que je garde en moi l'image tronquée d'un bon père de famille.

– Ôtez-lui les menottes, s'il vous plaît.

L'un des flics belges le libère de ses bracelets. Francis se frotte les poignets. Tel un boxeur, il en profite pour se dégourdir les épaules et la nuque. Je suis en charge de la fouille au corps et Bernard de ses vêtements. Afin d'éviter toute tentation, je lui confie mon revolver.

– Je suppose que vous connaissez la procédure ?

Il esquisse un sourire et acquiesce d'un signe de tête. Il se déchausse, se déleste de sa veste, desserre sa ceinture et déboutonne sa chemise. Le pantalon gît en accordéon sur ses chevilles. Embarrassé, je m'interdis d'exprimer le moindre signe d'inconfort. Son regard planté dans mes yeux, les pouces sur l'élastique de son sous-vêtement, il attend l'ultime ordre avant d'être dans l'obligation de se trouver nu comme un ver. Quelque peu désolé, je confirme par un signe de tête.

– Nous l'avons déjà fouillé à sa sortie de prison, annonce l'un des Belges.

– Je m'en doute mais la confiance n'exclut pas le contrôle. Vous connaissez la procédure...

Malheureusement, c'est toujours le sort réservé aux prisonniers. Aucun détenu ne peut effectuer un pas à l'extérieur d'une enceinte carcérale sans être palpé des pieds à la tête. Parfois plusieurs fois par jour selon le planning qui lui est réservé. Des gants en latex nous autorisent l'accès à toutes les parties de son corps. Sans exception. L'intimité n'a plus sa place dans ce monde fait de portes et de grilles d'acier. La promiscuité gouverne sa vie. Elle est partout. Elle est inévitable. Le prisonnier n'a pas d'autre choix que de la vivre durant toute sa détention. Vingt-quatre heures sur vingt-quatre. Chaque prise en compte doit être validée par une fouille méthodique.

Pendant ce temps, Bernard récupère les effets et s'empresse de les passer au peigne fin. Tout cela sous l'œil avisé des gendarmes belges. Difficile de ne pas enfreindre la dignité humaine. Comment inculquer le respect de l'autre si nous ne pouvons pas échapper aux mesures de sûreté ? Cependant, il en va de notre propre sécurité et aussi de la sienne. Peut-être faudrait-il informer plus encore le prisonnier sur le sens profond de nos actes ? Mieux se comprendre permettrait probablement de mieux accepter. Mais comment annihiler la promiscuité de la vie des détenus ?

– Les chaussettes, s'il vous plaît !

Sur la table, une boîte en carton. Les rabats sont maintenus fermés par un large ruban adhésif. Ce sont ses effets personnels. Objets de valeur, pièces d'identité, ceinture, lacets. Autant dire que le matérialisme ici perd tout son sens. La fouille achevée, nous remercions nos homologues et invitons Francis à se rhabiller. Une fois vêtu, nous lui adressons les dernières recommandations. Attention, elles doivent être respectées à la lettre et suivies des faits. Quiconque les enfreint se verrait aussitôt sanctionné sans le moindre état d'âme. Le matériel embarqué nous permet d'adapter la sanction à la menace et ce de manière immédiate.

– Écoutez-moi, Francis. Nous sommes chargés de vous emmener sain et sauf à la prison des Baumettes. Si vous avez soif ou faim, demandez-nous. L'administration pénitentiaire vous a-t-elle réservé un sandwich et une boisson avant votre départ ? interrogé-je.

– Non, sourit-il d'un air évident.

J'extirpe de ma poche une paire de menottes. Il me tend les poignets. Je les lui enchaîne pour la durée du trajet. Bernard me confie de nouveau mon arme.

– Aucun problème, nous vous les fournirons sur la route. Les pauses pipi se feront lorsque nous le déciderons. Il n'empêche que vous pouvez en exprimer le besoin. Dans la mesure du possible, nous essayerons de répondre à votre demande. Dans le pire des cas, vous vous soulagerez dans une bouteille en plastique.

Étonné, il écarquille les yeux.

– Sachez que nous ne vous ferons aucun cadeau, précise Bernard d'un ton calme et posé. Si une tentative d'évasion est perpétrée ou si vous décidez de prendre la fuite à la première occasion, la première balle sera pour vous. Avez-vous bien compris ?

– J'ai bien compris.

Francis esquisse un sourire discret. Ses yeux sont rieurs. Je suppose qu'il a déjà évalué la capacité de nos armes fourrées à la ceinture. Il sera étonné concernant celles embarquées dans les véhicules.

– D'ores et déjà avez-vous envie d'aller aux toilettes ? proposé-je.

– Non !

– Alors, on est partis.

J'installe Francis sur la banquette. Loin du chauffeur. Côté droit. Même si le protocole me l'interdit, je relis ses menottes à une barre métallique fixée sous le siège par l'intermédiaire d'une sangle d'escalade. Il est maintenant solidaire de la voiture. Ses gestes sont désormais plus que restreints. Sacré bonhomme ! Il conserve toute sa dignité et son élégance. D'un mouvement d'épaules et de nuque, il ajuste sa veste.

– OK, à tous ! Voiture 1, vous pouvez y aller, annonce Bernard à la radio.

La voiture de tête est notre élément avancé. Elle est nos yeux et nos oreilles. Distante de quelques kilomètres, elle est chargée de détecter le coup fourré, anticiper le ravitaillement en carburant et préparer la zone d'approvisionnement avant notre arrivée. En cas de nécessité absolue, elle servira de bélier. Le deuxième véhicule reste à vue. Les deux derniers sont chargés de notre sécurité immédiate. Toutes nos armes sont désormais dégainées et à portée de main. Chaque seconde gagnée sur l'adversaire est une seconde de vie préservée. La radio nous relie les uns aux autres. La traversée des bourgs et des villages successifs se fait au rythme des gyrophares et des sirènes hurlantes.

– Ramassage scolaire à droite avant le prochain carrefour, crache la radio.

En fond sonore le deux-tons brouille la voix nasillarde.

– Livraison de pain après le rond-point.

– Reçu, répond Bernard.

– Bien reçu, accusent réception les voitures suiveuses.

Un peu bringuebalé par la route sinueuse, j'espère atteindre l'autoroute au plus vite. Francis grimace. Chaque virage lui torture les poignets.

– Encore un peu de patience. Dans cinq minutes, nous serons sur une ligne droite jusqu'à Marseille, l'informé-je.

Nous voilà enfin arrivés au premier péage. Trois gendarmes en képi nous facilitent le passage. Sans trop décélérer, nous passons les uns après les autres entre les mailles des impôts directs. Le convoi se forme aussitôt sur la voie de gauche. Vitesse autorisée cent trente, allure imposée deux cents. Nos véhicules ne peuvent donner que ce qu'ils ont. Dommage... Vu du ciel, un lombric surmonté d'ampoules bleutées épouse chaque courbe de terrain à une vitesse de croisière très élevée. Tantôt au sommet d'une colline, tantôt entre deux mamelons. Nous avalons les kilomètres comme un vulgaire spaghetti. Imperturbable, Francis admire la campagne défiler sous ses yeux. Liberté, quand tu nous tiens... Les heures passent. Paris est à présent loin derrière. La fatigue commence à se faire sentir. Je lutte. La nuit a été courte. Le chemin à parcourir est encore long. La ville de Lyon est à quelques kilomètres de notre convoi. Francis, lui, garde un regard vif et malicieux.

– Tout va bien derrière ? s'enquiert la voiture de tête.

– OK pour nous ! répond le deuxième véhicule.

– Pour nous aussi, annonce Bernard.

– Ça suit, voitures 4 et 5.

– À tous, ralentissez ! Nous envisageons un deuxième arrêt à la prochaine station-service.

Vingt kilomètres nous séparent à présent du prochain ravitaillement. Aussitôt l'écart se creuse et doit se creuser encore. Nous devons octroyer plus de temps à la voiture de tête, afin que les copains puissent compléter leur plein d'essence et sécuriser la zone avant notre arrivée. Faire évacuer les pompes si nécessaire. La stratégie nous impose des ordres clairs et précis. Pas le temps de palabrer avec les touristes. Les explications leur seront fournies une autre fois. L'immobilité est un facteur risque important. Moins nous serons immobiles, meilleure sera notre sécurité et la leur aussi.

– OK pour tous ! Vous pouvez rappliquer, grésille la radio.

Je souffle. Je suis soulagé. Nous étions à moins d'un kilomètre de l'élément précurseur. À défaut d'une annonce préalable, nous aurions filé sans marquer le moindre arrêt. L'inconvénient est que l'autonomie nous aurait dicté très vite sa propre loi. Nous aurions tracé sur le bitume avec une épée de Damoclès sur la tête. Elle aurait pris la forme de la petite aiguille dans la jauge d'essence. À vive allure, nous nous engageons sur la bretelle qui mène à la station. Chaque voiture sa pompe. Michel reste au volant tandis que Bernard enfourne le pistolet dans le réservoir. Arme en main, chacun débarque de son véhicule. Montrer la force pour ne pas avoir à s'en servir. Le but recherché : la dissuasion. Comment ? Par la plus grande détermination. La station est désormais sous notre contrôle. Le site respire la sérénité. Tout du moins la respirait avant notre arrivée fracassante. Les touristes sont effrayés par cette armada d'hommes en armes. Pour certains d'entre eux, notre arsenal sort tout droit d'un film d'action. Les lance-grenades impressionnent petits et grands. C'est vrai ! Ces armes le sont comme elles le sont aussi par leur précision. À cinquante mètres, un tireur entraîné peut loger dans l'habitacle d'une voiture la grenade de son choix. Tout dépend de l'effet souhaité. Offensive, défensive ou tout simplement lacrymogène. La priorité nous est donnée jusqu'aux caisses. Tout cela sous le regard protecteur des bons copains.

– Avez-vous envie d'aller aux toilettes ? m'assuré-je.

– Non, merci, répond Francis.

– Avez-vous faim ?

– Non, merci.

– Soif ?

– Non plus.

– Très bien...

Il tourne les poignets dans ses bracelets d'acier. Il me vise d'un regard presque complaisant. Malheureusement, je ne peux rien pour lui. Un sandwich lui aurait pourtant libéré l'une de ses mains.

– OK, tout est clair ! Dernière voiture plein terminé, annonce la radio.

Les portes claquent. Les cylindres rugissent de nouveau. La voiture de tête enquille déjà la bretelle d'accès à l'autoroute. Nous nous inscrivons aussitôt dans son sillage. Le ruban d'asphalte défile sous nos pneus surchauffés. Le soleil est à présent au zénith. Lyon est depuis peu de temps derrière nous et déjà Alain annonce le prochain arrêt.

– Pas très économiques vos bagnoles, s'étonne Francis. Il existe beaucoup mieux sur le marché et plus puissant. Pourquoi n'achetez-vous pas des Cosworth ?

– Nous ne choisissons pas encore nos voitures et nos budgets ne sont pas extensibles. De toute façon, il faut acheter français. Alors, la Cosworth...

Francis arque les sourcils. Il est surpris. Excepté notre chère direction, je partage la même réflexion. Au regard de la vitesse exigée, une pause carburant s'impose comme une horloge. Tous les trois cents kilomètres. Cet arrêt est considéré comme le dernier avant Marseille. Un peu plus d'une centaine de kilomètres nous séparent de la cité phocéenne.

– Le manque d'autonomie vous oblige à vous arrêter souvent ? interroge Francis.

– C'est exact ! Mais c'est prévu.

C'est prévu, certes, mais si nous pouvions l'éviter, nous en serions les premiers ravis.

– Vous savez, je respecte beaucoup votre unité, ajoute Francis le regard perdu vers l'extérieur.

– Je ne le savais pas.

Bernard tend l'oreille. Michel me vise par le rétroviseur intérieur. Francis, lui, regarde défiler les voitures sur les voies de droite. Curieux, il s'attarde sur l'une d'elles. Une Cosworth de couleur claire. Nous la dépassons avec difficulté. Il la suit du regard jusqu'à ce qu'elle soit distancée.

– J'ai lu un livre sur vous : vos entraînements ne sont pas toujours faciles, s'intéresse Francis.

– Vous savez ce que l'on dit ?

– Non !

– Entraînement difficile, intervention facile.

Il acquiesce d'un signe de tête comme un père adhère à la thèse de son enfant encore immature. Il esquisse un sourire. Il détourne son regard et lorgne de nouveau le cortège de touristes sur les voies parallèles. Il suit du regard un autre véhicule, puis un second.

– Une autre connaissance ? ironisé-je.

Il sourit.

– Non, pourquoi ? Je devrais ?

– Simple question. Il m'a semblé que vous esquissiez un sourire au conducteur...

Le rétroviseur intérieur me renvoie le regard revolver de Michel. Bernard, quant à lui, incline la tête et baisse le pare-soleil. Son miroir de courtoisie souligne l'intérêt soudain à la conversation. Ses sourcils froncés expriment la curiosité et peut-être même l'inquiétude.

– Les jupes !

– Les jupes ?

– Elles sont courtes, non ? relève Francis d'un sourire coquin.

– C'est l'été et nous sommes sur l'autoroute du Soleil...

– Bernard, demande à ce que le prochain arrêt soit repoussé à la station suivante ! suggère le chauffeur les yeux rivés sur la route.

Après l'annonce, Michel s'empare à son tour de la radio.

– À tous ! Par précaution, prêtez attention aux véhicules dépassés.

– Bien reçu, grésille la radio.

– Y a un problème ? s'enquiert la voiture de tête.

– Tout va bien, c'est juste pour briser la monotonie. Ralentissons un peu... nous économiserons le carburant jusqu'au prochain arrêt. Je me place sur la voie du milieu.

Les voitures déjà doublées nous déboîtent à présent par le flanc gauche. Le regard de Francis est attiré de nouveau par la remontée des véhicules. Difficile de discerner le jeu de la réalité. Info ou intox ?

– Vous n'allez pas me croire, mais j'ai souvent demandé à mes hommes de s'inspirer de vos entraînements pour leur exercice physique.

– Et alors ?

– Ils essayent, mais ils ne peuvent pas tous les pratiquer.

– Lesquels, par exemple ?

– Le tir ! s'amuse-t-il.

– Dites-moi, Francis, qu'est-ce que la justice française vous reproche ?

Il rit et hausse les sourcils, dépité.

– Si je savais... mime-t-il de ses mains liées entre les genoux.

– Vous n'êtes pas là par hasard ?

– J'emploie beaucoup d'hommes. Je ne sais pas ce que chacun d'eux fait... La justice n'a rien contre moi... Je fais du business, c'est tout.

– Beaucoup d'hommes, cela veut dire combien ?

– Quelques dizaines en France, un peu plus en Floride.

– C'est-à-dire ?

– Mille ! Mille cinq cents ! se désole-t-il.

– Une véritable entreprise ! m'exclamé-je.

Il lève le menton et sourit.

– En clair, vous êtes un vrai chef d'entreprise ? s'intéresse Bernard.

– Si on veut...

– Et quelle est votre activité en tant que chef d'entreprise ? poursuit-il d'un ton ironique.

Francis lève les sourcils et les yeux au ciel. Il garde le silence.

– Ralentissez derrière, nous entrons à peine dans la station, informe la voiture de tête.

– Compris !

– Je pourrais boire ? demande Francis.

– Aucun problème.

Il présente des signes d'inconfort.

– Avez-vous faim ?

– Un peu.

– Avez-vous envie d'aller aux toilettes ?

Il se redresse tant bien que mal. Il cherche une position plus confortable mais ne répond pas.

– OK ! Tout est clair ! annonce Hervé désormais en place à la station-service.

Quatre minutes plus tard, une colonne bleue pénètre dans la station. Le site rôtit sous un soleil accablant en lisière d'une vigne. Les estivants s'étalent à l'ombre des pins parasols, alors que d'autres trouvent la fraîcheur auprès de sources d'eau ou brumisateurs géants. La quasi-totalité des pompes sont libres de tout client. Nous n'y sommes pas étrangers. Les hommes encerclent les points de ravitaillement. Certains d'entre eux quittent leur position. La physiologie du corps humain est ainsi faite que tour à tour ils partent se soulager sous le signe de l'urgence. Pendant que Bernard complète le niveau, Michel court aussi vers les toilettes.

– Pense à prendre une bouteille d'eau et un sandwich pour notre passager, lancé-je à la volée.

Fusil à pompe en main, je campe cette fois-ci à l'extérieur du véhicule. Francis s'impatiente toujours sur son siège.

– Pouvez-vous me descendre un peu la vitre, s'il vous plaît, me demande-t-il.

Je réponds à la requête et commande une étroite ouverture depuis la place du chauffeur. Bernard achève le plein. Il enfourne le pistolet dans la pompe. Michel tarde à venir. La plupart de mes camarades ont pris de nouveau place autour du dispositif. Soudain, un homme. La cinquantaine passée, les tempes grisonnantes. Il est à une trentaine de mètres de la voiture. Il hésite. Se baisse, fait un pas de plus. Il cherche à distinguer le passager. Son attitude et son embonpoint lui confèrent l'allure d'un touriste sympathique et curieux. Puis d'un pas décidé, il avance vers le véhicule.

– On ne bouge plus ! sommé-je.

– Qui est-ce ? s'intrigue-t-il.

– Cela ne vous regarde pas !

Il fait de nouveau un pas. Cherche à voir Francis malgré la sommation. Devant sa détermination, j'avance vers lui. À l'aide de mon arme plaquée sur sa poitrine, je le stoppe. Il reste cordial mais il outrepasse sans vergogne les mesures de sécurité. Je ne tolérerai pas un pas de plus. J'ai l'impression qu'il veut établir la communication avec le détenu. Le plus étrange est que j'ai le pressentiment que celui-ci n'y serait pas opposé. Selon moi, l'assemblage des deux engendrera à coup sûr une mauvaise limonade. La station grouille à présent d'individus isolés. Touristes ou pseudo-estivants ? Michel rapplique bouteille en main. Les autres convergent aussitôt vers moi. La tension grimpe. Les hommes se montrent déterminés. Toutes les armes se braquent. Ticket en main et sans formule de politesse, Bernard s'introduit dans la voiture. Pendant que le dernier équipage continue à maintenir l'individu en respect, Michel et moi embarquons dans le véhicule. Sirènes hurlantes, le convoi réduit d'une voiture détale sur l'une des allées du parking. La voie est bordée de voitures. Elle longe un site de restauration. Extirpés de la foule de plus en plus dense, nous empruntons à vive allure la bretelle d'accélération. À ma grande surprise, une Ford Sierra Cosworth, de couleur claire, stationne à proximité du restaurant. Deux grosses cylindrées s'alignent à ses côtés. Aucune présence n'est à signaler à bord de ces voitures.

– Vous le connaissiez ?

– Pas du tout.

– Que voulait-il selon vous ?

– Je n'en sais rien.

– Tester le dispositif ?

– Voiture 5 de retour dans le convoi, crache la radio.

Malgré la sincérité affichée, je garde un sérieux doute. Au regard du rétroviseur intérieur et du miroir de courtoisie, mon sentiment semble fondé et de toute évidence partagé.

– Dans moins d'une heure nous serons à Marseille, affirme Michel.

– Pourquoi Marseille ? demande Francis avec un léger rictus.

– Parce que c'est votre destination finale. Je vous garde la bouteille d'eau ou préférez-vous que je vous donne à boire ?

– Et si je vous proposais un travail ? Un nouveau boulot où vous n'auriez plus de souci à vous faire...

Je n'en crois pas mes oreilles. Je ne suis pas le seul d'ailleurs. Le jeu des sourcils de Bernard me pousse à poursuivre la conversation.

– Quel genre de travail ?

– Vous ne me déposez pas aux Baumettes.

Aussitôt, le rire envahit l'habitacle. Là encore, il est difficile de discerner le vrai du faux. Est-ce un humour déguisé ou une réelle proposition ? En fonction de notre réaction, il aura tout le loisir de botter en humour ou en suggestion bien tangible.

– Où aimeriez-vous que l'on vous dépose ?

– Monaco ! À cette vitesse, dans trois heures nous pourrions y être.

– Vous êtes sérieux ?

Il esquisse un sourire. Il tente sans trop y croire. Du moins, je le suppose...

– Michel, et si on se gourait de route ? ironisé-je.

– Trois cents bornes d'erreur, tu crois que la direction et le ministère de la Justice pourraient avaler la faute d'étourderie ?

– Compte tenu des relations que nous entretenons avec la DG, je pense que nous irons droit au conflit. Tant avec notre invité qu'avec notre direction, s'amuse Bernard.

– Désolé, je pense que cela va être difficile...

Le regard perdu sur les vergers, Francis garde le sourire. Dernier péage avant la cage. Casque vissé sur la tête, trois motards en selle sont déjà prêts à nous ouvrir la route. Par anticipation, la barrière se lève. Au loin, je distingue Fos-sur-Mer et la grande bleue. C'est dans un concert de sirènes et de virages serrés que nous traversons la bonne mère. Bousculés de toute part, nous atteignons enfin la lourde porte gris métal. Baumettes, terminus. Tout le monde descend. Aux pieds des murs sentinelles, les voitures se positionnent d'ores et déjà sur la défensive. La porte coulisse sur son rail. Seules deux voitures sont autorisées à pénétrer dans l'enceinte inhospitalière. La nôtre et la suiveuse. Le sas franchi, le second portail s'ouvre sur une cour intérieure à ciel ouvert. Elle est inondée de lumière. Michel immobilise le véhicule aux pieds des marches du bâtiment central. Je libère Francis de ses menottes et l'invite à se dégourdir les jambes. À mon plus grand étonnement, la plupart des prisonniers scandent déjà son prénom. Des bras jaillissent de toute part d'entre les barreaux. Très vite, la population carcérale bat au rythme du nouveau venu. Du nouvel attendu, devrais-je dire. Le prénom « Francis » est repris presque à toutes les fenêtres barreaudées. J'ignorais qu'un tel accueil lui aurait été réservé. La confidentialité de la mission avait-elle été éventée ? Francis ajuste sa veste. Il reste distingué malgré les huit heures de route infligées. D'une main, il gifle le bas de son pantalon.

– Votre bouteille !

– Merci, sourit-il.

C'est exceptionnel, le directeur en personne et deux de ses gardiens viennent accueillir le prisonnier dans la cour.

– Messieurs, nous salue-t-il, où est monsieur Francis Vanverberghe ?

– Vous venez de lui serrer la main, sourit Bernard.

La situation est cocasse. C'est à s'y méprendre. Je le conçois au regard de l'homme élégant. Chef d'entreprise, il aurait pu être aussi chef du détachement. Francis esquisse une fois de plus un sourire devant la surprise affichée du directeur. Ce dernier en est presque troublé.

– Bon, eh bien, accompagnez-le, s'il vous plaît, pour les formalités d'entrée, ordonne-t-il à ses gardiens. Je vous remercie, messieurs.

À cet instant, je ne peux m'empêcher de songer au proverbe : « L'habit ne fait pas le moine. » Même s'il ne fait pas l'homme, il lui permet au moins d'entrer dans l'église. Parfois sans comprendre la raison, son cœur lui autorise même l'accès à celui des hommes... L'âme qui nous anime est-elle différente de l'homme que nous sommes ? Ce n'est que trois jours plus tard que nous apprendrons la tentative d'évasion avortée.

C'est-à-dire, lors de la prochaine alerte...

Lundi, huit heures. Heure à laquelle j'accapare, toutes les trois semaines, mon bip de première alerte. Jamais je ne manquerais un départ en intervention. Jamais. Tour à tour chaque membre de mon groupe récupère le sien pour une durée de sept jours. Nous sommes donc corvéables à merci du lundi au lundi huit heures. Vingt-quatre heures sur vingt-quatre pour notre plus grand plaisir. Tel un rituel immuable, nous entamons notre semaine d'alerte au stand de tir. Casque antibruit autour du cou, fusil à lunette en main et munitions dans l'autre. Cette règle est et restera, je pense, invariable pour les années à venir. Elle avait été mise en place sous le commandement de Christian. Notre père fondateur. Elle concerne exclusivement le groupe de première alerte. C'est-à-dire les départs immédiats. Prise d'otages, mutinerie, forcené. Chacun doit être sûr de son arme et de sa précision avant un départ en intervention. Ce n'est jamais la veille d'un examen que l'on révise ses leçons. Règle numéro un. Cette semaine, si quelqu'un ou un événement trouble la sécurité publique ou celle d'autrui, ici ou ailleurs, il aura affaire à nous pour notre grand bonheur. Les deux autres groupes n'ont pas la priorité sur les entraînements. La séance de tir du lundi permet de reprendre en main son fusil. Recouvrer ses marques et ses sensations. Peaufiner les réglages si nécessaire. Répéter les codes de tir. C'est essentiel. Il nous faut toujours et encore mieux les maîtriser. La synchronisation parfaite des tireurs peut être un facteur décisif dans une action. Récit de l'un de nos anciens lors d'une intervention à Djibouti.

À l'époque, un car de ramassage scolaire avait été pris à partie par trois preneurs d'otages déterminés. La zone était quasi désertique. Après des heures de palabre, d'attente et d'observation sous un soleil de plomb, le feu vert avait été donné par les autorités djiboutiennes et la décision prise. À la première opportunité, les enfants devaient être libérés et les malfrats anéantis. Ce fut chose faite. La seule et unique brève apparition du troisième preneur d'otages avait suffi à fermer les yeux de ses complices et les siens pour des siècles et des siècles. Aucun des trois n'a eu le temps d'agir ni de réagir. Aucun n'a eu le temps de comprendre ni de réaliser l'erreur. Les trois ont été foudroyés en un éclair en moins d'une seconde. Comment ? Par une seule détonation. Une détonation avec autant d'impacts que de tireurs désignés. Qu'il soit seul ou pas, mouvant ou non, derrière sa fenêtre ou son muret, le preneur d'otages a peu de chances de nous échapper. Par sécurité, nous doublons les tireurs pour un même individu.

De zéro à trois cents mètres, chacun de nous possède la capacité d'appliquer un tir à tuer ou de neutralisation. La différence entre les deux ? Sous le signe de l'urgence, le sommeil éternel libérera le malfaiteur de sa logique meurtrière. En cas de non-nécessité, il sera frappé d'une mauvaise blessure au bras ou à l'épaule. Trois centimètres carrés dévoilés suffisent à déterminer l'impact. L'homme blessé gardera en mémoire le souvenir d'un mauvais film né d'un effroyable rêve. La précision de nos tirs est liée aux heures d'entraînement mille fois répétées.

– En forme pour le tir, Tonio ?

– Je te parie les croissants ce matin : le plus mauvais des deux les paie à l'autre, sourit-il d'un clin d'œil complice.

– Ça va te coûter cher, d'autant que nous sommes quinze.

Convaincu de ma victoire, je surenchéris. Les défis scandent notre quotidien. Comme si la réalité ne suffisait pas.

– Avant de commencer, il faut que vous sachiez que nous avons échappé à une tentative d'évasion la semaine dernière, annonce Michel, chef de groupe. Le juge d'instruction en place à Marseille nous a informés par téléphone que les hommes de Francis avaient projeté une action lors d'un arrêt à une station-service.

– Laquelle ? m'empressé-je.

– Il nous a transmis non seulement le lieu et l'heure à laquelle l'embuscade avait été montée, mais aussi le nombre de stops effectué sur le parcours. J'ai comparé avec nos reçus d'essence.

– Alors ? s'intéresse Hervé.

– Cela correspond à la dernière station avant Marseille. Son indic est précis, trois arrêts. J'ai quinze tickets dans ma poche pour cinq voitures engagées. L'affluence des touristes et la démonstration de force auraient suffi à les dissuader.

J'en ai le souffle coupé. Mon sang se glace. Nos regards se croisent. Nos silences valent plus qu'un commentaire. Je ne sais pas s'il faut remercier l'indic. En revanche, je sais qu'il accuse trop de retard sur le renseignement pour nous être utile. Pourquoi ? Je ne le saurai sans doute jamais. Que le Tout-Puissant lui octroie sa protection...

– J'ai une autre info ! Nous allons tenter de réorganiser les groupes. De trois, nous passerions à quatre. C'est intéressant pour notre évolution de carrière. Plus de postes à pourvoir.

– Encore une idée de la direction ? s'alarme aussitôt Alain.

– Non, celle-ci est le fruit d'une réflexion menée au sein du GIGN.

– Alors, c'est une bonne idée, ironise Jean-Michel.

– Les alertes reviendront moins souvent, souffle Philippe. Il suffira de compléter l'effectif par de nouveaux tests de sélection.

– L'idéal est d'obtenir quatre groupes de douze hommes.

– À propos de direction, où en est-on avec leur projet insensé d'un nouveau commandant ? s'enquiert Thierry.

– Rien de nouveau pour l'instant. Pas de nouvelles, bonne nouvelles. Bon, assez discuté, tout le monde en place à présent ! ordonne Michel.

Je prends position sur le sol bétonné. Je déploie le bipied fixé sous mon fusil. Je tente de trouver un semblant de confort. Deux cents mètres me séparent des cibles. La troisième est la mienne. Sur chacune d'elles figure une série de cercles concentriques. Épinglé à l'angle de chaque carton, un ballon à l'échelle d'une tête humaine attend d'être transpercé. Il validera le tir et la maîtrise du code en fin de séance. Le mien déterminera ou pas l'achat de viennoiseries. À cet instant et à l'œil nu, je distingue plusieurs carrés blanchâtres coiffés d'une bulle de chewing-gum colorée. Allongé derrière ma lunette, je perçois maintenant les cercles et la tache noire au centre de ma cible. Elle matérialise le plus petit d'entre eux. Elle a une valeur de dix points et n'excède pas la surface d'un fond de tasse à café. Dix impacts en son milieu constitueraient un excellent score. Cent. Je sais, cela est exceptionnel. Mais, après tout, pourquoi ne pas viser la lune même si celle-ci est noire ? Dans le pire des cas, je ne serais jamais très loin du score rêvé. D'ores et déjà, je suis conscient que plus je m'en écarterai, plus je me rapprocherai des croissants. Je jette une œillade sur Tonio. Il est couché à mes côtés. Je surprends son rictus et son regard en coin. Serein, il semble assuré de sa victoire. Je souris. J'affiche moi aussi une confiance absolue. Les premiers tirs sont considérés comme un tour de chauffe. Une mise en jambe. Je cale mon bec de crosse dans le creux de mon épaule. Ma joue plaque le bois et mon œil fixe désormais le rond ébène. Je fais corps avec l'arme. J'inspire, le canon descend. Mon œilleton n'est plus en cible. J'expire, mon canon monte. Mon opercule passe sur la pièce noire jusqu'à la dépasser. Le mouvement est vertical. Je cherche un meilleur confort. Je tente de mieux maîtriser l'influence de ma carotide sur la crosse. Tel un métronome, mon pouls influe sur ma visée. Mon croisillon oscille devant ma pupille. Je souffle lentement... J'inspire profondément... Dans le même temps, je presse la détente avec une infinie précaution. Millimètre par millimètre. Jusqu'à l'ultime pression. L'ultime explosion avant le recul de l'arme sur ma clavicule. Retrait brutal qui suit simultanément l'ogive propulsée. Malgré mon casque antibruit, je discerne la respiration concentrée de Tonio et celle de mon autre compagnon de tir couchés à mes côtés. De longues inspirations rythment ma ventilation. Soudain, j'entre en apnée. La retenue est brève. Ma ligne de mire est au centre du rond noir. Coup parti ! Je souffle. Je relâche les muscles. La tension redescend. Aussitôt, une avalanche de coups de feu s'abat sur les cartons suspendus. D'initiative, chaque tireur s'applique à concentrer dix impacts au centre de la cible. En quelques minutes, une pluie d'ogives perforent les cibles cartonnées. La répétition des tirs chauffe le canon. La radiation calorifique du fût trouble ma visée. Plus de cent cinquante cartouches sont consommées pour la prise en main du lundi matin.

– Au résultat ! s'écrie Michel.

Autocollants en main, j'évalue mon tir. Quatre-vingt-quatorze. Pas mal, mais je peux mieux faire. Mes impacts groupés sont désaxés. Ils occupent l'équivalent de la surface d'un fond de verre à eau. Je m'empresse de les boucher. Tonio achève d'obstruer les siens.

– Alors, quel est ton score ? m'intéressé-je.

– Quatre-vingt-seize ! sourit-il.

Chaque tir est sanctionné par le regard rieur ou inquiet de l'un ou l'autre. Les séries s'enchaînent mais ne se ressemblent pas. Nos résultats varient entre quatre-vingt-douze et quatre-vingt-seize points. Après quarante-cinq minutes de tirs appliqués, je déduis que la perfection n'est vraiment pas de ce monde. La prochaine salve est déterminante. Elle concerne le tir commandé sur ballons. Il est assorti du code. La réussite ou l'échec surgira devant nos yeux impatients. Il ne sera pas nécessaire d'aller au résultat, puisqu'il se lira depuis le pas de tir.

– Tireurs, passez le code.

– Un, prêt !

– Deux, prêt !

La maîtrise du code s'ajoute au succès espéré de mon tir. Autant dire que la tension est palpable entre Antonio et moi. Une mauvaise interprétation du code ou le départ d'un coup de feu inopiné m'exposerait à coup sûr aux reproches des uns, mais aussi à la tournée d'une trentaine de viennoiseries pour les autres. C'est-à-dire tout le monde, car ici personne ne se contente d'un seul croissant.

– Quinze, prêt !

Chacun de nous est désormais en position de tir idéal. Plus question de bouger. L'œil est rivé sur le ballon. Le mien est bleu. Le sien rouge. Mon Dieu, qu'il est petit ! À cette distance, il semble être sous-gonflé.

– Top ! annonce Michel d'un ton calme et posé.

– Un ! répond le premier.

– Deux ! le suivant.

– Trois, susurré-je à mon voisin.

La respiration est sous contrôle. Le palpitant s'emballe. L'adrénaline s'invite dans ma préparation mentale. Il me faut la modérer, si je ne veux pas être perturbé. Tous mes sens sont en éveil. Mon croisillon oscille sur la bulle bleue. Je presse la détente. Pas trop vite ! Je ne veux pas être l'initiateur d'un coup de feu prématuré. Je suppose qu'il en est de même pour les autres. Surtout pour mon meilleur ami.

– Quinze ! achève le dernier.

– Zéro ! indique Michel.

En apnée, je suis à moins de deux secondes avant l'ouverture du feu. Une détonation, quinze impacts. Telle est la tradition et notre marque de fabrique.

– Halte au feu ! surprend Michel.

Les expirations se font aussitôt entendre. Je ferme les yeux. Je repose ma vue. Je relâche la détente et libère la pression. Elle règne en maître au plus profond de mon être. Le contrordre met à rude épreuve le tireur déjà sous tension. Cependant, j'admets volontiers qu'il permet souvent de repousser la frontière qui sépare l'homme de la mort aux confins de la vie. L'ultime seconde avant l'acte irréversible, le malfrat doit toujours être en mesure d'être entendu. Soit par un mot, un signe ou un geste fort. De ce fait, nous donnons sans cesse la priorité à la reddition. C'est aussi pour cette raison que la maîtrise du code doit être parfaite. L'erreur n'est pas permise lorsque la vie est en jeu.

– Tireurs, passez le code !

La procédure s'engage de nouveau. Chaque étape franchie fait grimper d'un cran la tension. Elle se situe à cet instant au plus haut de la courbe. Les bulles restent impassibles devant le danger imminent.

– Quinze ! termine le dernier tireur.

– Zéro ! annonce Michel.

Je contiens ma respiration. Mon croisillon fixe la bulle bleue.

– Feu ! libère Michel.

En totale simultanéité, la foudre s'échappe de nos canons. Toutes les épaules accusent le départ du coup dans la même seconde. Je garde un instant ma ligne de mire. Je dois être sûr de mon résultat. Mon croisillon découvre un lambeau de peau bleuté. Il pendouille de ma cible cartonnée. Je suis soulagé. Je pivote mon arme de quelques degrés sur ma droite. Le rouge a lui aussi disparu. Des lamelles gisent sur le sol poussiéreux. La réussite est partagée et nos liens scellés d'une poignée de main depuis longtemps complice. Vus du ciel, une bande de copains ont appliqué un tir redoutable sur quinze ballons inoffensifs. Toutes les bulles ont été transpercées dans la même seconde pour l'éternité...

Par tradition et pour le plaisir de tous, c'est Michel qui offrira les croissants ce matin. Logique, puisque l'interruption volontaire du code n'a eu aucune incidence sur l'attitude des tireurs et le résultat de nos tirs. C'est ça, le groupe ! Mais c'est aussi cela : la première alerte se rappelle à nous. Trois heures plus tard et sous le signe de l'urgence, je quitte mon dentiste au beau milieu des soins. Mon biper vient de retentir à la ceinture.

– Désolé, mais je dois y aller.

– Prenons rendez-vous hors vos périodes d'alerte si vous voulez bien, se désole le dentiste.

Étant donné l'ampleur de la mission, la seconde alerte a elle aussi été bipée. Nous ne serons pas trop de trente pour venir à bout de la révolte. L'escadron parachutiste de la gendarmerie nous servira de soutien. Aujourd'hui, l'univers carcéral se mutine. Le département de l'Allier est placé, depuis quelques heures, sous le feu des caméras. Des biceps bodybuildés retiennent en otages quatre gardiens apeurés. Des lames aiguisées sur des carotides sans défense assurent la coopération des victimes et angoissent les autorités. La centrale de Moulins-Yzeure n'est pas une prison ordinaire. Ses hauts murs retiennent en détention les peines incompressibles et les condamnations lourdes. Partis pour trente années, certains détenus agencent leur cellule afin d'améliorer le quotidien spartiate. De manière générale, une mutinerie ne change pas les conditions de vie d'un prisonnier. J'aurais même tendance à dire qu'elle les détériore un peu plus à chaque heure dépassée. Certains perdent leur cellule aménagée. Soit par l'incendie, soit par le saccage qu'engendre une rébellion. Le calme revenu, tout, absolument tout, doit être fouillé voire vidé des cellules. Certains condamnés sont même transférés vers d'autres établissements de haute sécurité.

L'insurrection est la manifestation d'un mécontentement général non toléré par les pouvoirs publics. Elle trouble l'ordre et met en évidence un manque de moyens évident de nos administrations. Comme de coutume, la France ambitionne des projets d'Américains avec les ressources d'un pays du tiers-monde. Des hommes en robe entassent des hommes en jean sur des mètres carrés. Aussi il ne faut pas s'étonner que certains d'entre eux restent asociaux. Même après plusieurs années de prison. Souvent je me pose la question : quelle différence y a-t-il entre le monde animal et le monde carcéral ? Aucune. L'univers pénitentiaire est aussi une jungle. Il est fait de béton et d'acier. C'est tout. Quoi qu'il en soit à la centrale de Moulins-Yzeure comme ailleurs, enfreindre la discipline entraîne des sanctions exemplaires. Problème : les punitions n'influent en rien sur trente années de prison. Six mois de plus ou de moins à effectuer en fin de peine n'affecte à aucun moment l'espoir perdu du détenu. Dès lors, les prisonniers n'ont rien à perdre, excepté la vie. Souvenir d'une mutinerie dans une maison d'arrêt en Alsace...

Un prisonnier avait été fourré dans un chariot récupéré au réfectoire. Catapulté sur les roulettes, il avait jailli les bras ballants d'une épaisse fumée noire sans un souffle de vie. Un autre, découvert au détour d'un long corridor, s'acharnait à creuser le sol avec une fourchette de fortune. Il tentait d'échapper à ses assaillants. Soulagé, il s'était ému comme un enfant de nous voir surgir de l'obscurité pour lui venir en aide.

Souvent l'insurrection représente l'opportunité de régler les différends, à coups d'objets contondants. Le pardon ou la pitié n'a pas de place au pénitencier. Les flics non plus d'ailleurs... Pourtant, nous sommes à moins d'un quart d'heure de la centrale. Pas besoin de GPS. Une colonne de fumée noirâtre s'élève à l'horizon. Elle nous indique l'endroit exact où se situe la prison. L'insurrection bat son plein et le ton est donné. J'ai horreur des mutineries. L'événement est hostile à toutes les règles de bienséance et génère toujours de nouvelles lois au sein des mutins. Les leurs. Celles du talion, du plus fort et du milieu. La balance et le violeur n'ont qu'à bien se tenir s'ils veulent rester en vie. Dire que nous allons devoir y mettre les pieds avant d'y mettre de l'ordre. Et de l'ordre, il en faudra. Y compris dans nos rangs si nous voulons sauver les otages. Ils sont retenus quelque part derrière ces murs épais. Notre arrivée est considérée par les autorités comme une libération. À cet instant, je la vis plutôt comme une oppression. Des colonnes de fumée s'échappent depuis l'intérieur de l'enceinte. Des milliers de papiers virevoltent au gré des courants d'air chauds initiés par les incendies. À l'extérieur le silence règne. Un cordon de policiers ceinture la haute muraille. Elle est sertie aux quatre coins par des miradors aux vitres blindées. De l'autre côté des murs, des âmes en souffrance s'impatientent d'être libérées.

– Quelles sont leurs revendications ? questionne Philippe.

– La réouverture des portes des cellules en journée, annonce le directeur de la centrale.

D'ici, la demande me paraît presque insignifiante et la révolte disproportionnée. C'est sans compter la spirale infernale des souhaits sans cesse refusés des uns et un semblant de vie sociale espéré des autres. Ici, ce qui n'est que détail pour moi est un pas de géant pour le condamné. Les longues peines méritent-elles d'être aménagées ? Je pense que derrière un homme devenu sage rugit parfois un lion si le pouvoir n'améliore pas sa cage. Vaste débat et savant dosage...

Nous sommes enfin prêts. Casque sur la tête, gilet pare-balles sur le dos, arme à la ceinture. Nous adaptons toujours nos munitions au contexte rencontré. Certains fusils sont chargés avec des balles en caoutchouc. D'autres le sont avec des balles à sanglier. La situation dictera la munition la mieux appropriée. En toute logique, nos adversaires n'ont rien à craindre de nous puisqu'ils ne possèdent que des armes blanches. En revanche, malheur à celui qui oserait trancher la carotide innocente. Le masque à gaz reste à portée de main. Notre mission est de réduire la mutinerie jusqu'aux portes des cellules. Jusqu'à la frontière qui sépare la révolution de la prise d'otages. Problème ! Où sont retranchés les otages et les ravisseurs ? La centrale est à feu et à cri. Il est urgent d'agir afin d'éviter le pire. Nous garderons le contact grâce à nos radios.

Les lourdes portes d'acier s'ouvrent enfin sous nos regards inquiets. Un sas fermé par un second portail interdit toute intrusion forcée. Celui ci glisse à son tour sur le rail. Il nous libère l'accès sur un immense foutoir à ciel ouvert. Je suis stupéfait. La cour principale est jonchée de détritus en tout genre. Par où commencer ? La décision est prise. Nous nous scindons en deux groupes afin de gagner du temps. L'un entamera les recherches dans le bâtiment des cellules, l'autre débutera son action par la fouille des ateliers. Une longue bâtisse de plain-pied. Lieu où le mutin a tout le loisir de s'équiper d'outils tranchants. C'est-à-dire mon objectif. Moi qui ai une sainte horreur du feu, me voilà servi. L'endroit est en proie aux flammes depuis quelques heures. Elles lèchent les murs du sol au plafond. La façade n'échappe pas à leur appétit vorace. Des vitres brisées ouvrent la voie à de véritables langues de feu. Prudence ! Certaines pièces de travail sont garnies de bouteilles d'acétylène et d'oxygène. Des bombes en puissance. Des explosions se font entendre. Trop minimes pour être le gaz comprimé dans les bouteilles tampons. La moitié du bâtiment baigne déjà dans une épaisse fumée âcre. Elle s'échappe par le toit depuis plus d'une heure. Malgré l'incendie dévastateur, un détenu peut se terrer dans les locaux et attendre le moment opportun pour tenter un mauvais coup sur nos arrières. Au-delà du risque improbable, il peut aussi et surtout songer à s'évader. Le désordre est tel qu'un boulevard s'ouvrirait devant lui sans que quiconque lui interdise la sortie. Coins et recoins peuvent lui permettre d'être à l'abri de la zone sinistrée. Puisque aucune autre alternative ne nous est offerte, nous devons nous en assurer. Comment ? Dans l'immédiat je n'en sais rien. Seul accès au bâtiment, la porte située à l'extrémité. L'autre est déjà condamnée par les flammes. Prudent, Pascal ouvre la lourde issue. Nous nous faufilons à l'intérieur. Je devine un long couloir étroit. Il est sombre. Je sais d'ores et déjà que la pénombre rendra la fouille plus difficile. La coursive longe le mur et se perd dans un épais brouillard grisâtre. À cet instant, j'ignore qu'il est suffocant. L'incendie rugit derrière. Mon faisceau de lampe se heurte au mur impalpable et pourtant bien opaque. Un véritable rempart s'érige devant moi. Des lueurs orangées le moirent de temps à autre. L'inquiétude se mêle désormais à la terreur. Des boîtes de dissolvant explosent non loin de nous. Il fait chaud. Très chaud. La chaleur du fourneau est encore supportable. Nos combinaisons sont ignifugées. Nous avançons pas à pas et deux par deux. L'étroitesse du passage ne nous permet pas plus d'espace. Soudain, une pièce. Elle se dévoile sur ma droite. Arme en main, six d'entre nous s'y engouffrent. Elle est plongée dans une obscurité presque absolue. Une brume l'envahit à peine. L'incendie semble lui avoir accordé un instant de répit avant sa destruction programmée. Des pots de vernis et de peinture gisent sur le sol. Des armoires métalliques sont renversées. Tiroirs et caisses sont démantibulés. Des outils jonchent le carrelage. Je trébuche. Chaque portion de la pièce mise en lumière témoigne presque du passage d'un cyclone. À défaut de découvrir des survivants, je crains le regard du cadavre mutilé. Soulagé, il n'en est rien. Nous poursuivons la progression. Les volutes de fumée se font de plus en plus épaisses et angoissantes. Insidieuses, elles arrivent en silence par vagues successives. Elles effleurent le plafond déjà noirci. Il nous faut obtenir de l'aide. Celle des pompiers. À chacun sa lutte. À chacun son métier. Ils sont les valeureux soldats du feu. Sans eux, nous ne ferons pas un pas de plus. Sous notre protection, deux d'entre eux nous installent un aspirateur de fumée. Très vite, le large et long boyau montre ses limites. Sa capacité d'absorption ne suffit pas à engloutir l'épais brouillard. Je redoute le pire. J'imagine le mutin déchaîné surgir de la brume épaisse couteaux acérés entre les mains. Pire encore. Le corps inerte d'un otage catapulté dans nos rangs ou celui d'un des leurs en travers de notre chemin. Je stoppe. Un mur virtuel m'empêche tout mouvement. Un pas en arrière je respire, un pas en avant je suffoque. Je recule, je supporte la chaleur. J'avance, je me consume comme la braise. À cet instant, je sais qu'une obstination irraisonnée exposerait mes joues à un fer incandescent. Je sens la morsure du feu sur ma peau. Les murs crépitent. Je les entends se fissurer. Les barreaux se tordent comme des pieds de vigne. C'est effroyable. L'incendie phagocyte tout ce qui vit. Tout ce qui lui résiste est anéanti par son souffle ardent. Tout ce qui s'oppose à lui passe de la vie à trépas. Impossible d'aller plus loin. La chaudière fonctionne à plein régime. Des flammes insatiables dévorent tout sur leur passage. Rien ne fait obstacle. Une machine infernale avance au rythme d'un cheval au galop et nous accule vers la sortie. Aucune âme ne peut résister à cette température extrême. L'enfer a commencé...

– Si des hommes sont pris au piège dans cette fournaise, souligne le soldat du feu, il ne faudra pas espérer les retrouver vivants, se désole-t-il.

– Demi-tour ! ordonne Michel.

Couverts de suie, nous battons en retraite. Un rectangle de lumière nous indique le chemin de repli. La sortie est à moins de trente mètres. Extirpés du brasier, nous plaçons l'unique accès sous la bonne garde d'un gendarme de l'escadron parachutiste. On ne sait jamais. À la limite du supportable, un détenu kamikaze peut encore surgir du bâtiment à demi enflammé. Un mélange de sueur et de noirceur perle déjà sur nos visages.

– Michel, tu m'entends ? crache la radio.

– Je t'entends, Guy ! Où es-tu ?

– Bâtiment C ! Deuxième étage ! Si vous avez terminé avec les ateliers, venez nous rejoindre ! C'est le bordel ici. Ça cavale dans... tous... les sens.

– Le rez-de-chaussée est sécurisé ?

– En principe, oui ! Empruntez... en colimaçon. Les autres moyens d'acc... sont bloq...

– Guy, je te reçois mal ! Guy, m'entends-tu ?

– Je... il... bien... coup... main.

Inaudible. Pas de temps à perdre. Lui et ses hommes expriment une difficulté. Laquelle ? Je n'en sais rien. C'est comme cela que je comprends le problème à demi exposé. Mes camarades aussi d'ailleurs. Il faut vite trouver une solution. Découvrir le colimaçon. Où est-il ? Nous sommes seuls à manœuvrer dans cet immense capharnaüm. Les gardiens ont déserté les lieux et la prison est aux mains des mutins. Pour l'instant. Nos postes de radio présentent des dysfonctionnements récurrents. Difficile de contacter le directeur de la centrale. Nous ne pouvons compter que sur nous. Et nous seuls. Le bâtiment C est jumelé à deux autres de taille identique. Il est à moins de cent pas. L'ensemble de la structure forme un Y. La première entrée libérée fera de toute façon l'affaire. Pour le reste, nous verrons bien...

Au rez-de-chaussée, une porte d'acier. Elle est entrouverte. Un couloir. Il débouche sur un autre, plus large, mais tout aussi sombre. L'électricité fait cruellement défaut. L'établissement tout entier est plongé dans la pénombre. Seul l'apport de lumière extérieure, par des vasistas sécurisés, améliore quelque peu notre visibilité. Toute l'installation électrique, le réseau de surveillance vidéo, les conduites d'eau ont été soit arrachés, défoncés ou tordus. Le moindre pupitre de contrôle est mis hors d'usage. Nous pataugeons dans d'immenses flaques d'eau. Les vitres blindées des postes de garde sont fissurées ou impactées par du mobilier lourd. Des voix se font entendre. Des cris aussi. Impossible de les localiser ni de les identifier. Sont-ce les otages ? Elles viennent du fond de la coursive ou du premier étage. Face à nous, une porte barreaudée. Il y en a partout. Devant. Derrière. Des larges. Des hautes. Qu'elles soient pleines ou à barreaux, elles ralentissent sans cesse notre progression. Elles tronçonnent les corridors en une multitude de couloirs saccagés. L'aubaine, celle-ci est ouverte. Soudain, un carrefour. Il s'ouvre sur deux autres coursives. Problème : sa périphérie est encagée. Nous sommes comme des lions en cage. Nous nous heurtons à une nouvelle difficulté. La porte verrouillée nous interdit tout accès. Obstruée, la serrure est hors d'état. Des voix graves résonnent dans la pénombre. Agrippé aux barreaux de la porte d'acier, je distingue un large colimaçon. Il est enroulé d'un solide grillage. Il s'élève aux étages supérieurs. Il faut trouver un autre chemin. Ressortir d'ici ! Découvrir un autre accès.

– Michel, tu m'entends ? grésille la radio.

– Oui, Guy ! souffle-t-il.

– Où êtes-vous ? s'impatiente Guy.

– Rez-de-chaussée du bâtiment C !

– Prenez le B ! Vous trouverez un colimaçon près... carrefour !

La conversation est suivie d'un long silence.

– Guy ! Guy ? se désole une fois de plus Michel.

Aussitôt dit, aussitôt fait. En moins de temps qu'il n'en faut pour comprendre, nous accédons au bâtiment B. Nous débouchons sur une coursive bordée de cellules. Certaines sont ouvertes, d'autres non. Aucun détenu. Où sont-ils passés ? L'aile est déserte. Le couloir affiche la même désolation que le précédent. La centrale est dans un état pitoyable. J'imagine la facture finale. Tout est dévasté. Même les geôles. Couvertures, coussins, postes de radio, brosses à dents s'échouent de-ci de-là sur le carrelage froid. Placards et tables sont brisés ou démantibulés. Les rideaux pendus aux vitres sécurisées des cellules sont déchirés. J'espère que le locataire n'a pas eu à souffrir de l'insurrection... Des cris, encore des cris. Des voix retentissent. Les murs épais se font l'écho de la colère des hommes. Des grilles d'acier tonnent au loin. Soudain, des pas ! Ils sont rapides et nombreux. Une course effrénée s'engage au-dessus de nos têtes. À l'extrémité du couloir, je perçois le carrefour dans une clarté monochrome. Nous étions à l'opposé tout à l'heure. L'intersection est derrière les barreaux jaunis. Enfin une porte ! Fabien la pousse. Le colimaçon ! La voie nous est ouverte. Nous grimpons les uns derrière les autres. Le chemin d'accès est étroit. Une porte palière. Elle est faite de métal assorti d'un judas. Elle indique le premier niveau. À mon grand désespoir, elle irradie d'une chaleur implacable. Des fumerolles grisâtres filtrent par-dessous. Elles tapissent déjà le plafond de notre palier. Elles finiront bien par inonder le sommet des marches avant d'étouffer l'escalier dans sa totalité. Impossible de s'en approcher. La plaque de cuisson nous interdit tout contact avec elle, à moins d'y rester collé. La forcer nous réduirait à l'état de cendre. J'imagine volontiers la fournaise de l'autre côté.

– Allons jusqu'au deuxième, suggère Michel. Nous serons au même niveau que l'autre groupe, à défaut d'être dans le même bâtiment.

Nous poursuivons l'ascension. Une odeur de caoutchouc brûlé se propage à présent dans la cage d'escalier. La deuxième porte est aussi frappée d'un judas. Difficile d'entrevoir quelque chose. Il fait sombre. Des ombres jaillissent des cellules pendant que d'autres cavalent dans le couloir ou glissent le long des murs. Nous ne pouvons plus subir. L'obstacle doit être franchi. Chaque minute dépassée nous éloigne de la sécurité des uns et la survie des autres. L'explosif ou le pied-de-biche ?

– Alain ! Le pied-de-biche !

Sage décision. La cage d'escalier est bien trop confinée pour prendre le risque d'être exposée à une surpression. Un brasier couve à l'étage inférieur. Le temps est notre ennemi. Plus tard, il sera notre allié. Pour l'instant, il faut faire vite. Très vite. Après plusieurs tentatives, la serrure cède enfin. L'accès est libre. Des détenus expriment la surprise ! Devant notre présence soudaine, ils détalent comme des lapins vers la croisée des coursives. Ils ne peuvent pas nous échapper. Tout est bouclé. Cependant, nous devons nous montrer prudents. Règle numéro deux : ne jamais confondre vitesse et précipitation. Nous entamons notre progression par la fouille systématique des cellules. Par sécurité, aucun mètre ne doit être franchi sans avoir subi une inspection drastique. Cette mesure de précaution nous épargne bien souvent l'incident *a posteriori* et garantit toujours le pas suivant. La plupart des geôles sont abandonnées. Excepté l'une d'entre elles. Elle semble habitée. Un condamné est retranché à l'intérieur. Il en bloque l'ouverture et refuse d'en sortir. La peur d'endurer un mauvais traitement l'oblige à tenir ses convictions. De toute évidence, il ne compte pas d'amis ici. La situation est pour le moins cocasse. C'est la première fois que j'observe l'opposition d'un détenu à sa libération. Nos injonctions assorties d'une garantie sur l'honneur n'ont aucun effet sur sa décision. Inquiet, l'homme maintient sa position et doute toujours de notre proposition.

– Monsieur, ouvrez la porte, s'il vous plaît ! Nous sommes de la gendarmerie ! Le GIGN, vous connaissez ?

– Foutez-moi la paix ! Je ne sortirai pas.

– Le bâtiment est en feu !

– J'm'en fous ! hurle-t-il.

– Alain, le pied-de-biche ! s'agace Michel.

La tâche est plus rude cette fois-ci. La serrure ne veut pas céder. Malgré les efforts répétés, la porte refuse de s'ouvrir.

– Monsieur, si vous n'obtempérez pas, nous allons devoir utiliser l'explosif, prévient Hervé.

Seconde et dernière tentative avant explosion. Alain déploie tous ses efforts pour venir à bout de l'obstination du prisonnier. Pendant ce temps, Didier prépare la charge. Elle doit être minime. Une dose homéopathique devra être appliquée afin d'éviter les dégâts collatéraux. Les geôles offrent une surface bien trop réduite pour espérer épargner le prisonnier des projections induites. Nous ne maîtrisons pas assez l'effet bélier de l'eau pour nous permettre de l'utiliser aujourd'hui en toute sécurité. L'heure n'est pas aux essais, mais à l'efficacité immédiate.

En effet, depuis peu de temps, nous menons des expériences sur le pouvoir tampon de l'eau. Nous partons du principe qu'elle est incompressible. Forts de ce constat, nous la plaçons sous l'action d'un explosif. Comment ? Nous glissons à l'intérieur d'une bouteille d'eau une charge détonante. La forme du récipient détermine toujours la découpe. Au top action, la surpression est telle que le liquide propulsé agit comme un véritable coup de butoir. L'obstacle franchi, l'eau tombe en pluie fine derrière la cloison. La paroi s'ouvre comme une boîte de conserve sans craindre les effets secondaires. Nouvelle méthode, nouveaux effets, nouveaux espoirs pour d'autres vies préservées...

Il faut croire que notre détermination a eu une portée efficace. Plongé dans l'incertitude, le condamné accepte de libérer l'issue. Je découvre un homme apeuré, surpris de voir des hommes sages plantés sur son pas de porte.

Sans attendre, nous le remettons aux membres de l'escadron parachutiste. Plus loin, un condamné refuse d'abandonner sa cellule. Il protège son pré carré comme un plantigrade interdit l'entrée de sa tanière. Il est résolu à préserver son antre du vol ou du pillage. À l'inverse de son compagnon, celui-ci est contraint de laisser la porte ouverte. Le chambranle est vrillé. Mètre par mètre, cachot par cachot, nous repoussons les détenus vers un bâtiment épargné par la rébellion. Cela se fait sans heurt ni douleur. La plupart des condamnés connaissent nos méthodes, nos souhaits, mais aussi notre détermination. Même s'ils partagent les motifs de l'insurrection, beaucoup refusent de participer aux saccages. Ils subissent la situation plus qu'ils ne l'animent, selon certains. La majorité des prisonniers se trouve à présent confinée dans une zone sécurisée. Leur évacuation est d'ores et déjà programmée. Elle se déroulera sous le contrôle de l'escadron parachutiste. Tous les détenus feront l'objet d'une fouille méthodique avant un retour dans des cellules provisoires. Reste le noyau dur. Les derniers récalcitrants.

– Guy de Michel ! Tu m'entends ?

– Je t'écoute, Michel, chuchote Guy.

– Nous sommes à quelques mètres de toi.

– Nous sommes à l'endroit où se déroule la prise d'otages, susurre la radio, en bout d'aile C. Silence lors de votre approche.

À pas de velours nous convergeons vers le point sensible. La tension monte. Nous approchons du dernier camp retranché. Concentré, le groupe muet nous accueille avec retenue. Comme l'exige la situation, les mots font place aux gestes. Au regard de leur mine fatiguée, j'ai la nette impression d'être leur frère miroir. Eux aussi se sont acharnés à réduire la mutinerie jusqu'à ce que le silence règne dans les couloirs. Des voix feutrées sont perceptibles derrière une porte pleine. Elles nous présagent un conflit latent. Mon cœur bat à tout rompre. De toute évidence, nous sommes à une porte blindée du dénouement qui, je l'espère, sera heureux. Dernier obstacle. Dernière épreuve. À portée de main tendue, des gardiens effrayés attendent leur délivrance derrière une plaque d'acier. Une énième difficulté reste à surmonter. La serrure. Elle est sabotée et de surcroît verrouillée. Envisager une action de plus de deux secondes serait une grave erreur. Nous exposerions la vie des otages. Impossible de poursuivre la mission sans échafauder une nouvelle stratégie. Nous devons amorcer une négociation. Faire baisser la tension. Mieux maîtriser le temps. En faire un allié. Parlementer. Favoriser la raison. Induire la réflexion. Désamorcer la crise. Obtenir la capitulation sans effusion de sang. Attention ! L'adversaire ne doit jamais se douter que nous sommes tapis derrière la porte. Jouxtant la zone critique, un local autrefois sécurisé attend d'être squatté. C'est un bureau de garde délabré. Il est agencé de vitres blindées désormais étoilées par trop de rage encaissée. Assis derrière son pupitre, le gardien commandait jadis l'ouverture de la porte par une gâche électrique. Aujourd'hui, plus rien ne fonctionne. Une petite trappe sertie dans le mur donne une vue étroite de l'autre côté de la paroi. Un volet à coulisse interdit, pour l'instant, tout regard derrière la cloison. Surtout pas de provocations. Laissons-le fermé. L'office de sécurité, tout du moins ce qu'il en reste, sera donc notre espace de repli insonorisé. Nous devons repenser notre action. L'emploi de l'explosif est d'ores et déjà écarté. Des uniformes innocents peuvent être adossés à la paroi d'acier. Les pieds-de-biche ? Une action trop longue laisserait le temps aux ravisseurs pour agir et réagir...

– Le gaz ? lance Patrick. Le diffuseur lacrymogène nous permettrait de gagner quelques secondes dans l'urgence absolue.

– Pas faux, rétorque Christian. Si la négociation tourne mal, on diffuse la poudre sous la porte. Derrière, les gens bougeront et libéreront à coup sûr l'entrée !

– Ensuite, nous n'aurons plus qu'à appuyer sur le bouton qui le relie au détonateur, simplifie Éric.

En théorie, la stratégie paraît simple. En pratique, elle draine son lot d'incertitudes. Chacun sait ici que trop de questions sans réponse génèrent souvent des écueils. Ont-ils anticipé la manœuvre par l'application de serviettes humides sur la bouche et le nez ? Ont-ils chaussé des lunettes récupérées dans les ateliers ? Si oui, permettent-elles de les mettre à l'abri du gaz, ne serait-ce qu'un instant ? Le temps de trancher une gorge ou deux ? Des lames aiguisées sont-elles déjà prêtes à saigner une artère ou une carotide ? Combien sont-ils ? Comment se présente l'espace derrière la porte ? Est-il spacieux ou confiné ? Trop de questions taraudent l'esprit et peu de réponses viennent le soulager. Des interrogations sans réponse constituent autant de feux rouges sur le chemin de la victoire que de stops sur un parcours lorsque l'on est pressé. Maintenant que la centrale est en partie sécurisée, il nous faut trouver un gardien. Un agent qui possède une connaissance parfaite des lieux.

– Existe-t-il un autre accès que celui-ci pour atteindre la zone sensible ? s'intéresse Guy à voix basse.

– Il n'y en a pas. En tout cas pas assez discret, chuchote le maton. Derrière la porte, le couloir se scinde en deux. Il file sous la forme d'un Y. Les branches sont bordées de cellules. L'intersection est agencée d'un colimaçon. Il est enroulé dans un grillage du sol au plafond. Il donne accès à tous les étages. Du rez-de-chaussée au dernier étage. En temps normal, la grille d'accès à cet escalier est verrouillée.

– En temps normal ?

Le doute s'empare de moi. Je suis en proie aux pensées les plus alarmantes. Comment pouvons-nous agir en toute sécurité pour les otages si les mutins ont la possibilité de changer de niveau ? L'action prendrait l'allure d'un véritable fiasco. Il faut que la négociation les fixe ici le plus longtemps possible. Juste de quoi mener la réflexion et penser à une nouvelle action. Temporiser l'urgence afin de parer à toutes les éventualités.

– Pourquoi ne pas demander à Félix de vous ouvrir la porte ? s'étonne le gardien.

– Félix ? Qui est Félix ? rétorque Jean-Pierre.

– Un gardien. Il répare tout avec rien. Je sais qu'il a changé plusieurs serrures dans l'établissement. Ce n'est pas la première fois que l'une d'elles lâche...

– Allez le chercher !

La stratégie devient plus claire. L'action envisagée se déroulera de la manière suivante : prise de contact avec le meneur, fixer son attention et celle de ses complices. Obtenir pourquoi pas son abdication et celle de ses compagnons d'infortune... Si opportunité il y a, diviser les ravisseurs pour mieux régner. Créer la discorde. Troubler les enjeux des uns au détriment de la priorité des autres. La négociation engagée, le serrurier entrera en action. Il sera sous la protection de l'équipe d'assaut. Ce n'est pas l'idéal, je sais, mais cela vaut le coup d'être tenté. De toute façon, aucun autre choix ne nous est offert. Le bricoleur devra faire preuve de beaucoup de doigté et de discrétion. Tel un cambrioleur affairé sur la molette d'un coffre, il devra tout faire pour ne pas donner l'alarme ni éveiller les soupçons. Une lourde responsabilité pèsera sur ses épaules dans quelques instants.

– Êtes-vous capable d'ouvrir cette porte ?

– Juste un instant, rétorque le gardien à voix basse.

L'homme se dirige vers la porte d'acier. Inspecte le canon, l'effleure de son index et revient sur ses pas.

– Je pense que oui.

– « Je pense » ou « j'en suis sûr » ?

– C'est faisable.

– Bon, n'entamez aucune action avant que la négociation ne soit amorcée. C'est bien entendu ?

– C'est bien clair.

– Combien de temps vous faut-il pour libérer le verrou ?

– Quelques secondes !

– Quelques secondes ? s'étonne Jacques.

– À peine.

Il est toujours surprenant d'entendre qu'un établissement de haute sécurité s'ouvre comme une simple boîte aux lettres.

– Bien, alors voici ce que nous allons faire...

La stratégie s'expose à voix basse. En silence, Éric endossera le diffuseur. Une seconde avant le top action, il arrosera abondamment les otages et les ravisseurs par les interstices naturels de la porte. L'objectif est de les déstabiliser durant un bref instant. Chaque seconde de gagnée sur l'adversaire est une seconde placée à notre actif. Avant toute action, le verrou devra être libéré et les masques à gaz enfilés. Surtout ne pas ôter le canon de la serrure. Le piège serait dévoilé et l'offensive avortée. Les conséquences seraient peut-être dramatiques.

– Le déverrouiller simplement, c'est possible ? susurre Michel.

– Aucun problème, chuchote le gardien.

Jean-Pierre engagera la conversation par le petit vasistas grillagé. Il a le verbe facile, le timbre clair et le ton pausé. Tout un art, la négociation. Des cours sont prévus bientôt au sein de l'unité. La priorité est donnée aux armes équipées de laser. Il est essentiel de distinguer l'innocent d'une foule de coupables. L'erreur est inconcevable. Comme de coutume, la microtache rouge matérialisera l'impact. Point visé, point touché. Presque un jeu d'enfant si le tireur lucide ne tremble pas. Nous voici au seuil de la dernière phase. L'ultime étape avant le top action. L'ultime angoisse avant la libération.

– Messieurs, vous m'entendez ? interroge Jean-Pierre. Est-ce que l'un de vous peut me répondre ?

– Qu'est-ce que tu veux ? résonne une voix.

– Vous parler !

– Tu viens avec des solutions ?

– Je vais ouvrir le vasistas. Cela sera plus facile pour communiquer. Êtes-vous d'accord ?

– Attends ! Qui t'es, toi ?

– L'adjoint du préfet. Je suis là pour vous aider et tenter de trouver des solutions avec vous.

– C'est bon, tu peux ouvrir !

Le volet glisse sur son rail. Une voix se fait entendre dans la pénombre. Pendant ce temps, Félix place le tournevis sous la plaque de sécurité. Il tente d'obtenir plus d'espace afin de mieux la décoller. Je redoute le ripage. Je crains la maladresse. C'est fait : le mécanisme apparaît. Le canon est maintenant isolé de son logement. Il crochète la serrure avec d'infinies précautions. Il extirpe de ses doigts habiles une pièce métallique puis une seconde.

– C'est bon pour moi, marmonne-t-il.

– Vous êtes sûr ? susurré-je.

– Vous n'aurez qu'à tirer la porte.

Je suis stupéfait par son adresse et sa vitesse d'exécution. Le signal de s'équiper est donné. Dans un mutisme absolu, chacun enfile son masque. Comme prévu, Jean-Pierre poursuit sa négociation. Éric met la poudre sous pression. L'aiguille du manomètre grimpe en un éclair dans la zone verte. L'appareil est paré. Tout est en place. À l'aide des sangles de maintien, il ajuste les bouteilles sur son dos. Les biberons sont désormais prêts à cracher la poudre par l'intermédiaire du long flexible qu'il tient dans sa main. Soudain, un joint rompt sous la pression ! Le produit est volatil. Très vite, il irrite nos voies respiratoires. La microfuite suffit à aveugler les retardataires déjà en proie à des quintes de toux répétées. Je me compte parmi eux. L'imprévu est notre pire ennemi. L'adaptation notre meilleure alliée. Sur quelques mètres, les hommes affectés battent en retraite. Les lèvres collées sur le mouchoir, j'expectore le feu de mon gosier. Mon nez coule. Je crache. Fléchi sur mes cuisses, je salive comme un bouledogue devant un steak saignant. Le négociateur, lui, tente de garder son calme. Sacré défi et grand moment de solitude. D'un ton maîtrisé, il suggère à son interlocuteur retranché un instant de réflexion. Tout en conservant au mieux sa sérénité, il glisse le volet. Main en cuillère sur la bouche et le nez, il déguerpit aussitôt avant de tomber lui aussi sous l'emprise de la poudre lacrymogène. Il doit garder les idées claires et attendre que celle-ci retombe à terre. Il patiente un instant que l'ordre revienne dans les rangs. Difficile de contenir la toux. Quelques-uns tentent de mieux la maîtriser à l'aide de leurs manches impropres. Les yeux rougis, des larmes sillonnent mes joues fardées de suie. Mes muqueuses brûlent. Il me faut de l'eau pour me rincer les yeux et le visage. Des petites fioles de sérum physiologique nous sont distribuées. Au même titre que les pansements, certains d'entre nous en possèdent toujours à portée de main. Quelques gouttes sous les paupières suffisent à apaiser le feu. Me voilà enfin soulagé. J'inspire profondément. Nous avons échappé au pire... L'imprévu géré, chacun retrouve sa place. Surtout faire attention de ne pas soulever le nuage urticant resté au sol.

– J'ouvre le volet ! avertit Jean-Pierre.

– Alors ? s'informe une voix déterminée.

– Pour l'instant, le cabinet du préfet...

– Hé ! hé ! hé ! Garçon, joue pas ! Joue pas comme ça ! Joue pas avec nous.

– Attendez, je ne suis pas en train de jouer...

– Ho ! ho ! ho ! écoute-moi, t'oublie que nous avons des matons avec nous.

– Je n'oublie pas. J'essaie de vous faire comprendre que nous pourrions trouver un compromis.

Des voix s'enragent en fond sonore.

– Y se fout de nous ! Y veulent gagner du temps ! J'vais en planter un ! lance une voix déterminée.

– Top action ! hurle Jean-Pierre.

La porte d'acier s'ouvre. L'espace est sombre. Notre volonté de préserver les otages transforme l'entrée en un véritable entonnoir. Les casques s'entrechoquent. Les épaules se cognent. Devant moi, le colimaçon. Il est encagé et à demi éclairé sous un puits de lumière. Des détenus y campent. Ils s'étonnent de l'intrusion. Assis sur une marche, l'un d'eux se ressaisit, se dresse et menace un innocent assis à ses pieds. Une lame scintille dans sa main. Pas le temps de courir. Pas le temps d'atteindre la porte grillagée. Nous sommes hors de portée. Philippe pointe le laser. Tir ! L'impact affaisse aussitôt l'homme offensif. Il est en état de choc. La tête est ballante. Il vomit tripes et boyaux sur ses cuisses. Son bras jadis armé est salement amoché. Une lame maculée de sang gît à ses côtés. Le choc a été d'une extrême violence. À droite la bousculade se poursuit. Les camarades s'affairent à maîtriser des ombres solides au profit d'âmes fragiles. L'action simultanée a surpris tous les mutins.

Après plusieurs heures d'attente et d'angoisse, le personnel pénitentiaire retrouve enfin la liberté. La centrale, quant à elle, tente de recouvrer le calme même si chacun sait que l'on ne cicatrise pas des plaies avec une éponge d'amertume. La colère s'apaisera bien un jour. Les braises finiront bien par s'éteindre avec le temps. Au regard des autorités, c'est une victoire sur les mutins. La force reste à la force. Pour moi, une chair meurtrie me blessera toujours le cœur.

Comme toute crise traversée, celle-ci génère en moi une multitude de questions. Des interrogations que je transpose très vite à l'échelle de toute une nation. Certaines sont récurrentes. D'autres le deviendront sans doute. Pourquoi attendre le pire pour voir enfin s'établir le meilleur ? Pourquoi ne pas concilier en amont plutôt que de réprimer en aval ? Pourquoi taire mes difficultés dont il pourrait en tirer parti plus tard ? L'union des hommes dépend du partage. La confiance se gagne toujours sur le chemin de la transparence. Bien sûr, tout n'est pas bon à dire. Encore faut-il l'exprimer. Il est bon de le savoir et l'entendre de la bouche de nos responsables. Le non-dit engendre trop souvent la rumeur. Parfois même la colère. Un peu comme cet officier venu d'ailleurs qui pourrait, semble-t-il, devenir un jour notre chef de demain. La franchise dans nos mots nous rendrait, je pense, plus humains et plus vrais dans nos liens.

Derrière la vitre de la voiture qui me ramène à Versailles, je me surprends à méditer sur le fonctionnement de notre société. Elle ressemble à certains égards à l'univers carcéral que je viens de quitter. Je me sens aussi détenu. Captif d'administrations trop lourdes souvent incomprises jusque dans ses fondations. Parfois, il me semble que trop de codes, trop de règles, trop de circulaires m'enchaînent à des espoirs d'ores et déjà perdus. Sommes-nous tombés dans une spirale infernale de mesures contraignantes ? Ou sommes-nous en train d'apposer des pansements sur une jambe de bois ? L'homme a besoin de rêver. Pas d'endurer. Problème ! Le pays ne rêve plus. Le monde ne songe plus. L'évasion de l'esprit ne peut pas être envisagée dans une société carcérale ni dans un monde devenu pénitentiaire par la volonté d'une poignée d'hommes. Parmi tous les adverbes interrogatifs que compte la langue française, un seul me paraît essentiel : *pourquoi* ?

Pourquoi la planète est sous pression ? L'interrogation ouvre l'esprit. Il rend toujours la vue à ceux ou à celles qui le désirent ou en expriment le besoin. Ne jamais prendre pour argent comptant ce que l'on nous distille entre les lignes ou nous promet dans les verbes. Gardons notre libre arbitre. C'est le propre de l'homme que de se poser des questions. Ne jamais vivre un seul événement de sa vie sans jamais en connaître la raison ou en apprécier l'instant. Suspicion ou discernement, d'aucuns diraient. Saine curiosité, je répondrai. Je n'ai aucune prétention. Encore moins celle d'enseigner quoi que ce soit à qui que ce soit. Je ne vous apprends rien. Je vous montre sans aucune façon ce que vous savez déjà...

En toute simplicité, je pense que les réponses à toutes mes attentes résideront désormais et toujours au fond de moi...

Règle numéro trois...

Nos pneus crissent sur le sol du garage. Les portières claquent. La mission achevée, tout doit être reconditionné. Le matériel est débarqué. Les cantines empilées. Les armes rangées. Le lot médical contrôlé. Le débriefing se fera après une douche et après avoir retrouvé sa petite amie, sa compagne ou sa famille. Pour moi, les retrouvailles sont simplifiées. Mon couple n'existe plus. Excepté un bain moussant, je ne vois aucun intérêt à rester plus longtemps dans mes pénates. Mon divorce a été prononcé il y a quelques mois. Désormais, j'appartiens au clan des nombreux couples brisés que compte l'unité. Je suis libre de corps et d'esprit. En ce qui concerne le corps, si faute avouée est à demi pardonnée, je dois admettre que je m'étais déjà affranchi de quelques règles morales depuis bien longtemps. Mais qu'importe, puisque cela ne m'a rien apporté, à part des remords et des ennuis. Fort de ce constat, je m'étais résolu à vivre, seul, ma passion. Celle du GIGN. Une solitude souhaitée mais très vite oubliée depuis ma rencontre avec Joce. Si au sein du groupe j'ai appris à maîtriser toutes les formes de situation, celle liée aux sentiments a été très certainement occultée lors de ma formation. Pour mon plus grand bonheur...

J'ai fait sa connaissance lors d'un retour de mission. Elle est hôtesse sur le dernier vol Air France qui me ramène de la cité phocéenne à Paris. Je ne sais encore rien d'elle. Y compris le fait qu'elle se destine peut-être à devenir mon épouse. Son enfant, Charles-Henri, bouleverse ma vie et mes valeurs aussi. Sacré petit bonhomme au grand cœur qui s'ignore.

Cette fin d'après-midi voit le débriefing s'achever dans le plus grand calme. La réunion incontournable se déroule toujours après chaque intervention. Autant l'avouer, parfois le bilan d'une mission engendre des tensions. Les erreurs relevées par les uns et essuyées par les autres génèrent souvent quelques anicroches verbales. Rien de bien méchant, mais cela reste très embarrassant si le point soulevé est justifié aux yeux de tous. Gare à celui qui n'en tire aucun enseignement lors de la prochaine mission. Personne n'est à l'abri d'une mauvaise critique. Officier ou pas. J'imagine déjà le commandant inexpérimenté venu de nulle part et parachuté dans nos rangs. Mauvaise limonade pour lui... Ici, chacun en prend pour son grade si la méprise a été fondamentale ou la décision inappropriée. Grâce à la mise au point parfois sévère, la mauvaise appréciation est censée ne plus jamais se reproduire la fois suivante. De façon générale, elle ne s'oublie jamais. Le regard des camarades suffit à rappeler à l'intéressé le dernier écueil. Au-delà de l'intérêt que suscite le débriefing, il constitue sans le savoir une véritable thérapie de groupe. Outre les soucis d'intendance et de matériels soulignés, l'incertitude est exposée, la peur transcendée, les réponses données et les remords mieux digérés. Pas besoin de psychologues. Notre force nous la puisons en nous. Et en nous seuls. En ce qui concerne les compliments, ils sont rares. Chacun part du principe que l'on ne fait que son travail. Alors, pourquoi féliciter ? Les citations et les médailles pleuvront peut-être plus tard. Je les perçois comme le fruit d'une reconnaissance méritée par notre chère grand-mère à tous, j'ai nommé : notre direction générale. Non, tout n'est pas si mauvais dans notre administration. Du moins, j'ose l'espérer. Il faut juste la secouer de temps en temps. Reconnaître les qualités humaines et professionnelles d'un homme contribue souvent à optimiser sa motivation et décupler son ambition. La critique positive concourt à l'élévation du genre humain. On tire toujours vers le haut, jamais vers le bas. Aujourd'hui, les enseignements retenus de la réunion sont : la nécessité de mieux maîtriser la négociation, faire l'acquisition d'un nouveau diffuseur lacrymogène et envisager des moyens de communication plus performants. En d'autres termes, changer le parc radios, renouveler le matériel vieillissant et concevoir l'approche d'une situation de crise par le biais d'une négociation mieux maîtrisée. En finir avec la discussion instinctive. Faire d'une conversation irréfléchie un moyen de communication performant et accessible au plus grand nombre d'entre nous. Les conditions à remplir ?

Être capable d'encaisser la pression. Faire preuve d'une grande flexibilité. Savoir s'adapter en toute situation. Tout cela dans le plus grand calme, bien sûr. L'outil efficace ne doit plus être laissé aux mains de l'intuition et du volontarisme spontané. La négociation obéit à des règles précises. Le succès ou l'échec d'une reddition n'est pas le fruit d'un heureux hasard ou d'une mauvaise coïncidence. Le besoin de mieux gérer un conflit par la maîtrise de la négociation avait été exprimé en 1988. Juste après les événements d'Ouvéa en Nouvelle-Calédonie. Aujourd'hui, je suis ravi. Le stage débutera enfin demain. En attendant, Michel clôture le débriefing.

– Avant de nous quitter, j'ai deux nouvelles à vous annoncer, s'embarrasse-t-il.

– Sont-elles bonnes ? s'empresse Yan.

– Une l'est, l'autre non.

– Commence par la bonne, s'impatiente François.

– Nous passons à quatre groupes. La direction a donné son accord de principe.

Je savais que tout n'était pas si mauvais dans le cœur de cette grande dame.

– Génial ! s'exprime l'assemblée.

– La moins bonne à présent ? interroge Thierry.

Michel hésite.

– C'est confirmé, la direction nous impose un nouveau patron.

– Ce que généraux offrent d'un côté, hommes blancs constellés reprennent toujours de l'autre, coince Éric.

Les étoiles nous dégringolent sur la tête.

– Quand est prévue sa prise de fonction ?

– Dans quelques jours ou dans quelques semaines, nous ne savons rien de plus. Croyez-moi, c'est un véritable cataclysme.

– C'est sûr !

Comment définir et concevoir maintenant la relation qui nous unit à la vieille dame ? Avons-nous un conflit de génération ? Pourquoi refuser de nous écouter ? Comment accepter son choix sans heurt ni reproche ? Comment accueillir cet homme dont la présence sera d'emblée refusée ? Par tous sans exception. Comment défendre ses arguments s'ils sont voués à ne jamais être écoutés ? Le règlement nous interdit toute manifestation. Nous faisons partie de la grande muette. Il nous faudra donc une fois de plus serrer les dents. Pourtant, il est urgent d'agir avant qu'il ne soit trop tard. Avant que l'autre ne débarque sourire aux lèvres. Ignorant tout du métier et l'esprit des hommes qui l'anime. Il se destine désormais à exposer sa vie et celle d'un bon nombre d'innocents. En ce qui concerne la nôtre, il faudra d'abord qu'il soit écouté et respecté de tous. Et ça, ce n'est pas gagné. Quelle absurdité ! Nous sommes impuissants devant de telles aberrations. Je ne voulais pas y croire et pourtant, aujourd'hui, je vis un cauchemar éveillé. Je n'ai rien contre cet officier. Aucune rancœur. Je suppose qu'il fait l'objet d'une simple mutation et, en tant que telle, il se doit de l'exécuter. Il n'empêche qu'il symbolise à mon cœur trahi tout ce que j'exècre d'une administration. Un esprit étroit, des décisions aberrantes dont la plupart sont inapplicables ou insuffisantes dans le monde réel. Un monde qui est en perpétuelle évolution. À défaut d'être expérimenté, je prie pour que ce capitaine prenne conscience des risques auxquels il s'expose et refuse sa nouvelle affectation. Commander le GIGN n'est pas diriger une poignée d'hommes à l'échine courbée. Il nous faut trouver des appuis. De vrais amis. Politiques ou militaires. Peu importe, pourvu que le contrordre soit donné. Malheureusement, je crains le pire. Que faut-il faire ? Déposer nos armes ? Cela reviendrait à être les futurs ravisseurs d'innocents en proie à toutes sortes d'exactions. De toute évidence, cela nous mettrait à défaut. Notre attitude légitimerait à coup sûr la décision de notre chère direction. L'idée n'est pas bonne. Solliciter un entretien alors ? Mais à quoi bon ? Je suppose que l'acte a été mûrement réfléchi et préparé avec soin. Cela depuis longtemps. Pour la première fois de ma carrière, mon cœur est mis en échec. C'est douloureux. Mes tripes se nouent de colère. D'autant que mon statut maintient sans cesse mes pieds et poings liés derrière mon dos. Nous sommes ligotés à des règles désuètes. La plupart datent, pour ne pas dire toutes, du règne de Napoléon Bonaparte. Je vais finir par croire que nos têtes pensantes se complaisent à rester à l'arquebuse, alors que nous sommes déjà arrivés à l'ère du laser et des caméras thermiques. Les filatures ne se font plus à pied ou à cheval, mon général, mais par balises interposées. Si toutefois vous l'aviez occulté. À quoi bon lutter contre des vagues muettes qui érodent sans cesse notre patience ? Nous verrons bien quand le trois galons sera là. Nous l'éprouverons jusqu'à ce qu'il craque. Jusqu'à ce qu'il quitte lui-même l'unité. À défaut de pouvoir le choisir et l'évaluer, nous nous acharnerons à tester son mental. Bon courage, jeune inconscient, et tant pis pour vous, décideurs insouciants...

Voilà enfin que débute ma formation. J'en oublierais presque ma déception. Un cours que je considère déjà de la plus haute importance : la négociation. Conversation dirigée par un opérationnel, afin de maîtriser au mieux une situation de crise – dans un seul but : préserver les otages. La séance de travail est placée sous l'égide de Jean-Pierre. Expert civil en négociation conflictuelle. Il connaît toutes les situations de crise traversées par l'unité. Il les a analysées, digérées et intégrées dans le programme de sa formation. Du sur-mesure, s'il vous plaît. L'intérêt suscité est tel que des recyclages annuels sont déjà envisagés. Résoudre une crise par les mots, non par les armes, constitue d'ores et déjà un nouveau défi pour l'unité. Le succès d'une négociation repose avant tout sur la victoire de la raison sur la violence. Obtenir la reddition d'un preneur d'otages sans la moindre effusion de sang représente désormais notre principale préoccupation. D'autant qu'elle s'inscrit en droite ligne dans le respect de la vie. Trois règles à respecter.

La première, la règle d'or : le négociateur ne se présente jamais comme un décideur. Un ravisseur n'accepterait pas d'un éminent responsable un retard quelconque à sa requête ou un refus à sa demande. Quel que soit le patronyme choisi, le négociateur garde toujours son vrai prénom. Cela évite le silence lors de l'entretien.

La règle d'argent : le négociateur est toujours assisté par un ou deux autres médiateurs. Ces derniers sont au cœur de la tension et proches de l'action. Un preneur d'otages peut vouloir changer d'interlocuteur à tout moment.

La règle de bronze : ne jamais proposer quelque chose qui ne peut être tenu.

C'est ce que j'appelle la règle des trois métaux. Une base bien trempée pour asseoir les prémices d'une solide négociation. Un mot, une phrase mal interprétée, peut faire basculer une situation apaisée dans l'horreur la plus absolue. Le pire doit toujours être envisagé pour être évité. Les médiateurs assistants ont la charge de collecter les informations captées lors de la conversation. Ils ont aussi la responsabilité de recevoir celles qui proviennent des observateurs extérieurs. Ils doivent les apprécier et en tirer si possible des lignes de réflexion. Envisager, si la situation l'autorise, quelques projections stratégiques. Les assesseurs présentent les conseils, les interrogations, les orientations à prendre, par écrit au négociateur. Ce dernier, lui, n'a qu'une seule priorité : les otages. Vient ensuite celle de ses camarades, puis celle des auteurs. La particularité d'une négociation est que le négociateur évolue toujours dans l'opacité la plus totale. Il est en situation de doute permanent. Au regard des propos tenus par Jean-Pierre, je réalise très vite que je découvrirai mon futur ravisseur au fil de l'échange. Je déterminerai son profil et son mode opératoire par tâtonnements. J'obtiendrai l'état de santé et la situation des otages par recoupements ou par suggestions implicites. La première prise de contact est essentielle. De ce fait, elle reste délicate et fragile.

– Ça passe ou ça casse, affirme Jean-Pierre.

Qu'il soit téléphonique ou physique, à l'aide d'un porte-voix ou pas, le cordon d'argent qui unit le négociateur à l'individu ne doit jamais être coupé. C'est l'histoire du *Vieil Homme et la mer*. Il faut éviter de casser le fil, si l'on veut ramener sain et sauf l'innocent sur le pont du navire...

Cinq phases caractérisent la gestion d'une crise. La première : celle dite préparatoire. Elle est primordiale. D'elle dépendent les chances de réussite d'un processus de négociation. Elle fournit toutes les informations nécessaires avant la mise en place d'un dialogue : l'identification de l'individu, sa situation familiale et professionnelle. Elle définit ses relations au sein du cercle privé et amical. Elle met en exergue ses habitudes, ses déboires, ses différends, ses travers, ses doutes, ses phobies, ses attentes, ses passions aussi. Elle expose dans le moindre détail la situation générale et donne le contenu exact des revendications. Tous ces éléments sont censés déterminer ma marge de manœuvre. Nonobstant les moyens matériels pour mener à bien ma mission, bien sûr. En revanche, elle met aussi en évidence mes limites. À moi de ne jamais les franchir.

La deuxième est baptisée phase passionnelle. L'événement survient. L'intensité est forte. Son évolution très rapide. Les auteurs ne maîtrisent pas encore la situation. Ils ignorent la résistance à laquelle ils vont être confrontés. Ils sont dans un état d'excitation tel que leur faculté de penser ou d'agir de manière cohérente fait cruellement défaut. Ils sont dans une exacerbation du comportement agressif et émotionnel. C'est promis : à ce stade de la crise, je n'envisagerai pas une négociation. Les malfaiteurs seront insensibles à mes arguments. Leurs réactions resteront imprévisibles. La probabilité de s'en prendre aux otages sera trop élevée. Compte tenu de la tension possible, je vais devoir apprendre à plier comme un roseau. Je resterai à l'écoute de l'individu. J'acquiescerai à chaque demande formulée. Même si celles-ci sont irrecevables. J'accuserai réception de chaque requête sans jamais donner un seul accord. Le cas échéant et afin de gagner du temps, je me ferai réexposer le problème. J'affirmerai ensuite que celui-ci est désormais pris en charge. « J'en réfère au niveau supérieur », annoncerai-je. Alors, s'immiscera dans cette relation fragile le facteur temps. La patience sera mise à rude épreuve. Des deux côtés des forces. Malgré le bras de fer, cette phase est riche d'informations. Elle nous renseignera sur le profil des auteurs et sur leur détermination.

Ensuite, vient la phase d'entendement. La crise a atteint son apogée. Elle amorce progressivement une baisse de tension. L'agresseur a le sentiment d'avoir la situation en main. Il réfléchit. En conséquence, son excitation décroît et son désir de trouver une issue favorable apparaît. La probabilité de s'en prendre aux otages diminue. Il s'ouvre au contact.

– Mais attention ! Il doit être l'initiateur de l'ouverture, précise Jean-Pierre.

Il hausse les sourcils. À cet instant, je sais que je vais devoir me montrer disponible. Je rassurerai sans être moraliste. Je proposerai sans jamais menacer. J'offrirai quelques petits avantages. Boissons, repas, cigarettes. Je pourrai commencer à envisager quelques solutions alternatives sans jamais donner l'impression de vouloir faire diversion ni créer de nouveaux obstacles. Je rappellerai le sens des responsabilités sans jamais faire entendre que la situation est désespérée. J'évoquerai, pourquoi pas, mes propres problèmes. J'instaurerai un climat de confiance qui induira, je l'espère, l'avant-dernière phase. Celle de la raison.

La tension a diminué. L'agresseur est à présent capable d'apprécier la situation dans laquelle il se trouve. Cette phase sera le point d'ancrage de ma négociation. L'auteur a pesé ses chances de réussite. Il a bâti sa stratégie de sortie. Il essayera d'imposer ses exigences. En silence, il tentera de percevoir comment il peut s'en tirer sans trop de dégâts. C'est l'instant que je choisirai pour tenter de faire accepter mes offres. Sans jamais accélérer les choses. J'attendrai des engagements de sa part. Je le pousserai sur la défensive afin d'obtenir des concessions.

– Prudence ! s'exclame Jean-Pierre. Ne jamais donner l'impression de faire obstruction.

Je resterai ferme et loyal en vue de préparer la dernière phase. Celle de la démoralisation. Le stress entre alors en jeu. La frustration gagne du terrain. Un sentiment d'impuissance doublé d'une fatigue physique croissante accentue le phénomène de découragement. Cependant, je ne dois jamais écarter l'idée que le sentiment de fierté peut surgir au sein même des auteurs. Une prise de conscience soudaine peut survenir et changer d'un seul coup la donne. Non seulement la situation leur semble perdue, mais les ravisseurs réalisent en un éclair leur échec personnel. Tout peut donc dégénérer très vite.

– La crise s'inscrira immédiatement en phase passionnelle, s'alarme aussitôt Jean-Pierre, assortie cette fois-ci d'un ultimatum sévère, souligne-t-il de son index pointé vers le ciel.

Je comprends que le risque de s'en prendre aux otages deviendra alors majeur. Afin d'éviter une crise plus aiguë, j'intensifierai la négociation.

– Attention ! Ne jamais provoquer, ni reprocher, ni humilier, ajoute-t-il encore.

Je formulerai plutôt des propositions de reddition sans jamais souligner qu'ils n'ont aucune chance. Inciter à l'abandon. Je mettrai l'accent sur les suites favorables induites par un comportement loyal. Et surtout, je leur donnerai des repères sur la façon dont va se dérouler la capitulation. Un mot incompris, une attitude inappropriée, peut enrayer *illico* le processus habilement mené. Toute la difficulté réside sur le fait de savoir dans quelle phase se situent les individus. La frontière qui sépare les unes des autres n'est faite que de nuances et d'appréciation. Favoriser l'échange permet sans aucun doute de mieux mesurer les différentes flagrances. Chaque étape franchie doit être validée avant de passer à la suivante. En conséquence, je devrai toujours avoir conscience de celle dans laquelle se trouve l'individu.

Cependant, il est très important de noter un tout autre profil du preneur d'otages. Celui du terroriste. Ses motivations sont différentes. Elles sont politiques ou idéologiques. Outre les phases incontournables et mises en évidence par Jean-Pierre, l'approche et l'analyse de ce type d'individus comportent des paramètres bien distincts. Nous devons impérativement les prendre en considération. Les ignorer nous exposerait à coup sûr à un revers cinglant pour ne pas dire sanglant. La plupart du temps, leur action est minutieusement préparée. Elle est méditée. Planifiée. Le lieu est déjà déterminé. Ils ont identifié leur objectif. Ils possèdent des exigences précises. Les intimidations n'ont aucune emprise sur eux. Ils sont prêts de manière physique et psychique. Les heures d'entraînement leur permettent de mieux endurer la fatigue. Mieux résister au sommeil. Ils se stimulent parfois par des drogues capables d'améliorer les performances physiques. Le dopage, hélas, existe aussi dans ce genre de discipline meurtrière. L'instinct de sacrifice n'est pas un vain mot. En vrais militaires, ils sont en possession d'un ordre de mission. Les directives et les procédures sont précises. Les ordres sont stricts. Les enfreindre mettrait en péril leur vie et leur honneur. En cas de défaillance d'un des leurs, celui-ci peut passer par les armes de ses propres camarades. Inutile de chercher un compromis. Par définition, cela est exclu. D'ailleurs, le recours à la force est déjà prévu pour atteindre le but fixé. Les concessions ne sont entendues que si l'objectif principal est contrarié. Pour couronner le tout, il n'est pas rare de découvrir que l'un des membres a lui-même perdu un proche ou un ami lors d'actes identiques. Ses motivations sont alors scellées dans sa propre histoire. En revanche, il est rassurant de penser qu'il existe toujours une faille dans leur stratégie.

– La perte de contrôle ! se réjouit Jean-Pierre.

Elle est envisageable en phase passionnelle. Même si elle est brève, elle représente l'opportunité qu'il nous faudra saisir dans ce genre de situation extrême.

– La perte de contrôle est la conséquence d'une tension émotionnelle exacerbée. Elle perturbe souvent la raison des antagonistes, affirme-t-il.

Cependant, ne nous y trompons pas. Cette phase comporte des risques majeurs pour les otages. Nous ne pouvons pas l'occulter. Que Dieu nous garde de ce genre d'événement !

Je suis pendu aux lèvres de Jean-Pierre. Bien que ses cours me passionnent, il attise encore plus mon appétit par une pincée de morphopsychologie. À nous de discerner ensuite le mensonge de la vérité. La franchise de la malhonnêteté. Une vraie reddition d'un vrai coup tordu. Il est étrange de réaliser que l'expression du visage et la gestuelle d'un homme peuvent parfois accréditer ou pas ses propos quand il est planté devant soi. Restera à mettre en application les règles d'une bonne négociation. Je ne pensais pas que plus tard se traduirait déjà par demain.

Avec l'aval du préfet, le groupement de gendarmerie de la Charente-Maritime requiert notre aide sous le signe de l'urgence. Ma première alerte est décidément bien chargée. Un homme s'est retranché dans sa maison située à proximité de La Rochelle. *A priori*, il ne détient aucun otage. Il menace de se suicider si son épouse ne réintègre pas le domicile conjugal. Il ne veut voir personne. Ni entrevoir un seul képi sous peine d'en découdre avec n'importe qui. Il est armé d'un fusil. Sa détermination ? Il l'a affichée cet après-midi par quatre détonations. Le pâté de maisons est bouclé. Les villas voisines ont été vidées de leurs occupants. Gérard Bazin est désormais seul. Seul avec lui-même. Nous prenons nos quartiers dans une salle au sein de la mairie. Les gendarmes locaux ont déjà passé plusieurs appels téléphoniques. Bien que l'homme accepte de décrocher, il campe toujours sur ses positions. Quelques membres de sa famille sont présents dans la bâtisse communale. Problème : le forcené refuse tout contact avec eux. Seule la présence de sa femme compte. Il est obsédé par son retour immédiat. Il menace de tout faire exploser. Son épouse se place d'ores et déjà comme la seule et unique personne à pouvoir le raisonner. Autre obstacle : cette dernière décline toute collaboration avec les forces de l'ordre et avec les autorités administratives locales. Elle exclut toute forme de contact avec lui. Elle loge pour l'instant chez un membre de sa famille. Elle est tout aussi déterminée que son mari. La guerre des tranchées est désormais déclarée. Le couple se déchire en public. Le conflit s'installe et déstabilise tout un quartier jadis tranquille. Non loin de mon téléphone, une feuille récapitule toute la chronologie des faits. Elle établit le profil du forcené. L'individu n'est pas à son premier coup d'essai. Des heurts conjugaux ont déjà eu lieu dans le passé. La discorde sporadique s'acharne à entretenir depuis longtemps le désaccord familial. Il n'est pas connu des services de police. Ni ceux de la gendarmerie. Il est considéré par le voisinage, ses amis et ses proches, comme une personne affable et non violente. On ne déplore aucun passé judiciaire grave. Rien ni personne ne pouvait envisager une telle situation. Éric, le second négociateur, et moi sommes à présent isolés. Nous voilà dans un petit bureau mis à notre disposition. Nous devons être seuls pour ne pas subir une influence externe. L'homme est à moins d'un kilomètre d'ici. Face à moi, un pupitre éclairé par une lampe de chevet. Un cône lumineux dévoile un téléphone lugubre, un bloc-notes et un cellulaire. Les gendarmes de la brigade avaient déjà anticipé notre arrivée. Assis à mes côtés, un couple de personnes âgées. Les sexagénaires sont des membres de la famille concernée. Ils peuvent nous être utiles sur des subtilités familiales. Silencieux, tous deux présentent des signes d'inquiétude. Les négociateurs plus expérimentés diraient de cette situation qu'elle fait presque figure de cas d'école. Pas d'otages, uniquement des murs. Pour moi, c'est déjà une épreuve. Je m'imprègne de l'histoire. Celle de Gérard. La fiche d'information me brosse la situation générale. Il aime sa femme. Il veut la voir revenir sans aucune concession. Il est prêt à tout perdre si l'inverse devenait une réalité. Mon regard croise celui d'Éric. Il reste en liaison radio avec l'unité d'intervention. Les équipes attendent un point précis de la situation. Elles prendront position autour de la maison. Je me frotte les mains. Concentré, j'inspire profondément. Je souffle. Je suis prêt. Je décroche. Je compose le numéro. Éric branche le haut-parleur. Il tient un stylo entre les doigts et des feuilles vierges coincées sous le coude. Première sonnerie. Deuxième sonnerie. Troisième. Quatrième. Le stress décuple mes doutes. Le silence règne. La nuit commence à tomber derrière la fenêtre. Septième. Huitième. Neuvième. Je raccroche. Je ne souhaite pas l'agacer.

– Observateurs d'Éric ?

– Tommy, je t'écoute, crache la radio.

– Le forcené est toujours chez lui ?

– *A priori*, oui ! La lumière est allumée au rez-de-chaussée et une autre vient de s'éteindre à l'étage.

– OK, bien reçu.

Résolu à baisser la pression en moi, je souffle dans mes mains. J'inspire. Je compose de nouveau le numéro. Une. Deux. Trois. Quatre. Je commence à douter. Cinq.

– Allô ! surprend l'interlocuteur.

– Monsieur Bazin ?

Mon cœur s'emballe.

– Qui êtes-vous ?

– Jean-Luc Escarneau. Je travaille depuis peu à la mairie. Je suis le secrétaire du maire.

– Très bien, passez-le-moi !

– C'est-à-dire qu'il est dans tous ses états. C'est la première fois qu'un de ses administrés lui flanque la trouille.

– La trouille ? s'esclaffe-t-il.

– Un docteur est à son chevet.

– Un toubib ?

– Son cœur. Vous savez, ce n'est pas tous les jours qu'un de ses citoyens veut faire sauter la moitié de sa commune !

– Qu'est-ce que vous voulez ? s'agace-t-il.

– Vous aider ! Je comprends très bien votre situation.

– Vous ne comprenez rien !

– Je voudrais tout de même essayer de vous aider !

– Alors, allez me chercher Nathalie avant que je pète tout ici ! Elle s'est barrée avec l'autre, j'en suis sûr !

– Quel autre ?

– Je suis sûr qu'elle a un amant.

– Elle serait où, selon vous ?

– Chez son père ou son frère. Ils sont complices, eux aussi. Dépêchez-vous ! Je vous dis que je vais tout faire sauter ici. Si quelqu'un approche, j'fais tout péter.

Une longue tonalité interrompt la conversation. Le plus dur est fait. Je lui ai parlé. Je l'ai ressenti. Je l'ai entendu. Tout s'est bien passé. Il accepte mon aide.

– Il est tendu comme un arc, informe Éric par radio.

– On s'en serait doutés au regard des allers et retours qu'il fait dans la maison, grésille le poste.

– Je confirme, il est armé, atteste Pascal.

Soudain, l'un des deux sexagénaires prend la parole.

– Si vous voulez, je sais où habite son beau-père, suggère la dame.

– Je vous remercie de votre aide, mais cela ne sera pas nécessaire pour l'instant.

– Vous connaissez la région ?

– Non, pas vraiment, mais le domicile du beau-père n'est pas ma priorité pour le moment.

– Ah bon.

Je comprends son étonnement. Éric, lui, perçoit très vite l'opportunité. Faire entrer en jeu le facteur temps. Je prends de nouveau le combiné.

– Monsieur Bazin ?

– Qu'est-ce qu'il y a encore ?

– Monsieur Escarneau à l'appareil. Je suis tout seul ici. Je me suis permis de demander à un ami de récupérer votre épouse. Avez-vous l'adresse de son père ou de son frère ?

– J'en sais rien, moi ! s'enrage-t-il. J'sais y aller mais j'connais pas l'adresse ! C'est tout droit après la sortie du village. Y a un mur avec des buissons. Juste après, vous tournez à gauche et c'est cent mètres plus loin.

– Attendez, parlez doucement, je prends des notes. Au mur donc, il prend à droite.

– Ouais ! Non ! rectifie-t-il aussitôt, à gauche !

– Et le mur, il est facile à trouver ?

– Ouais ! Il est blanc. Y a plein de buissons devant.

– Merci ! Je vous rappelle plus tard.

Je suis pour l'instant ravi de voir l'entraide s'installer. Le couple âgé affiche à présent des signes d'incompréhension. Aucun de nous ne quitte sa chaise. Cela en devient presque burlesque.

– Que fait-il ? s'enquiert Éric par radio.

– Rien ! Tout est éteint à présent.

Les minutes s'égrainent.

– Monsieur Bazin ?

– Quoi ? Alors, vous l'avez trouvée ?

– Mon ami est perdu. Mes explications ne sont pas très claires. Il tente de retrouver son chemin.

– Je vous dis, après le mur à gauche ! hurle-t-il.

– Écoutez, je vais tenter de dessiner un plan sur vos conseils. Je suis crevé. Il commence à se faire tard. Vivement que l'on vous ramène votre épouse. Je serai le premier ravi.

– C'est ça ! Ramenez-la.

– Allez-y, je vous écoute !

Pendant qu'il s'évertue à m'indiquer une nouvelle fois l'itinéraire, je tente d'apprécier la phase dans laquelle il se trouve. Serait-ce l'entendement... ?

– Vous avez compris ?

– Écoutez, je pense avoir saisi. Le dessin n'est pas parfait mais je vais essayer. Si j'ai un souci, je vous rappelle. D'accord ?

– C'est facile, c'est un long mur ! Il est blanc ! s'énerve-t-il encore.

– Très bien, je vous rappelle.

Je pose de nouveau le combiné.

– Vous ne dessinez pas ? s'étonne la sexagénaire.

– C'est compliqué par téléphone.

– Ah bon.

– À tous ! Les équipes sont en place. Nous sommes au contact de la maison, crache la radio.

Dehors, la nuit sans lune a déjà pris ses quartiers. Soudain, le téléphone retentit.

– Alors ?

– Je suis désolé mais mon croquis, selon mon ami, ne mène à rien. Je me suis fait souffler dessus.

– Bordel ! C'est pas compliqué.

– Écoutez, voilà ce que je vous propose. Faites le dessin. Prenez votre temps pour qu'il soit clair et je viendrai le chercher.

– Vous rigolez ? s'offusque-t-il aussitôt.

– Pas du tout ! C'est pour vous rendre service et gagner du temps.

– Vous croyez peut-être que je vais vous le filer de la main à la main ? Vous me prenez pour un con ?

– Pas du tout ! Je veux vous aider. Dès que vous l'avez griffonné, vous me téléphonez et je viens le récupérer. Je resterai en contact téléphonique avec vous par le biais de mon cellulaire. Vous entrebâillez la porte, je prends le papier et je file chercher votre épouse. Comme ça, je pourrai enfin aller me coucher.

– Il n'en est pas question !

Éric me glisse un message.

« Propose-lui de déposer le papier sur la porte de son jardin ! »

– Monsieur Bazin ?

– Je ne suis pas d'accord que vous veniez chez moi.

– Si cela peut vous rassurer, déposez le dessin sur la porte de votre jardin. Vous rentrez chez vous et vous me téléphonez pour que je vienne ensuite le récupérer. Ça vous convient ?

– Je ne veux pas sortir !

– Vous ne risquez rien. Je me tiendrai loin de votre jardin si cela peut vous rassurer. Nous resterons en contact grâce à mon téléphone portable. Vous me verrez depuis votre fenêtre. Vous sortez. Je garde mes distances. Vous déposez votre dessin et vous retournez dans votre maison.

L'homme hésite encore.

– Vous serez loin ?

– À l'endroit que vous souhaitez. Je vous laisse mon numéro de portable. Plus vite j'ai le papier, plus vite je récupère votre épouse. Vous pouvez m'appeler par mon prénom. Ça ne me dérange pas.

Je raccroche. Les secondes se comptent en minutes. Je bous d'impatience. Je sais que je ne suis pas loin d'un dénouement. Je le ressens au plus profond de moi. À cet instant, j'avoue que je ne sais plus très bien dans quelle phase je me situe. En revanche, je sais que le forcené est ouvert à ma proposition. Et ça, c'est un pas pour lui et un pas de géant pour moi. L'équipe d'assaut est prête. En silence, elle se terre à proximité de la porte d'entrée. Le téléphone sonne.

– J'ai fini, annonce-t-il satisfait.

– Parfait ! Je peux venir ? Vous n'aurez qu'à ouvrir la porte lorsque j'apparaîtrai sur la petite route. Je garde le contact avec vous grâce à mon portable. D'accord ?

– Ouais ! mais je vous dirai stop sur le chemin.

– Aucun problème. Vous n'allez pas me tirer dessus j'espère ? Je suis là pour vous aider !

– Non, mais j'aurai mon fusil avec moi.

– D'accord.

Comme convenu, mon approche se fait à pied. Mes muscles tressaillent sous l'effet conjugué du stress et de l'exaltation. Je ne sais pas encore comment cela va véritablement se terminer. Le téléphone ne quitte pas mon oreille.

– Stop ! Je vous vois !

Je reste immobile. Cellulaire en main. Je distingue le forcené. Il est derrière ses rideaux. Il m'épie. L'équipe casquée est prête à bondir. Non loin de moi dans l'obscurité, Éric les informe par radio. La porte s'entrouvre. Un trait de lumière confirme l'ouverture. L'homme hésite à sortir. Le calme règne dehors.

– Vous voyez, je ne bouge pas, m'écrié-je depuis la route.

D'un pas franc et décidé, fusil en main, Gérard Bazin s'engage sur l'allée de son jardin. Trop tard, le voilà catapulté sur le sol. Des kilos de muscles viennent de s'abattre sur lui. C'est alors que je décide de m'approcher de lui. Son visage exprime la déception. Il me fixe. Plaqué sur les gravillons, son poing serre le dessin à jamais chiffonné. J'ose croire que dans l'autre main Gérard détiendra un jour un meilleur destin...

L'ironie de l'histoire, alors que je reconditionne mon sac d'intervention dans la petite salle mise à notre disposition, veut que le vieux sexagénaire jusqu'alors silencieux s'approche de moi et me lance d'un sourire malicieux.

– Vous, vous pourriez vendre du miel aux abeilles, toussote-t-il.

– Vous croyez ?

Les lèvres pincées, le vieil homme me fixe silencieusement en haussant les sourcils. Ses prunelles reflètent la sagesse et l'expérience. Il esquisse un sourire. Il lève une fois encore le menton en signe de réflexion. Résigné, il tapote ma poitrine de son pommeau de canne et fait demi-tour. D'un pas lent et sans ajouter le moindre mot, il disparaît derrière la porte du bureau. Que voulait-il dire ? Peut-être tentait-il de m'expliquer le pouvoir infini du cœur sur l'adversité ? Peut-être suffit-il d'y croire pour surmonter les épreuves ? Y croire pour vivre ses passions et atteindre enfin les étoiles ? Dois-je comprendre de ce bref échange que tout est possible dans la vie d'un homme ? Je le pense à présent. Dès l'instant où il en est convaincu.

Le reste... ne nous appartient pas...

Cette semaine s'annonce d'ores et déjà comme des plus mouvementées. D'autres techniques de négociation vont nous être enseignées. Elles compléteront notre formation.

Un exercice sous un bâtiment de la Marine nationale a été programmé. Il s'effectuera à Toulon. À Saint-Mandrier pour être plus précis. L'École des nageurs de combat. Celle du commando Hubert. Fleuron de la marine française et partenaire intime depuis toujours. Notre terrain de jeu : le contre-terrorisme maritime. Suite à ce premier exercice, un entraînement aéroporté sera organisé. Il est prévu sur un navire de la marine marchande. Un bateau de la SNCM. Plus périlleux mais pas moins risqué, il se déroulera la nuit et en pleine mer.

Enfin... et c'est là où le bât blesse, notre semaine s'achèvera par l'arrivée claironnée du nouveau patron. Il est attendu vendredi matin. Attendu par qui ? Je n'en ai aucune idée. En tout cas, pas par moi. Les émotions tant redoutées se comptent désormais en une poignée de jours. L'orage gronde dans nos rangs. Il déchirera le ciel dans très peu de temps. Le cyclone est baptisé Denis. Résistera-t-il à la tempête annoncée ? Un ouragan de force 100. Cent pour cent contre lui et tout ce qu'il incarne. Voilà déjà notre volonté affichée. Nos forces vont-elles s'opposer ou s'annuler ? L'avenir nous le dira... Dans tous les cas, nous sommes prêts à le recevoir et bien décidés à le nettoyer de notre plancher. Sans le moindre état d'âme. Allez, oust ! Dehors ! J'ai froid dans le dos rien que d'y songer. Fort heureusement notre expert en situation conflictuelle se joint à nous ce matin. Cela me changera au moins les idées. C'est bien qu'il soit là. Il aura peut-être à résoudre une crise intestine au sein même de l'administration qui l'a engagée.

– Bonjour à tous, se réjouit-il en vidant son porte-documents.

– Bonjour.

– Oh... ce n'est pas la grande forme ce matin !

– Pas vraiment, s'attristent deux d'entre nous.

– Qu'est-ce qui se passe ? s'intéresse-t-il d'un regard inquiet.

Il nous vise par-dessus ses lunettes. Il fronce ses sourcils.

– Y se passe que nous allons toucher un patron que nous n'acceptons pas.

– Ah ! reste-t-il pantois.

D'un mouvement d'épaules et de nuque, il ajuste sa veste. Pensif, il extirpe avec délicatesse le reste des documents contenus dans son attaché-case. Puis il balaie du regard toute l'assemblée.

– Ah ? reprend Patrick en attente d'un conseil.

– Et alors ? lance-t-il à la cantonade.

– Alors, et alors, rien.

– Je suppose que vous avez pu donner votre point de vue avant d'envisager son arrivée ?

– Difficile d'échanger avec des sourds d'oreille, se désole Pascal. Il n'y a pas plus sourd que quelqu'un qui ne veut rien entendre...

– Il reste les signes ! dédramatise Jean-Pierre en agitant les doigts.

– Nous allons nous y employer. Ils seront d'abord avant-coureurs mais très vite symptomatiques, ironise Alain.

Jean-Pierre affiche de nouveau un léger trouble. Il ferme son attaché-case et verrouille les clapets un à un. Il semble préoccupé.

– Là, j'avoue que je suis dans une position pour le moins inconfortable, hausse-t-il les épaules.

Il se frotte la joue.

– Bien moins que la nôtre, rétorque Jean-Marie.

– Je ne peux pas être juge et partie. Malheureusement, je crains de ne pas pouvoir vous aider, clôt-il d'un mouvement de tête et d'épaules.

Un geste brusque et inapproprié à la situation. Une sorte de réflexe incontrôlé. Un tic. La gestuelle soudaine confirme son embarras. Il est donc bien en phase avec lui-même et très honnête envers nous. Nous n'insisterons pas. Cela serait déplacé. C'est un type bien. Quelque peu perturbé, il botte en touche et enchaîne sans trop attendre sur les différentes techniques de négociation.

Tout d'abord, celle du cercle ou spirale concentrique. Qu'importe le nom, puisque le principe est le même et le résultat identique. Elle consiste à user son interlocuteur. Le négociateur reprend sa demande et la lui retourne à son insu. Ignorant tout de la technique, le dernier forcené illustre parfaitement le processus. Gérard Bazin exigeait le retour de son épouse. Sa demande était devenue sans le savoir le point d'ancrage de ma négociation et le point de départ de mon premier cercle. Je m'étais attaché à faire de fausses concessions : « Je suis ici pour vous », ce qui n'est pas vraiment mentir, « Donnez-moi l'adresse », « Précisez-moi l'itinéraire », « Je vais faire un dessin », puis plus tard « Faites-m'en un, c'est mieux », « Je viens le chercher ». Petit à petit, le cercle d'origine s'était réduit jusqu'à lui. Comme une lanière de cuir humide laissée sous un soleil ardent. Le cercle rétrécissait sans cesse et plus encore avec le temps. La durée, alliée fidèle du négociateur. Chaque argument avancé était transformé sans relâche, par paliers successifs, en nouveaux obstacles. « À la sortie du village, il y a un mur blanc », « Un mur blanc quand il fait nuit, c'est difficile à distinguer. C'est plutôt gris », « Il est bordé de buissons », « Des buissons, des arbres, il y en a partout ici », « À gauche ! » « Tout de suite après ou deux rues plus loin », « Cent mètres après, vous trouverez la maison de son père », « Après, j'entraperçois beaucoup de maisons ».

La technique du chaud et froid produit aussi son petit effet. Je joue avec les nerfs du protagoniste. L'objectif est de le faire passer par des périodes d'espoir et de découragement. Ce dernier a vraiment le sentiment que les choses avancent enfin. Puis, tout à coup, tout se complique. À cet instant, je peux lui accorder quelques concessions.

– Attention ! Ne jamais répondre à la totalité de ses demandes. Celles concédées doivent rester minimes, précise Jean-Pierre.

La méthode Salami engendre aussi la réussite. Cependant, je me dois de respecter à la lettre son mécanisme. La demande fait l'objet d'un tranchage minutieux. Plus il y a de parts, plus j'optimise mes chances de succès. « Je veux un avion. » « Voyons d'abord ensemble le genre de véhicule qui vous permettra d'aller jusqu'à l'aéroport en toute sécurité. » « Ensuite nous tâcherons d'obtenir toutes les autorisations pour un décollage rapide. » « Nous ferons en sorte de trouver un équipage disponible. » En d'autres termes, je n'ai plus un problème global à gérer, mais une suite de revendications à juguler. Il est bien entendu que chacune d'elles fait l'objet d'une négociation drastique avant d'être soumise à un responsable virtuel. Ensuite, parviendrons-nous peut-être à un accord salutaire ? En attendant de trouver un consensus acceptable pour les deux parties, j'étudierai les autres exigences. Je reviendrai plus tard sur l'anicroche qui nous oppose. Toute la difficulté réside dans l'entente préalable du point abordé.

Requête par requête. Tranche par tranche. Entre les deux, le temps s'écoule…

Enfin, arrive la technique du disque rayé. Je répète les arguments avancés de l'un ou la problématique exposée de l'autre. Je veux être sûr d'avoir bien compris la demande ou la situation. Le processus détériore bien souvent la cohésion entre les auteurs. Diviser pour mieux régner. C'est bien connu. Procédé classique, certes, mais qui apporte toujours des résultats probants dans le dénouement d'une crise majeure. De plus, cette stratégie m'accorde un avantage certain. Et pas des moindres. Elle m'autorise le soutien d'un médiateur supplémentaire. Ce dernier consacrera tout son temps sur le fond du problème. Il poussera ses pions. Les uns après les autres. Il tentera d'effriter la certitude des malfrats. Mon rôle, quant à moi, sera de raisonner les protagonistes d'un ton calme et posé. Le tandem trouve parfaitement sa place dans les différentes phases que compte une gestion de crise. La passion et l'entendement reviennent au négociateur apaisant, alors que la raison et la démoralisation incombent au médiateur de fond.

– Sauf si, bien sûr, la tension bascule en phase passionnelle, bondit d'un seul coup Jean-Pierre.

Je sursaute. Je m'effraie de réaliser que le destin battra lui-même les cartes. Quelle angoisse… J'imagine volontiers les acteurs du jeu dangereux. Ils sont attablés sous le regard implacable de la destinée. Auteur et négociateur jaugeront des lames en leur possession. Ils évalueront celles entre les mains de leur adversaire ou de leur pire ennemi. La relation sera tendue. Elle s'étirera jusqu'à son seuil de rupture. Une guerre des nerfs s'engagera. Promesses et menaces s'opposeront sans cesse. La relation fragile sera jalonnée d'ultimatums irréversibles et de reports inespérés. Pendant que lui s'attachera à miser la vie des otages sur le tapis, j'afficherai le calme et la compréhension. Dans un seul but le dissuader de poursuivre plus longtemps la partie. Alors, aux limites du supportable, je tenterai de rafler toute la mise innocente dans la plus grande sécurité. À défaut d'une reddition espérée, une action éclair devra être envisagée. Dès lors, le succès de l'intervention reposera sur sa précision chirurgicale et son effet fulgurant. Je souhaite ne jamais vivre la situation. L'avenir me le dira. Cependant, je me permets d'en douter au regard des relations toujours plus tendues entre la France et l'Algérie.

– Bon, eh bien, j'aimerais que ces cours vous soient d'une aide précieuse, espère Jean-Pierre.

– Je ne sais pas encore comment nous allons aborder notre prochaine crise, mais je sais d'ores et déjà que nous serons nombreux à vouloir négocier le départ du prochain officier, s'agace Hervé.

Nous voilà seuls à présent. Seuls contre tous. Isolés sur notre propre chemin. Dans quelques heures nous prenons la route en direction du Var. Dans quelques jours, un type prendra la porte en direction d'une autre histoire. Du moins, je le souhaite, puisqu'il ne fait pas partie de la nôtre.

S'il ne comprend pas le « dehors ! » exprimé en boucle façon disque rayé, il goûtera à la technique du cercle façon constrictor. Méthode déjà éprouvée et approuvée dans le passé par le GIGN. Bon courage, capitaine...

Nous voici enfin arrivés au bord de la Méditerranée. La grande bleue reflète les rayons d'un soleil citron. Le gigantesque miroir scintille jusqu'à la frontière qui unit le ciel à la mer. Dire que nous ne pourrons en profiter qu'à la nuit tombée. Adieu soleil, belle bleue et lumière ! Bonjour étoiles, abysse ténébreux. Le monde du silence nous attend ce soir. Comme de coutume je cherche Antonio. Il sera une fois de plus mon binôme. Notre formation a été commune et notre confiance est sans limites. Nous serons onze nageurs à être engagés cette nuit. Onze à franchir la passe qui sépare Toulon de Saint-Mandrier. Onze à venir se suspendre sous la coque d'un navire de guerre aujourd'hui déclassé. Un large et long mastodonte lourd de plusieurs milliers de tonnes. Il est enchaîné à son mouillage rouillé depuis des années.

Première étape : l'atteindre en toute discrétion. Deuxième phase : se déséquiper en complète immersion. Troisième et dernière étape : franchir la haute paroi d'acier sans commettre la moindre erreur. Il en va de notre honneur et surtout de notre propre sécurité. Tout cela sous le regard expérimenté de deux membres du commando Hubert. Pendant que l'un veillera depuis la passerelle désertée, l'autre patientera sous la ligne de flottaison. Lors de cet exercice, nous serons tous sanglés les uns aux autres. Liés par des lignes de vie. Des cordons de nylon noir. Sécurité oblige. Un pour tous, tous pour un. Tous unis par une même passion : celle d'un métier exaltant. Avant-hier La Rochelle, hier Paris, aujourd'hui et demain Toulon. Après-demain... Qui peut me dire ce que sera demain ? Peut-être Antoine. Ami depuis toujours et médium de son état. Il me présage des heures sombres. Un événement sans précédent suscitera de terribles vocations fanatiques. Attendons de le vivre avant de lui donner raison.

Notre collaboration avec le commando Hubert perdure depuis plus d'une décennie. Une amitié nourrie d'ambition, de fraternité et de succès partagés. Réussite répartie, certes, mais toujours placée sous le maillet de la confidentialité. Leur professionnalisme n'est plus à démontrer. Leur efficacité est aujourd'hui redoutée par-delà nos frontières. Leur expérience nous est indispensable si nous voulons garantir nos chances de succès. En revanche, notre aptitude à gérer les crises et la maîtrise des tirs leur est essentielle. Nonobstant la compétence judiciaire du gendarme. Sous la ligne de flottaison, nous intégrons leur langage. Nous profitons de leur pratique. Au-dessus d'elle, nous leur offrons notre savoir-faire. Nous leur communiquons notre code gestuel. Sur terre comme en mer, notre point commun est sans aucun doute : le monde du silence. Notre complicité est le résultat d'un drame survenu jadis en haute mer. Le détournement d'un bateau de croisière. Le *City of Poros*. Il illustre parfaitement, à lui seul, toute la difficulté à gérer ce genre d'événement et la nécessité de mettre en place des exercices communs. Un bateau, une plate-forme de forage constituent, de par leur accessibilité, des cibles potentielles sur notre belle planète bleue. Des structures flottantes faciles à investir. Commodes à contrôler. Personne ne stoppe un navire lourd de plusieurs tonnes sur cinquante mètres. Il ne vire pas non plus de bord, à quatre-vingt-dix degrés, sur un simple claquement de doigts. Il ne pourra donc jamais éviter l'obstacle émergé sur sa route. Il en va de même pour un abordage prémédité. Son inertie représente à la fois sa force et son talon d'Achille. L'esprit retors ne se tient jamais très loin d'une faiblesse détectée. De plus, contrairement aux autres moyens de transport, le paquebot héberge plus de deux mille passagers. Une véritable ville flottante habitée par des centaines d'otages en puissance. Tout est plus aisé pour un groupe déterminé. À condition qu'il soit organisé. Les assaillants autoritaires opéreront sur un terrain instable. Un milieu qui leur est, à mon plus grand désarroi, déjà tout acquis. Le théâtre d'opération sur lequel ils évolueront sera dégagé de tout écran. Jusqu'à l'horizon. Sur trois cent soixante degrés. Autant dire que l'approche est déjà une épreuve à surmonter. À cette difficulté s'en ajoutera une autre : la route du paquebot. Il naviguera selon toute probabilité. Tout se compliquera plus encore avec une mauvaise météo. La météorologie est par définition un phénomène aléatoire. En conséquence, elle nous échappe complètement. Si les conditions deviennent exécrables pour nous, elles seront excellentes pour eux. À nous d'adopter les moyens propres à la situation. À nous de nous adapter aux nouvelles circonstances. Face à cette menace et aux caprices météorologiques, le GIGN doit toujours, en tout lieu et en tout temps, répondre sans jamais faillir ni défaillir. Qu'il soit aérien, maritime ou terrestre, le spectre du danger doit toujours être maîtrisé. Rien ne doit être laissé au hasard. Rien ne doit être placé sous la volonté d'une destinée. Aucune vie ne doit être abandonnée aux mains d'une folie meurtrière. Tous les cas de figure imaginés sur terre, en mer ou dans les airs, sont envisagés, étudiés et répertoriés. Les points clés d'un navire sont : la passerelle, la salle radio, la salle des machines et tous les lieux susceptibles d'héberger un grand nombre d'otages. Et il y en a. Coins et recoins se succèdent à tous les ponts. Attention, des précautions sont tout de même à prendre. Au-dessus comme au-dessous de la ligne de flottaison, le piège est à craindre. Il peut avertir l'adversaire mais aussi blesser nos chairs. Ceci dans le meilleur des cas. Dans le pire, il nous faudra faire vite. Très vite, afin d'assurer la sauvegarde des otages ou la survie de son ami. Le temps endossera alors l'uniforme de notre pire ennemi.

Bref, il est l'heure de se mettre à l'eau. Nous charrions sur notre dos tout le matériel nécessaire pour franchir le mur d'acier. Grappins, échelles, ventouses, perche, mousquetons. Rien ne manque. Nos armes sont « marinisées ». Le métal est censé ne pas s'oxyder trop vite après immersion.

Quoi qu'il en soit, cela n'évite jamais leur nettoyage après une plongée. Les munitions sont préparées. Chaque cartouche est trempée dans un flacon de vernis à ongles. Grâce à ce bain forcé, le sertissage de l'ogive sur son étui de cuivre reste imperméable. Le procédé permet d'épargner la poudre de l'humidité. D'autres endossent des housses de caoutchouc étanches. Le plus souvent, elles contiennent les radios, du matériel d'écoute, des explosifs mais aussi des vêtements secs. La communication interpont et la collecte du renseignement sont des éléments essentiels à la coordination des équipes à bord d'un bateau.

Onze bouchons noirs flottent à présent à la surface de l'eau. Tous ondulent au gré d'une onde initiée par un petit caboteur. À la barre, le vieux pêcheur n'a rien remarqué. Pourtant, nous étions à moins de dix mètres de sa coque en bois avant qu'il ne prenne le large. Désormais, onze têtes coiffées de néoprène s'alignent les unes à côté des autres. Nous sommes dans l'attente du premier cap. Un seul d'entre nous a la responsabilité d'emmener ses camarades à bon bord. Tonio. Situé à l'extrémité de la formation, il s'applique à prendre le bon azimut. C'est avec plaisir que je serai sa canne blanche et son chronomètre. Nous sommes tous liés les uns aux autres pour la durée de la traversée. Nous glisserons de front entre deux eaux. Trente minutes pour la première partie, vingt-cinq pour la seconde moitié. Durant toute la navigation, onze paires d'yeux resteront, jusqu'à destination, concentrées sur leur planchette. À aucun moment ils ne quitteront du regard le compas et le profondimètre. La traversée se fera si possible dans l'harmonie la plus parfaite. Même direction, même cadence. Quatre minutes aux cent mètres puisque nous sommes chargés. Même profondeur aussi. Cinq mètres. Pas un de plus. Nous conservons toujours une marge de sécurité. Ne nous laissons pas embarquer dans les abîmes d'un destin tragique par un excédent de poids. Cela nous coûterait plus cher qu'une valise trop lourde au comptoir Air France à Roissy. Nous avons déjà payé le prix fort dans le passé. Ne renouvelons pas l'accident qui avait coûté la vie à l'un de nos regrettés camarades. Détendeur en bouche, la communication se fait désormais par signes. Tonio est prêt. Il pince mon bras. Je fais suivre la douleur sur le triceps moelleux de Patrick. Il la transmet à son tour jusqu'à ce qu'elle nous revienne. Tout est en ordre à présent. Immersion. En parfaite synchronisation, onze bouchons coulent en silence. Aucune onde n'est émise à la surface. Aucune bulle. Mon profondimètre réfléchissant indique déjà trois mètres. Quatre. Cinq. Je stabilise. Tel un ballast, j'équilibre l'oxygène contenu dans mes poumons avec celui comprimé dans l'appareil respiratoire. À ma droite, je devine une silhouette. Elle est sombre. Puis une autre, plus loin. Je l'imagine plus que je ne la distingue. Après, plus rien. Le noir total. Sont-ils toujours près de moi ? À ma gauche, Tonio. Il bascule à l'horizontal. Il me tend le bras. Il attend le coup d'envoi. Le pincement remonte. Je le lui transmets aussitôt. Telle une hélice, nos palmes se mettent à battre. Un mouvement lent et de faible amplitude. Je tente de maîtriser ma flottabilité. Quatre mètres. J'expire. Cinq mètres. J'ai le sentiment de survoler un encrier sans fond. Un gouffre sans fin. Qu'y a-t-il là-dessous ? Je ne vois rien. Excepté une immense tache noire. Je glisse dans une obscurité absolue. Nos épaules se touchent. C'est rassurant. Les palmes se plient sous la force du mouvement cadencé. Quatre mètres. J'expire une fois de plus. Sept. J'inspire à peine. Cinq. Je dois mieux gérer mon immersion. Mes tympans en souffrent. La variation fréquente de pression torture la membrane de mes oreilles moyennes. J'ignore la profondeur qui règne sous mon néoprène. Vingt, trente, cinquante peut-être ? Quelques degrés d'erreur et nous quittons la passe pour le grand large. J'ai confiance en Tonio. Il ne m'a jamais trahi. Ni menti. Nous avons eu le temps d'échanger ce soir avant la mise à l'eau. Il m'a dit qu'il se chargerait cette nuit de la navigation. Que cela ne lui poserait aucun problème et qu'il se sentait en pleine forme. Il a même ajouté que les îles de Lérins figuraient déjà au registre du passé. Je n'en attendais pas moins de mon meilleur ami. Il n'en espérait pas plus d'une fraternité. Trente minutes ! Je cogne son épaule. Il stoppe. La formation accuse l'arrêt. La chaîne humaine ondule très légèrement. De la position horizontale, nous passons à celle verticale. Le temps de lui laisser prendre le second cap. Nos palmes battent toujours. Affranchis de l'apesanteur, nous lévitons dans cet univers liquide dénué de lumière. Cent quatre-vingts degrés. Plein sud à présent. Nous pivotons comme une aiguille autour de son axe. Les yeux rivés sur son compas, Antonio tend une main. De l'autre, il maintient toujours sa planchette à l'horizontale. Il attend le signal. Je m'impatiente aussi. Je pince enfin son bras. C'est parti !

Le lance-grappin m'encombre. Il bouge sur mon dos. Il perturbe un peu ma stabilité. C'est un détail au regard de ce qui m'attend. Le plus compliqué reste à venir. Cela pour la plupart d'entre nous d'ailleurs. Monter la perche, préparer les échelles, assembler le lance-grappin et nous délester de tout notre équipement. Tout cela immergés bien sûr. Restera ensuite à franchir le mur d'acier qui nous séparera du premier pont. Quinze mètres de métal vertical dont il faudra enjamber le bastingage en phase finale. Juste au-dessous de la passerelle. Ce bruit ! Qu'est-ce que c'est ? Une machine tourne à plein régime. Elle est quelque part. Par ici ou par là. Non loin de moi. Au-dessus ? Ou au-dessous ? Devant ? Ou derrière ? À droite ou à gauche ? C'est affreux ! Je n'arrive pas à situer le danger ! Une broyeuse vient vers nous. Elle résonne de plus en plus dans ma poitrine. D'où vient ce bruit cadencé ? Une mécanique bien huilée me submerge des palmes à la tête. Une série de bielles s'approche de moi sur un rythme de plus en plus endiablé. Une mesure soutenue comme battue sur des enclumes. Elles pénètrent désormais mon néoprène et mon esprit. Vais-je me faire hacher par les pales d'un vieux cargo ? Sommes-nous assez profonds ?

Cinq mètres. J'aurais tendance à sonder plus encore. À l'aide de la corde de vie, Antonio me tracte vers le haut. Je suis désolé de le perturber. Le bruit me phagocyte les méninges. Je suppose qu'il en est de même pour lui. Qu'en est-il pour les autres ? D'instinct, la navigation s'interrompt. Je tente de décrypter un sentiment dans le regard de Tonio. Bien que le reflet de sa vitre ronde m'empêche d'entrevoir l'expression de son visage, je pressens en lui l'inquiétude. À cet instant, je reste figé dans une gigantesque mâchoire mécanique. Je suis attentif. Qui se trouve à la barre de ce navire fantôme ? Sait-il que nous sommes en dessous ? Je l'ignore. Mon seul souci est d'en sortir vivant. Je tente de contrôler mon stress. Existe-t-il une sortie de secours là-dessous ? Le bruit s'éloigne. Il s'estompe peu à peu pour disparaître enfin. Comme tout bon Italien, Antonio m'interroge de ses mains gantées. Je hausse les épaules en signe d'ignorance. Je ne sais pas à quoi nous avons échappé. En revanche, je sais que nous nous en sommes sortis. Par quelle grâce ? Dans le doute, je remercie Poséidon de nous avoir épargnés. Nous ne sommes plus qu'à trois minutes de l'objectif. Comme le veut la procédure, nous grimpons à trois mètres. Cela serait dommage, voire ridicule, de passer sous la coque de l'objectif sans jamais l'apercevoir. Les soixante secondes représentent désormais le temps qu'il nous reste pour atteindre le monstre d'acier. L'eau s'obscurcit. En silence, je m'aventure de plus en plus dans les ténèbres. Je ne savais pas qu'il existait des nuits plus sombres. Mon compas s'affole.

Il perd la boussole. L'aiguille en oublie même la raison. Elle vire de bord. Le nord devient le sud. L'est passe à l'ouest. Les interférences magnétiques ne me trompent guère. Nous sommes bien en présence d'une énorme masse métallique. Mais où est-elle ? C'est étrange, je ne la discerne pas alors que son ombre m'enveloppe déjà. Je me sens minuscule et vulnérable sous la menace du monstre d'acier. L'amplitude des palmes diminue. Inutile de conserver les yeux sur le compas. Il nous induirait en erreur. Tonio lève la tête. De toute évidence, nous ne sommes plus qu'à une goulée d'air de l'obstacle. La main en parade, je me préserve d'un choc éventuel. Surtout ne pas heurter le mastodonte assoupi. Contrairement à lui, mon crâne ne résisterait pas à l'impact. *La coque !* Une parcelle d'acier surgit devant mes yeux impatients. Je la touche aussitôt de ma main gantée. Me voilà rassuré. Est-ce le bon navire ? *A priori* oui. Des coquillages abondent sous son ventre. Des algues tapissent le flanc de l'animal endormi. Par manque de visibilité, je dois garder le contact avec lui. Le perdre me perdrait aussi. Mon profondimètre indique trois mètres. L'urgent est de coller au plus vite ma ventouse. Poignée de maintien, elle sera ma sauvegarde. De celle-ci pendouille un mousqueton ligaturé à une cordelette de nylon. L'ensemble se destine à être le placard suspendu de mon équipement. Un peu comme la salle des pendus d'une mine de charbon. D'un puissant coup de palme, j'écrase ma ventouse contre le métal. Je m'assure de sa fixation par la manette de dépression. Négliger son adhérence m'exposerait, à tout moment, à la perte probable de mon matériel au fond de l'eau. Ça y est ! La voilà enfin collée. J'adhère à l'acier comme un crustacé. Les unes après les autres, les ventouses s'alignent. Nous nous tenons tous à portée de pincement. Les poignées nous confèrent à présent l'allure de véritables chauves-souris sous une voûte d'acier. Le signal nous est transmis. J'entame aussitôt la préparation du lance-grappin. Pendant ce temps, d'autres débutent celle de la perche. Au bout de celle-ci sera fixée une échelle spéléo. Une double, s'il vous plaît. En câbles et barreaux inoxydables. Brin par brin, la perche sera assemblée dans une totale obscurité. Attention de ne pas laisser échapper un seul de ses brins. Nous en serions les premiers pénalisés. De mon côté, j'achève l'ajustage de mon lance-grappin. Le grappin est enfin prêt à être propulsé depuis la surface. Je suis sûr de son assemblage puisque je l'ai mille fois répété les yeux fermés. Il emportera avec lui une longue échelle souple. Restera ensuite mon matériel de plongée. Je l'abandonnerai ici. Sous la coque. Avant de rejoindre la surface. Il sera suspendu comme les autres. Excepté le masque. Lui, je le conserverai jusqu'à la surface. Il finira autour de mon cou avant d'entamer mon ascension.

À présent me voilà délesté de tout. La poussée d'Archimède me plaque contre la coque. Il est étrange de ressembler à cet instant à une mouche au plafond d'un salon. Agrippé à la ventouse, je m'interdis de jaillir hors de l'eau sans l'avoir décidé. Plus rien ne me tire vers le bas. Tout me pousse désormais vers le haut. Pendues à la poignée, mes palmes dansent sous l'effet d'un courant faible. Ma ceinture de plomb, quant à elle, ne vibre pas d'un iota. Mon appareil respiratoire est lui aussi clampé au cintre inondé. J'ai l'obligation de le laisser choir ici-bas. À l'air libre, il m'encombrerait beaucoup plus qu'il ne m'aiderait. Je ne me désolidariserai du détendeur qu'à la dernière seconde. Je ne veux pas mourir noyé. Je m'applique donc à prélever quelques goulées d'oxygène supplémentaires. Il me reste une chose à accomplir. Et pas des moindres. Avant de libérer la prise, je dois m'assurer que rien ne me retiendra à la coque lorsque le top action me sera transmis. Alors, par palpations, je me dépêtre de la ventouse et de tous les accessoires que je lui ai confiés. Après vérification, rien ne semble m'interdire de percer la surface en toute sécurité. Aucun ustensile, aucune sangle de vie ne fait obstacle à ma remontée. Cela serait une grave erreur que de m'affranchir de cette dernière précaution. Il m'en coûterait peut-être la vie. Pauvre petit bouchon tiraillé entre ciel et mer. En prise avec deux des quatre éléments essentiels à la vie. L'eau et l'air. Il est retenu par la cheville ou le poignard au mollet. Il lui est impossible d'atteindre la surface comme il lui est désormais impossible de redescendre. Trop léger. L'apnée serait insoutenable. L'effort épouvantable et la mort assurée. Délestés de tout leur attirail, les copains seraient bien incapables de me venir en aide. Non ! Cet exercice ne me pardonnerait pas une telle négligence. Je suis pincé. J'entre en action. Je me délivre enfin de mes idées noires. En apnée et à quatre pattes contre la coque, je glisse le long de la silhouette d'acier jusqu'à l'air libre. Les étoiles... Je respire. À quelques mètres de distance, deux copains s'évertuent à hisser la perche. Le tube en carbone glisse entre leurs mains ramollies. Le reste de l'équipe trempe toujours sous la coque. Je déploie mon lance-grappin. L'angle d'attaque me semble bon. J'agrippe la poignée de la petite bouteille comprimée. Un quart de tour suffit à faire monter la pression jusqu'à son maximum. L'aiguille est dans la zone rouge. J'ouvre ! La surpression catapulte le grappin au-delà du pont espéré. L'étrange comète tracte derrière elle l'échelle de tous mes espoirs. Je garantis le succès de ma mission par une simple traction sur l'un des barreaux galvanisés. Tout est bien arrimé. En silence les bouchons émergent. Des ombres humides franchissent désormais l'ultime obstacle. L'envie de relever le défi dope plus que jamais chacune d'elles. La réussite est à ce prix. Onze au départ, onze à l'arrivée. Aucune perte n'est à déplorer. Aucune erreur n'est à signaler. C'est un franc succès.

– Vous l'avez échappé belle tout à l'heure, sourit André du commando Hubert.

– Le bruit ?

– C'était un remorqueur. Il est sorti du port bien après votre départ. Vous n'aviez rien à craindre, il croisait à plus de trois cents mètres de vous.

–Je l'aurais pourtant juré plus proche, lance Jean-Michel.

– L'eau porte le son plus loin que sur la terre. Si cela peut vous rassurer, le tirant d'eau de ce genre de bâtiment n'cxcède pas deux mètres, affirme-t-il. Dans le doute, sondez à sept ou faites un ricochet à douze.

Facile à dire avec un crayon en main. Tirant d'eau ou pas, ricochet ou non, je ne suis pas soulagé pour autant. Les turbulences des hélices auraient à l'évidence bousculé ma sérénité.

– Dites, ça grogne chez vous !

– Pardon ?

– La radio se fait l'écho de la colère des hommes du GIGN.

– La radio ?

– Les infos de vingt-deux heures ont annoncé l'arrivée prochaine d'un intrus dans vos rangs !

– « Intrus », le mot est faible, pique Jean.

Je l'avais oublié, celui-là. Pas Jean, mais Denis. C'est dire l'importance que je lui accorde. Je ne sais pas encore qui organise l'insurrection médiatique, mais les signes avant-coureurs ne se sont pas fait attendre. J'en suis ravi. La vieille dame va souffler... Des têtes vont tomber... Pourvu que ce soit celle de Denis.

– Allez, la prochaine nuit sera plus courte encore, prévoit André.

Courte ! Ce n'est rien de le dire. Couché minuit après le briefing. Debout trois heures. Dans moins d'une heure, j'embarque dans un gros-porteur au nez de clown aussi noir qu'un morceau de charbon. Un Super-Frelon de la Marine nationale. Trois sont engagés dans cet exercice. Les unités se répartiront dans chacun d'eux. À cela s'ajoutent deux hélicoptères plus légers : des Lynx. Plus agiles, ils nous appuieront sur les deux bords du navire détourné. Le bateau cible se trouve quelque part au large de Toulon. Il trace sa route en Méditerranée. Des hommes cagoulés en contrôlent la manœuvre et sa destinée. Les revendications sont claires. Les ultimatums tenus. Les morts se comptent déjà sur les doigts d'une main. La Marine nationale a sans doute payé cher la location du ferry. La SNCM s'est peut-être enrichie sur le dos de l'État. C'est de bonne guerre puisque celle-ci est financière. Mais qu'importe, la vie n'a pas de prix. Stationnée en une longue colonne bruyante, l'escadrille volante nous attend sur la base aéronavale de Saint-Mandrier. Le cri des turbines déchire la nuit calme. La météo est bonne et la mer peu agitée. Les effluves de kérosène flottent sur la zone de posée. Un autre café chaud m'aurait fait du bien. Je suis prêt. Gilet pare-balles sur le dos, cagoule enfilée, casque sur la tête, arme en bandoulière et gants de cuir chaussés. Bref, je suis en possession de tout l'attirail adéquat aux besoins de ma nouvelle mission. Dissimulé derrière sa cagoule, je reconnais Antonio. Il présente des cuisses d'athlète et son bras sur mes épaules ne me laisse guère de doute.

Le décollage est imminent. Lunettes de vision sur le nez, le pouce levé, le copilote nous annonce le top départ.

Adossés à la carlingue, nous nous arrachons du sol bétonné. Le souffle déployé par le rotor principal nous contraint à fermer les portes latérales. Maintenant la seule façon de sortir du ventre de l'animal, c'est par la trappe située en son centre. Un long et gros cordon ombilical est prévu à cet effet. Il est enroulé à proximité du trou. Son extrémité est déjà verrouillée à la potence centrale. Comme chacun de nous, il est prêt à être largué. C'est par ce puits ouvert que nous allons naître sur un nouveau monde. Une nouvelle situation. Un univers flottant où tout peut être considéré comme piège ou accident mortel. Les uns après les autres, nous glisserons le long du cordon tressé. Ou plutôt les uns sur les autres, si je veux être plus précis. Cela à plus de vingt mètres au-dessus d'un pont instable. Entre mâts qui tanguent et câbles tendus. C'est entre le souffle des rotors et le vent du large que je vais devoir me laisser emporter par mon propre poids. Espérons que la dépose ne soit pas trop amère face à tant de volonté.

L'hélicoptère entame son ascension. Le puits carré nous le confirme. Le tarmac s'éloigne de plus en plus du ventre de l'insecte. Nous prenons de l'altitude à la verticale. Je distingue à présent la frontière qui sépare l'eau du ponton bien gardé. La surface est d'un bleu profond. Un bleu presque inquiétant. Après avoir atteint l'altitude idéale, l'engin pique du nez. La crête des vagues se met tout à coup à défiler sous le gros Frelon.

– Trente minutes ! informe le mécanicien en présentant trois fois ses mains ouvertes.

Il est en liaison radio avec les pilotes. Mille huit cents petites secondes avant la première vague d'assaut. Afin d'échapper au radar du navire, la flottille vole à très basse altitude. Dans quelques minutes, les appareils se présenteront en file indienne dans le sillage du paquebot. Aucune lumière n'est autorisée à bord. Seuls les instruments de navigation bénéficient d'une lueur orangée. Elle est imperceptible du fond de la cabine. Nous volons tous feux éteints. Il y a juste les étoiles, nous et la mer. Un vrai sandwich divin. Nous sommes plusieurs à vouloir jeter une œillade dans le puits central. Nous sommes très bas. Trop bas, selon moi. Le relief sombre des vagues défile à vive allure sous mon regard inquiet. Le mécanicien présente sa main ouverte. Plus que cinq minutes avant l'assaut. Le Frelon volant, au côté des Lynx déployés, fend les airs à une vitesse effrénée. Trois minutes ! Je perçois un tumulte à la surface de l'eau. Deux ! Je devine l'amorce d'un sillage sur la toile ondulée. Une minute, indique le mécanicien le pouce levé. Une mousse blanchâtre ouvre la mer en deux. Elle nous renvoie l'éclairage artificiel d'un paquebot esseulé. Un gigantesque immeuble, haut de plusieurs étages, s'offre soudain à mes yeux angoissés. Un mur géant fend les vagues sans être inquiété. Elles se brisent en écume à sa proue. Sa poupe roule sous une houle agitée. Sa vitesse est élevée. Dans un dernier effort, dans un dernier tourment, le Frelon se cabre. Le nez vers les étoiles, il bondit au-dessus du pont arrière. Le pilote expert doit faire preuve de la plus grande maîtrise. Il doit à tout prix stabiliser sa machine, s'il ne veut pas mettre un hélico à la mer. Et nous avec... Il doit calquer sa route sur celle du navire. Le risque ? Il est multiple. Évaluer l'altitude avec la plus grande précision. La corde n'aligne que trente mètres. Au-delà, la chute serait inévitable et l'impact sans appel. Rien que d'y songer, j'en ai la mâchoire serrée de douleur. Le pilote doit garder une distance de sécurité avec les infrastructures du ferry. Éviter les câbles. Supporter l'échappement de la haute cheminée. Fixer sa position. Ne jamais déraper. Même sous l'influence d'un vent de travers. Il nous en coûterait la vie une fois de plus. Dès qu'elle sera lancée sur la corde, la chaîne humaine ne pourra plus renoncer ni stopper la descente. Je ne dois ni impacter ni heurter l'acier mais me poser dans la plus grande sécurité. Ne jamais confondre vitesse et précipitation. Largué par erreur par-dessus bord me serait fatal. Aspiré par les remous, je goûterais à l'étrave du bateau. Proche des hélices, je serais haché menu et perdu pour l'éternité. Excepté pour les poissons et les crabes en tout genre. Le malheur des uns fait toujours le bonheur d'un autre. Onze kilos de charge sur le dos, sans gilet de sauvetage, chaussures de trekking pour uniques palmes, ne m'octroieraient pas plus de flottabilité qu'un fer à repasser jeté au milieu de l'océan.

Le stationnaire est maîtrisé. Le cordon est enfin largué. L'extrémité vient de frapper une écoutille boulonnée. Je le saisis à deux mains. Je le serre contre ma poitrine. Mes pieds le pressent comme un étau. Mon poids fait le reste.

Je viens d'être pondu depuis cinq secondes et je suis déjà prêt à en découdre avec n'importe qui. À peine l'hélicoptère a-t-il décroché de sa position qu'un autre amorce son approche. Il surgit au-dessus de nos casques. Le ballet mécanique n'en finit pas de tourner. Chaque insecte vient pondre ses œufs sur le pont arrière du navire détourné. Portes latérales ouvertes, les Lynx veillent sur notre sécurité. Ils maintiennent un vol stationnaire aux deux bords du bâtiment assiégé. En colonne d'assaut, mon équipe entame sa progression. Malheureusement, la mienne s'achève ici. Je viens de sectionner un fil relié à une charge dissimulée au pied d'un escalier. Un explosif fictif, certes, mais qui en théorie vient de m'amputer d'une jambe. L'autre est dans un sale état. Je n'en ai plus pour longtemps. Le compte à rebours vient d'être lancé.

Après avoir été évacué en bonne et due forme sur un navire-hôpital, je ne peux m'empêcher de songer à une catastrophe de même envergure. Serions-nous capables d'arraisonner un navire en proie à des fanatiques irraisonnés ? Sans risquer la vie d'un seul otage ? J'en doute. La folie meurtrière des hommes voudrait que les acteurs du mauvais rôle sabordent le navire avant même notre abordage. Où sera donc placée la priorité ? Bien sûr, celle des victimes sera toujours préservée. Mais que fera-t-on de la longue brèche qui saignera la coque ? Des voies d'eau qui engloutiront les cales avant de submerger les cabines ? Que pourrons-nous faire si le navire donne de la gîte avant de sombrer dans les méandres d'un monde empreint d'un silence inconnu ? Le GIGN peut neutraliser, préserver, réduire une situation de crise, mais il ne peut pas faire face à une situation où les éléments se déchaînent et deviennent tour à tour titanesques. Il nous faudra plus d'hélicos. Plus de bateaux. Plus d'embarcations rapides pour extraire ou repêcher les milliers d'âmes sans défense. Ce n'est qu'à ces conditions que nous serons plus forts. Alors, tous ensemble et plus encore, nous ne ferons plus qu'un pour aider notre prochain. Faut-il attendre que le destin s'en mêle pour que les hommes se réveillent enfin ?... Nous ne parviendrons jamais à prévenir la menace partout et en tout lieu sur notre belle planète bleue. L'esprit retors n'a de limites que celles qu'il se fixe. Sa force : engendrer la psychose... La nôtre : l'anticiper pour que jamais elle ne s'impose...

Après avoir savouré une bonne nuit de sommeil, nous filons sur l'autoroute du Soleil en direction de la capitale. Dans moins d'une heure, nous serons fixés sur notre sort. Selon les dernières informations, Denis a pris possession de son appartement à Satory. Il emménage depuis ce matin. Un logement de fonction concédé par notre chère direction. Il ne s'est pas encore pointé à l'unité. En revanche, la presse se fait déjà l'écho de notre colère. Les articles fusent de toute part et dans tous les canards. Les radios reprennent le même titre : « La colère monte au sein du GIGN. » L'arrivée claironnée n'était pas un vain mot. Et ce n'est que le début. J'imagine volontiers l'humeur de la vieille dame. Elle qui navigue souvent dans le creux pour éviter les vagues. La voilà aujourd'hui mise en lumière avec tout son lot d'incohérences et d'absurdités. Ce n'est pas faute de l'avoir avertie. La double grille s'ouvre enfin devant le nez des véhicules. Les pneus crissent sur le sol du garage. À peine les portières ont-elles été claquées :

– Alors, il est là, le nouveau trois galons ?

– Pas encore ! Le secrétaire nous a annoncé qu'il sera à son bureau dès lundi matin. Il termine son installation.

– Qu'il ne se fatigue pas, ce n'est que du provisoire.

– Remarque, faire et défaire, c'est toujours travailler, ironise Christophe.

– En attendant, nous lui avons préparé son nouveau bureau, annonce l'un de nous. Si avec ça il ne comprend pas qu'il n'est pas le bienvenu, nous passerons à la vitesse supérieure.

Je redoute la semaine prochaine. Je plains le futur et déjà ex-patron. Accroche-toi bien, mon ami... ça va swinguer !

Aujourd'hui, mon cœur tressaille. Il n'est pas huit heures et nous sommes déjà tous rassemblés à l'unité. La cohésion est totale. La détermination entière. Ça grogne, ça grouille dans les couloirs. Ça conspue dans les salles jusque dans le vestiaire du gymnase. Perché aux fenêtres, chacun de nous guette l'arrivée de Denis. Dans quelques minutes, il pointera son nez devant nos grilles. Devant les portes de notre groupe, au seuil de notre famille. Rapplique donc, malheureux insouciant. Approche, misérable innocent. Viens entendre l'amertume, pour ne pas dire la rage, cogner dans notre poitrine. Ose entrer chez nous si tu en as le courage. Prends le risque de pénétrer au GIGN. Si tu poses un pied sur notre terre, il te faudra t'imprégner de ses larmes, ses rires, ses colères et de ses hommes parfois désavoués, tantôt lâchés. Auras-tu l'opiniâtreté et le cran, jeune immature, de nous protéger ? Viens ! Viens voir ce qu'est une entité hantée par des âmes à jamais perdues pour le bien des autres. Viens sentir la peur te prendre le ventre, le doute t'envahir. La fougue t'ouvrir la poitrine. Viens voir des hommes agités mais aussi dévoués. Des cœurs turbulents où le sens du sacrifice n'est pas un vain mot. Ici, le dévouement n'est pas une légende. Viens affronter la seule et unique âme qui cimente l'unité. Sauras-tu la rassurer quand elle sera chahutée ? La réconforter quand elle sera ébranlée ? Seras-tu capable de gagner sa confiance ? Permets-moi d'en douter. Sais-tu au moins à quoi tu t'exposes, jeune apprenti ? Chacun y va de son commentaire acide. Les journaux se régalent à bousculer la grande muette. Les articles fleurissent sur le carbone et le papier glacé. Bien que la plupart des écrits gardent l'anonymat, beaucoup d'entre eux se veulent précis et cinglants envers la maison mère. Les coups de fil abondent et convergent vers le secrétariat. La direction est en émoi. Les étoiles s'inquiètent. Une pluie de météorites s'abat sur l'unité. Qui sont les détracteurs du schéma bien établi ? Des amis fidèles ? Des retraités ou des actifs ? Tous semblent leur échapper. Jamais un gendarme ne se mutine. Encore moins en public. Jamais il ne refuse d'obtempérer. Il sait plier sans jamais rompre. Pourtant, aujourd'hui plus qu'hier, tout bascule. L'élite se révolte. La retenue lâche. La perte de contrôle est inévitable. La locomotive déraille et les wagons suivent.

– Le voilà ! s'écrie Philippe.

L'adolescent galonné rapplique devant le long portail. Il patiente dans son véhicule plaqué aux trois couleurs.

– Qu'il attende, ordonne l'un d'entre nous, ça lui fera les pneus. N'actionne pas l'ouverture de la grille. Qu'il descende de sa voiture, qu'il se présente à l'interphone. Pour le reste, on verra.

Les minutes s'égrainent en silence. La tension est palpable. L'atmosphère est lourde de mauvais sang. Le bureau qui lui est destiné n'a plus rien d'un lieu où trône un chef. Tout du moins, rien qui ne soit digne de son rang ou de sa fonction. Les meubles ont été déménagés. Ils sont aujourd'hui remplacés par une table et une chaise ordinaires. Un mobilier d'école primaire assorti d'un siège en bois clair. La belle et longue armoire a fait place ce matin à un placard démantibulé à deux battants. La moquette a été arrachée en même temps que la tapisserie. Des lés pendent encore des murs assiégés. Loin de nous l'idée d'un bizutage. Le cœur n'y est pas. La colère le saccage. Seule la hargne pilote notre raison. L'objectif : virer le nouveau patron. Quoi qu'il en coûte, quoi qu'il en souffre...

Il se résigne à mettre le pied à terre. Le juvénile en tenue réglementaire se plante devant l'interphone.

– Je suis votre nouveau capitaine, pourriez-vous m'ouvrir la grille, s'il vous plaît ?

– Qui êtes-vous ?

– Denis, le nouveau commandant d'unité.

– Veuillez patienter.

Les secondes sont longues. L'esseulé insiste de nouveau.

– Pourriez-vous m'ouvrir, s'il vous plaît ?

– Un instant, je vous prie.

Il s'installe de nouveau à bord de son véhicule. Sa portière reste entrouverte.

– Voilà pour la mise en bouche, se réjouit Patrick.

La grille s'ouvre enfin. Juste pour le passage d'une voiture. Pas un mètre de plus. Plutôt quelques centimètres de moins. Il évite de peu la rayure sur le côté. Aussitôt chacun de nous reprend ses activités. Nous sommes plusieurs à vouloir appréhender sa réaction lorsqu'il sera témoin de sa future installation. Brun, la trentaine élancée et sportive, il pose son attaché-case à ses pieds. Il empoigne la clenche et ouvre la porte sur le plus grand foutoir de sa carrière. Bien que totale, la surprise reste contenue. Le ton est donné. Le compte à rebours lancé. Sans un mot, il accuse son premier K-O debout sans broncher. Jamais un officier n'a eu à essuyer un tel affront. Surtout de la part de sous-officiers sous le couvert de ses futurs adjoints. Si le doute l'habitait encore en arrivant ici, l'accueil se sera chargé de lui ôter tout espoir de conciliation. La guerre est déclarée. Sa mise en quarantaine préméditée. Elle est orchestrée dans le plus grand silence. La stratégie se met en place sous nos regards revolver. L'esprit n'est plus à l'entraînement, mais à la conspiration. Un pour tous, tous contre lui. Tant pis pour lui et tous ceux qui l'ont envoyé au front sans se soucier du lendemain. Elle est belle, notre direction...

Après une heure de ménage et de réinstallation précaire, le jeune effronté ose enfin sortir de sa souricière. Timide, il tente quelques contacts, mais en vain. Chacun lui tourne le dos. Il n'existe pas et n'existera jamais. Ni dans nos vies ni dans nos cœurs. Je l'ignore comme tout un chacun.

– Bonjour, vous êtes... ? se risque-t-il d'un sourire sympathique.

Il tend la main.

– Un sous-officier.

Xavier décline la main tendue, s'efface et passe aussitôt son chemin.

– Si vous voulez communiquer, changez de peau, affirme un autre qui lui frôle le bras.

– Je n'étais pas informé que le port de l'uniforme n'était pas obligatoire... Tout le monde porte la tenue de sport ici ?

Le silence est la seule réponse donnée.

– Beaucoup de choses vous échappent, on dirait... Vous ne lisez pas les journaux ?

– S'il vous plaît, pourriez-vous me descendre à la gare rive gauche ? Je ne sais pas où elle se trouve.

– Vous avez une voiture de fonction ? un permis de conduire ? Alors, débrouillez-vous, je n'ai pas le temps.

Je m'inquiète pour l'avenir de l'unité comme pour ce nouvel officier. Il est exempt de toute expérience et de formation. Il semble tomber du ciel, sans vraiment comprendre sa mission. De toute évidence, sa vision du groupe se limite aux exploits relatés dans la presse et à l'opinion émise par la direction. Il donne l'impression de venir d'une autre planète. D'un monde conventionnel où tout est formaté, distillé, modéré. D'un univers où le subordonné accuse et encaisse les ordres sans jamais s'octroyer le droit d'en discuter le fondement. Et oui, ici tout est différent, jeune officier. Rien ne sera jamais plus comme avant.

– Pardonnez-moi, pourriez-vous me donner quelques conseils concernant le tir au revolver ? Avant de venir ici, je ne tirais que dix cartouches par an avec un pistolet automatique Mac 50.

– Vous êtes le patron ? En théorie, vous êtes ici chez vous, non ? Alors, prenez votre arme, vos munitions et allez au stand de tir tout seul comme un grand. Adressez-vous à quelqu'un d'autre.

Les jours et les semaines se suivent et se ressemblent. Denis endure la pression médiatique et celle qui sévit au sein de l'unité. C'est beaucoup pour un seul homme. Nonobstant celle de la direction générale. J'imagine volontiers leurs échanges téléphoniques. Ils se déroulent toujours à huis clos dans le bureau dévasté. Désormais, tous deux vont devoir affronter deux guerres. L'un, celle des insubordonnés. L'autre, celle des médias. À une nuance près peut-être : Lui n'a pas choisi d'être ici. Au-delà de cette considération, le voilà engagé dans un conflit d'homme à hommes. Un corps à corps où il sera seul à livrer bataille contre toute une armée de révoltés. Isolé contre tous. Il évoluera sur un terrain miné par un ennemi omniprésent. Son alliée, la direction ? Elle se dévoilera de temps à autre ou se fera discrète en fonction de l'actualité.

Chacune de ses approches est vouée à l'échec. D'un revers de main, il est renvoyé dans ses dix-huit mètres. Il plane dans nos murs un silence incommodant et lourd de conséquence. Il n'a jamais reçu un salut, eu égard à son rang. La main tendue, il ne connaît pas et ne connaîtra jamais. Le soutien amical ? Ce n'est pas chez nous qu'il le trouvera. La tension et le mal-être creusent à présent son visage. Il n'est pas nécessaire d'être médecin ou diététicien pour comprendre que son poids décolle. Je jubile presque. Je sais, ce n'est pas bien. Au train où vont les choses, il sera dans l'obligation de retailler ses uniformes. À défaut de nous quitter par la porte, j'assisterai sans doute à son envol par la fenêtre. Il erre dans nos couloirs comme un fantôme malheureux. Ignoré de tous, il finira bien par craquer et oublier qu'il existe. Il est toujours difficile de n'exister pour personne. Il n'est informé de rien. Nous organisons les entraînements sans même l'inviter. Nous partons en mission sans lui. Il est hors de question qu'il pose un sac d'intervention dans le coffre d'un de nos véhicules. Toute tentative serait immédiatement relevée et le sac débarqué. Insister mettrait en péril la mission. Le groupe d'alerte ne bougerait pas d'un iota. Le joindre à nous reviendrait à ajouter un problème à une situation de crise déjà bien compliquée. Il accuse un retard quasi permanent sur toutes les réflexions et décisions à prendre. Déshonneur ou pas, son incompétence dans le domaine de l'intervention est mise en exergue. Sa volonté et sa souffrance sont éprouvées à chaque instant. Lui seul détient l'antidote du malaise aigu. Pour ma part, je lui conseillerais une grande bouffée d'air loin d'ici et un retour rapide vers ses pairs. Vers ceux qui l'ont lâché dans l'arène sans l'avoir informé des us et coutumes en vigueur.

Vers ceux qui l'ont placé ici, sans l'avoir averti qu'il s'exposerait à coup sûr aux griffes acérées de fauves en colère.

Sur un dernier élan, il souhaite ce matin nous réunir dans la plus grande salle. Il veut s'expliquer. S'entretenir avec nous. Être entendu sur les raisons de sa venue. Il veut que nous lui accordions toute notre attention avant de tout foutre en l'air. Dévoiler ses intentions et pas celles de la direction. Elle n'en a aucune, paraît-il... J'en doute. Excepté celle de vouloir changer l'une de nos traditions. Une, c'est déjà trop. Il évoquera vraisemblablement son incompréhension, avouera ses lacunes. En résumé, il souhaite laisser parler son cœur. Problème : je veux bien l'écouter, mais je ne veux pas comprendre, encore moins accepter. Humble, il se dit ouvert à toute proposition et prêt à garder le silence s'il le faut. Avant d'être jugé, il désire clamer son ignorance et solliciter notre bienveillance. À sa décharge, il faut avouer que sa démarche est périlleuse. Car personne ici n'adhère à sa cause. Sa plaidoirie est loin d'être gagnée. À sa place, je ne sais pas ce que je ferais. Je crois que j'abandonnerais ces types obstinés.

Il est planté face à nous. Debout au poteau d'exécution. Un parterre d'yeux sans égard l'aligne d'un même regard. Déterminé et sans pitié. Nous sommes d'ores et déjà prêts à ouvrir le feu. Prêt à le cribler de toute notre amertume. La colère de nos verbes l'acculera bien vers la sortie. Du fond de la salle, en silence, je salue son courage. Il faut oser. Je décrypte sur son visage une émotion. Embarras ou profonde déception ? Peut-être les deux... Je discerne en lui le capitaine désavoué. L'homme rabroué. Qu'il est dur de ne pas être aimé... L'école des officiers n'avait jamais dû lui inculquer ce genre de procès. L'échange s'annonce d'ores et déjà difficile.

– Bonjour, messieurs ! se lance-t-il.

Le silence règne entre les rangées. Denis affiche le trouble. Par quel bout commencer ? Perturbé, il se frotte le menton.

– J'ai souhaité vous réunir pour vous expliquer ma situation. Elle n'est pas le fruit d'une démarche personnelle. Je n'ai pas demandé à venir ici.

– Avant de commencer, que les choses soient bien claires, rassure Philippe. Nous n'avons rien contre l'homme, mais, à travers vous, nous nous opposons à une vieille institution aux règles désuètes. Pas de chance ! Ça tombe sur vous.

– Connaissiez-vous depuis longtemps votre mutation ?

– Je peux vous assurer que non. Je l'ai su quelques jours avant mon arrivée ici. Je peux vous présenter mon ordre d'affectation.

L'assemblée doute et ricane. Tout ou presque peut être falsifié dans la plus grande conformité.

– Pourquoi avoir accepté de venir ici ? s'agace Guy.

Denis esquisse un léger sourire.

– Je suis militaire. En tant que tel, je ne peux pas me dérober. J'ai fait l'objet d'une mutation. J'obéis à mes chefs.

– Alors, on vous apporte le GIGN sur un plateau et vous le prenez sans songer aux conséquences ?

Dubitatif, Denis hausse les épaules.

– J'ai déjà tenu plusieurs commandements. Pour moi, c'est une belle mutation...

– On ne commande pas le GIGN comme on commande une compagnie.

– Il existe une procédure pour intégrer le groupe. Pourquoi ne l'avez-vous pas respecté ? s'étonne Hervé.

– J'ignorais qu'un officier devait suivre une procédure avant de rejoindre son affectation.

– C'est pourtant comme ça ici. Votre venue s'inscrit dans quel but ?

– Je peux vous assurer que je n'ai reçu aucun ordre de la direction qui puisse venir troubler votre organisation.

– Faux ! Le simple fait d'être ici suffit à nous perturber.

Au demeurant sympathique, Denis acquiesce à la colère de Jean-Louis sans sourciller.

– Le piston a fonctionné, n'est-ce pas ? ironise une voix.

– Je ne bénéficie d'aucun appui. Encore une fois, je subis la situation. Je vous découvre chaque jour un peu plus. Je ne vous cacherai pas le malaise dans lequel je suis.

L'assemblée pouffe de rire. L'inverse aurait été surprenant.

– Alors, quitte l'unité, affirme Patrick. Tu verras que tu te sentiras mieux.

À cet instant, un silence de plomb étouffe l'assistance. Muet, Denis accuse le coup. Il est ému. Jamais personne n'avait osé lui tenir de tels propos. Mais ici, capitaine, et encore une fois, tout est différent.

–Je ne peux pas déserter mon poste. Croyez-moi, je serais ravi de changer l'histoire...

– Alors, qu'est-ce que vous attendez pour en écrire une autre ailleurs ?

–Je n'ai pas d'autre choix pour l'instant que d'attendre une main tendue. Alors, je vous demande de m'accorder au moins votre confiance et de me compter parmi vous.

–Jamais !

– Pourquoi ne me testeriez-vous pas ? Si dans trois mois je ne fais pas l'affaire, alors je prendrai la décision qui s'imposera...

–J'ai une question à vous poser.

–Je vous écoute !

– Quand signez-vous votre lettre de démission ? invective Roland. C'est tout ce qui compte pour nous. Je peux même vous l'écrire si vous voulez ! Vous n'aurez plus qu'à la signer...

Second choc. Le capitaine reste sans voix. Ses yeux deviennent humides. Il est blessé au cœur de son âme. Il n'a pas été entendu. Il est vrai que rien ne l'empêche de signer une lettre de démission. Les chaises se bousculent. Les tables s'ébranlent. La salle se vide. Il est maintenant seul. Seul avec lui-même dans la plus grande indifférence.

Voilà que l'inspection générale s'en mêle à présent. Nos bœufs-carottes. La police a les siens. Nous avons les nôtres. Plusieurs d'entre nous font l'objet d'une convocation. Dans moins d'une heure, sept d'entre nous sont attendus dans les couloirs de ce département. En tenue traditionnelle. Chemise blanche et képi vissé sur la tête.

J'en fais partie. Pourquoi ? Je l'ignore. L'échantillon prélevé dans nos rangs représente toutes les tranches d'âge et d'ancienneté que compte l'unité. L'inspection générale est le lieu où les conflits se gèrent et se digèrent. C'est depuis ce redoutable service que sont diligentées les enquêtes internes. Ici, les rapports confidentiels se font ou se défont en fonction des intérêts ou des enjeux de la grande maison. Le linge sale se lave en famille. Si tant est que nous soyons encore une famille...

À la tête, trône un général. Son secrétaire n'est autre qu'un commandant. Tous deux attendent notre arrivée. Cinquième dans l'ordre de passage, je patiente dans une salle située non loin du grand bureau. L'entretien achevé, je rejoindrai mes camarades en attente dans l'autre pièce. Aucun contact n'est autorisé entre les auditionnés et les futurs éprouvés. Un sentiment étrange m'envahit. Suis-je coupable ? Si oui, de quoi ? L'endroit est austère. Personne dans ces coursives ne respire la joie de vivre. C'est à croire qu'être muté dans ce service revient à passer une partie de sa carrière en enfer. Dossiers sous le bras, des silhouettes en uniforme se croisent en silence devant ma porte entrouverte. Aucune ne m'adresse un sourire. Pourtant, nous sommes de la même administration. C'est curieux, je songe à Denis. Lui subit ce même traitement depuis déjà plusieurs semaines...

– C'est à vous, m'invite le maréchal des logis-chef.

Je me coiffe aussitôt de mon képi. J'ajuste les décorations sur ma poitrine et gifle le bas de mon pantalon. Je suis prêt pour l'entretien. D'un pas décidé, j'emboîte celui de mon frère d'armes un peu rondelet mais très soigné. Pas un mauvais pli ne vient froisser sa chemise bleue. La double porte capitonnée s'ouvre sur un immense cabinet feutré. Face à moi, un commandant derrière un écran informatique. Assis à son bureau, le responsable du département arbore des épaulettes ornées d'étoiles.

– Entrez, je vous prie, annonce le général. Laissez tomber le salut et ôtez votre képi.

L'officier supérieur se pare de son plus beau sourire. Il m'invite à prendre place sans daigner recevoir le salut d'usage. Pour une surprise, c'est une bonne surprise… C'est la première fois qu'un général me tend une main constellée sans être obligé d'appliquer le protocole réglementaire. En d'autres temps, je me serais placé à plus de dix pas de lui. Droit comme un I. Main ouverte sur la visière de mon képi. Le pouce bien perpendiculaire. La main gauche sur la couture de mon pantalon, je lui aurais présenté mon plus grand respect. Sa décontraction affichée dissimule une inquiétude profonde. Étrange sa bonhomie ? Serait-ce l'arbre qui cache la forêt ? Je sais qu'il est mandaté par la direction. Par conséquent, il est destinataire d'une mission. Laquelle ? Trouver le ou les auteurs des articles diffamatoires. Bon courage et bonne chance, mon général.

– Tout d'abord, sachez que vous pouvez parler ici en toute confidentialité. Ce que vous direz restera entre vous et moi.

J'ai envie de lui dire : « Et le quatre galons derrière moi, il est là pour noter des recettes de cuisine... » Chaque mot prononcé est aussitôt pianoté sur le clavier de son ordinateur.

– Parlez sans crainte : il n'y a ni appareil d'enregistrement ni micro ici.

En signe de confiance, il glisse ses doigts sous le plateau de son bureau.

– Vous voyez !

Je souris. Je ne suis pas dupe. Tant de précautions et de mises en condition m'incitent plutôt à la prudence. Les méthodes employées par ce genre de service sont déjà connues de nous. Ici, l'ennemi est partout. Même dans les fleurs. J'exagère, mais c'est un peu ça. Il entame mon audition par mon parcours professionnel. Il se montre pour l'instant satisfait de ma carrière. Puis, petit à petit, la conversation se fait plus précise. Plus insidieuse. Bref, mon passé n'avait pas plus d'intérêt pour lui que ma première chaussette pour moi. L'essentiel reste sans doute à venir.

– Selon vous, qui serait susceptible au GIGN d'être à l'origine des articles parus dans la presse ?

Le commandant interrompt la frappe sur son clavier. Le silence règne.

– Je n'en ai aucune idée, mon général.

Sa moue souligne la contrariété. Son rictus s'efface. Son stylo virevolte entre ses doigts agacés. Les cliquetis du clavier reprennent de nouveau. C'est pourtant la vérité. Qu'est-ce qu'il s'imagine ?... Il pensait peut-être que j'allais lui déballer un nom ! Je suis en guerre, mon général. Au fond de mes entrailles, les canons grondent et les soldats mitraillent. En conséquence, même si je connaissais le ou les auteurs des articles, jamais je ne dévoilerai leur identité. Jamais. Alors, dans ces conditions, permettez-moi, mon général, d'esquisser un sourire et d'apprécier votre embarras.

À tort ou à raison, je considère déjà ce détracteur anonyme comme un véritable héros. Un ange gardien. Un archange qui bénit chaque jour notre entité et la préserve depuis toujours de ses adversaires. Et ils sont nombreux... nos ennemis. Aujourd'hui plus qu'hier. Je suis au regret de penser, mon général, que vous en faites malheureusement partie depuis ce jour. Le lien qui cimente les hommes du GIGN va au-delà d'une simple relation professionnelle. Je ne suis qu'un maillon d'une longue chaîne maintes fois éprouvée. Un lien indestructible dont le premier anneau n'est autre que notre père fondateur : Christian. Nous auditionner un par un ou en groupe ne changera en rien votre problème. Faire bloc, telle est notre devise. Et quoi de plus normal lorsque tout nous cimente.

– Peut-être un proche du GIGN alors ?

– J'aimerais tellement vous aider...

Vous insistez à descendre plus bas encore. Il faut que la vieille dame assume l'insurrection. Réponde de ses actes. La crise lui avait été annoncée avant que son idée ne devienne une regrettable erreur.

– Avez-vous autre chose à ajouter ou à me confier ?

– Rien d'autre, mon général, désolé...

Attristé d'en être arrivé là. Les semaines s'écoulent sans changement significatif. Pire encore, le capitaine vient d'installer un lit de camp dans son bureau. Affront ou franche détermination ? Guerre psychologique plutôt... La symbolique est forte. Il a du cran, le jeune homme. Il semble vouloir désormais relever le défi. Prendre racine dans nos murs. Par le cœur ou par la volonté d'un état-major déterminé ? Après plusieurs semaines de tension, il maintient toujours sa position. Il suit de loin nos entraînements dirigés. Il se fait discret mais assiste, sans interférer, aux séances de tir commandé. Il se tient loin de nous. Mais il est toujours parmi nous. Hier, il a même souhaité participer, en tant qu'observateur, à une de nos missions. Un forcené. Les avis ont divergé durant plusieurs minutes. Volonté affichée de l'un contre arguments dissuasifs des autres. Il a presque réussi l'exploit de nous diviser. Sur place, Guy lui a confié l'intervention. Aucune aide n'est venue le soutenir dans sa mission. Les autorités administratives, judiciaires et les opérationnels ont été les témoins de son inexpérience. Grand moment de solitude que j'ai le plaisir de saluer. Isolé devant l'ampleur de la situation, il a tenté d'établir, selon Guy toujours courroucé, une MRT. Méthode de raisonnement tactique. Chassez le naturel, il revient toujours au galop. Incapable de répondre vite et bien à l'événement, il a essayé de ne pas faillir à sa mission grâce au bon vieux livret du gendarme au combat.

Problème : nous ne sommes jamais confrontés à des ennemis. Mais toujours à des adversaires... Le théâtre d'opération se situe souvent en zone urbaine ou rurale, non sur un champ de bataille. La théorie « gendarmique » perd tout son sens dans nos missions. Guy a repris aussitôt les commandes jusqu'à son heureux dénouement.

Puisqu'il est là et que nous n'y pouvons rien, laissons-le aller et venir dans nos locaux. Accordons-lui le strict minimum. Gardons la distance. Il n'est toujours pas des nôtres. Laissons-le seul prendre de la hauteur jusqu'à ce qu'il atteigne, un jour peut-être, l'ambition de tous nos espoirs. C'est-à-dire jusqu'au sacrifice de sa carrière. Ça passera ou ça cassera. C'est à ce prix, et seulement à ce prix, que je lui accorderai toute ma confiance et lui ouvrirai mon cœur. L'avenir me le dira. J'espère le plus tôt possible.

Ce qui m'échappe à cet instant, c'est que mon vœu se trouvera très vite exaucé...

Les feuilles d'automne sont désormais soufflées par un vent d'hiver. Je m'accommode de cette saison à défaut de pouvoir l'éviter. Je coince toujours sur la présence du nouveau patron. Cependant, je dois reconnaître qu'il nous fiche une paix royale. Intervient peu. Délègue facilement. Il demande toujours l'avis des chefs de groupe. Les plus expérimentés d'entre nous. À mon plus grand désarroi, il sait se faire apprécier des anciens sans toutefois se faire oublier. J'ai pris du galon. Ce qui n'est pas pour me déplaire. Je m'inscris à présent dans le sillage d'un futur chef de groupe. Qu'ils sont loin mes tests d'entrée et ma première mission. Déjà huit ans. Huit années écoulées en un éclair. Je n'ai rien vu défiler et déjà une nouvelle vie sentimentale à parfaire. Chaque jour, Joce et Charles-Henri marquent un peu plus mon cœur de leur empreinte indélébile. Ce n'est pas simple pour elle. Elle aimerait me voir plus souvent. Elle m'imagine plus disponible dans un proche avenir. Je conçois l'idée, mais à plus long terme. Elle rêve de partager une vie de famille à trois et refuse de la concilier à quatre. Le quatrième élément étant son pire ennemi : le biper ! Un fauteur de troubles qui perturbe sans cesse ses moments de bonheur. Elle dans les avions, moi sur terre, nous arrivons parfois à nous frôler dans les airs. Elle vole sur des cibles offertes à toutes sortes de sacrifice. Des objectifs en proie à une kyrielle de martyrs. J'espère ne jamais la croiser sur une inter dont elle serait l'une des victimes...

Le détournement d'avion est considéré, par toutes les unités du monde, comme une intervention à très haut risque. Un risque majeur pour les intervenants mais aussi pour les innocents impliqués à leurs dépens. C'est ce qui s'appelle être au mauvais endroit au mauvais moment. Cette situation de crise n'est comparable à aucune autre prise d'otages. Si la négociation échoue, le gendarme du GIGN évoluera dans un tube aussi fragile que le verre. Un long cylindre où l'adversaire peut se dissimuler parmi les passagers ou se confondre avec le personnel navigant. Dans le boyau étroit, l'homme du GIGN devient aussi vulnérable qu'un lion dans la lunette d'un chasseur. Alors, de son corps bardé de kevlar, il constituera le seul bouclier vivant qui épargnera la victime innocente. À cette difficulté s'ajoute l'absence d'abri solide. L'infrastructure d'un avion n'offre aucune protection. Il en est de même pour la carlingue. En d'autres termes, n'importe quelle ogive peut s'enorgueillir de perforer le fuselage ou le galley d'un appareil sans la moindre complication. Rien dans un avion de ligne ne peut stopper une balle véloce. Excepté la verrière du cockpit. Épais de plusieurs millimètres, le pare-brise affiche un pouvoir d'arrêt performant. Toute la difficulté réside dans la précision du tir. Les premières salves concentriques pilent le verre avant de le creuser. Puis très vite elles le fissurent jusqu'à sa perforation. Une vingtaine d'impacts simultanés suffisent à forer un judas dans la verrière devenue opaque. Les panneaux de verre présentent à eux seuls un avantage et un inconvénient. Ils servent ou desservent. Tout dépend de la place que l'on occupe : oppresseur ou oppressé. Nous sommes donc tous réduits à une seule et unique défense. La nôtre. Celle que nous charrions sur notre dos et vissons sur la tête. Le gilet et le casque. Pour le reste, il faut croire au miracle et prier pour que chacun soit préservé d'un mauvais coup... Tant pis pour les jambes et les bras.

En cette fin d'année, le GIGN accuse une légère baisse dans ses activités. Cela nous arrive parfois. Nous dépendons de l'actualité ou de l'événement. Au-delà de ce phénomène qui nous échappe, nous sommes passés à quatre groupes opérationnels. En conséquence, les alertes reviennent moins souvent. Cet hiver s'annonce des plus paisibles, mais aussi des plus inquiétants. Le calme avant la tempête. Sans en connaître la raison, un désagréable pressentiment me parcourt l'esprit. Un événement se prépare. Mais lequel ? Je n'en sais fichtre rien. Comme tout chef d'entreprise, je n'apprécie guère les périodes creuses. Elles m'obligent à gamberger. Je deviens pessimiste. Est-ce la raison pour laquelle je suis empreint d'une mauvaise prémonition ? Les journées se comptent en semaines. Même la dernière mission en Corse n'a pas suffi à endiguer la morosité qui règne dans les couloirs. Bien au contraire. L'île de Beauté me désole plus qu'elle ne m'enivre. J'en raffole pour les vacances estivales, mais je m'en écarte le plus souvent possible lorsqu'il s'agit de mission. Je ne vois plus d'intérêt à poursuivre nos allers et retours sur ce joyau serti en plein cœur de la Méditerranée.

Des semaines de filature sur le terrain à poursuivre les auteurs d'attentats ou de crimes de sang pour rien. Des heures de traque sans jamais obtenir de résultat. Pardon ! Le succès est parfois au rendez-vous. Ou plutôt, à portée de menottes si je veux être plus précis. Et oui, car, avant de songer à passer les bracelets autour des poignets d'un malfrat, il faut savoir conjuguer le verbe patienter à tous les temps. Attendre sur le parking d'une discothèque l'ultime accord avant le top action. Car deux minutes avant l'arrestation, ce serait hasardeux de penser que la partie est gagnée et que le présumé responsable coulera ses prochains jours en prison. Pourquoi ? Parce que soit le feu vert survient trop tard, soit le fugitif a déserté sa planque par le fait d'un heureux hasard... « Des pourparlers sont en cours, nous a-t-on dit la dernière fois, ce n'est plus le moment... » Plus le moment... La phrase résonne dans mon esprit. À l'écoute de ces quelques mots, il faut être capable de ravaler sa colère pour ne pas voler dans les plumes des autorités qui nous emploient. Il est difficile d'accepter que plusieurs semaines de filature trouvent leur terme sur un simple revers de main. Tractation ! Négociation ! Appelez ça comme vous voulez puisque le résultat est identique. Cette nuit-là, le présumé coupable est sorti de la discothèque sans être inquiété. Il s'est évanoui dans la nature sous nos yeux impuissants.

Mes huit années de service ont été les témoins d'un bon nombre de tentatives d'extorsion de fonds. Des jours et des nuits tapis dans une voiture ou dans un bosquet à attendre que le racketteur vienne récupérer son butin. C'est étrange. Pourquoi le maître chanteur prend-il toujours contact avec sa victime lors de notre absence et entre-t-il dans un mutisme absolu lorsque nous sommes sur ses terres ?...

Je ne parle pas non plus des assistances techniques apportées à nos camarades de la départementale. Assistance technique : pose d'enregistrement vidéo ou sonore, voire de balise GPS, afin de mieux surveiller un lieu sensible ou suivre un véhicule sans relever la présence d'un seul képi à des kilomètres à la ronde. Dans le cas qui me préoccupe, l'objectif était de couvrir une réunion organisée par les nationalistes à Corte. Le but ? Surprendre l'intervention fréquente d'hommes en armes et cagoulés lors du rassemblement officiel. Plusieurs témoins ont déjà vu des hommes surgir de nulle part lors de certains meetings. Cette fois-ci, le renseignement est sûr. Les protagonistes doivent apparaître d'un moment à l'autre. Étrange... Lorsque nous sommes prêts à bondir, la manifestation se déroule toujours dans le plus grand calme. Heureusement que la cuisine locale est excellente pour nos papilles et apaisante pour notre humeur... Cela ne fera qu'un aller et retour de plus à mettre à l'actif de notre patience.

L'année dernière, un périple à pied nous a emmenés à flanc de montagne. Nous devions appréhender l'auteur présumé de plusieurs attentats et guets-apens ayant entraîné la mort d'un individu.

– C'est sûr, il est dans cette bergerie, affirme l'officier de police judiciaire avec un fort accent local. Des chasseurs et un berger l'ont aperçu hier, en fin de journée.

– Qui sont les chasseurs et le berger ?

– Ils ne veulent pas être identifiés.

En toute logique, entre hier soir tard et ce matin tôt, puisqu'il est quatre heures, une très courte nuit s'est écoulée. Quelle désagréable sensation de fouiller des bergeries nichées à flanc de collines ou fourrées dans des vallées encaissées avec le sentiment d'avoir été floué. D'une visite matinale offensive, je passais en fin de journée à une véritable balade touristique. J'avais autant d'espoir de trouver un criminel dans l'un de ces refuges que de découvrir une aiguille dans une botte de foin. C'est toujours comme ça sur l'île de Beauté. Un soufflé au fromage à taille humaine. L'opération aurait-elle été divulguée avant notre arrivée ? Si oui, par qui ? Et pourquoi ? Trop de rouages nous séparent de la mise en action à l'intervention sur le terrain. Les réquisitions, les accords, les moyens aéroportés, l'accueil sur place constituent autant de possibilités de fuite difficiles à maîtriser.

L'autre fin d'après-midi, nous avons été bipés pour un départ immédiat. Destination : la base de Solenzara. Au sud-est de Bastia. Posés à vingt-trois heures, nous apprenons sur le tarmac que nous étions attendus depuis la veille au soir. Je comprends mieux la surprise affichée du lieutenant de la base. Je ne cache pas non plus la mienne. Tous et toutes étaient informés de notre arrivée avant même que notre unité ne soit réquisitionnée. C'est extraordinaire ! J'en rigolerais presque si ce n'était pas aussi usant. La déloyauté me traverse souvent l'esprit. D'où vient-elle ? Qui l'organise ? Qui l'entretient ? Est-ce le résultat d'un service ou la volonté d'un seul homme ? Est-ce le fruit de mon imagination ? J'en doute. Je ne suis pas seul à méditer sur le sujet. La réflexion que je mène effleure bien souvent le pouvoir. Mais de quel pouvoir s'agit-il ? Le bruit court qu'une écoute téléphonique, mise en place à Ajaccio, a signalé notre arrivée bien avant que notre réquisition ne soit signée à Paris. « Tranquillise-toi, le GIGN ne vient pas pour toi, tu ne risques rien », rassurait une voix. Info ou intox ? Bien que je l'ignore, je ne suis pas vraiment surpris. Depuis peu et par discrétion, nous avons décidé de prendre des vols commerciaux. C'est dire le sérieux doute émis sur la confidentialité de nos missions. Nous avons même fini par réserver des bungalows dans des centres de vacances ou des chambres d'hôtel sous des noms d'emprunt. Tout contact avec nos homologues sur place est à proscrire. Ne sachant pas à qui nous confier, nous prenons toutes les mesures liées à notre propre sécurité et à celle incombant à la mission. Y compris lorsque nous échangeons au téléphone avec nos épouses ou petites amies. La Corse ? Elles connaissent bien aussi.

Une chose reste importante ! Pour ne pas dire essentielle : avant toute action sur l'île, bien choisir la saison. Selon mon analyse, la période estivale semble la plus appropriée. Le site regorge d'estivants. Une nouvelle tête dans le paysage, qui plus est celle d'un flic, reste plus longtemps inaperçue lorsqu'elle est noyée dans le flot de touristes déversé sur l'île. Compte tenu du manque de discrétion dont souffre l'île de Beauté, l'hiver est à exclure. Sauf si nous bénéficions d'une bonne couverture ! Celle-ci se traduit par une nouvelle identité, une vie familiale et professionnelle virtuelle et des cartes de crédit appropriées à la situation. Bref, un dispositif bien huilé pour ne jamais susciter la curiosité malsaine et le risque d'être identifié. En clair, débarquer sur l'île avec une solide histoire. Un passé bien réel. Un vrai travail d'infiltration. Cependant, pour ce faire, il faut que la vieille dame mette la main à la poche, débloque des moyens, signe des engagements et affiche une volonté de fer. Ce qui n'est pas à l'ordre du jour. Ni à l'ordre de demain. Il faut croire qu'elle n'est pas seule à décider. Peut-être ne sommes-nous pas assez entendus ? Parfois, il me plaît à penser de faire partie d'une bande de joyeux lurons qui passent leur temps à distraire un parterre de nationalistes amusés. Merci encore, public... nous ferons mieux la prochaine fois. À tort ou à raison, la suspicion gagne du terrain et règne en maître sur le lopin de terre. J'en arrive presque à éprouver une méfiance envers les cabines téléphoniques. Je les soupçonne d'être toutes sur écoute. Ce qui n'est pas faux pour certaines. Je crois que j'en ai assez fait et entendu sur cette île de Beauté. Rien ne changera sur le rocher si aucun compromis réel n'est scellé entre les parties. Si aucune volonté féroce d'en finir n'émerge pas dans un proche avenir. En attendant que la paix soit rétablie entre les hommes et les enjeux nivelés, des maisons s'écroulent, des bâtiments s'effondrent et des larmes de sang coulent encore sur cette île pourtant proche du paradis...

Notre directeur général, Régis, nous avait posé dernièrement la question. Il était tôt. Nous l'attendions au pied de sa résidence. À deux pas du pont Bir-Hakeim. Quartier Dupleix. J'effectuais sa protection en compagnie de Bernard. Comme de coutume, il était sorti à l'heure. Sept heures trente. La température était douce. Le printemps prenait ses quartiers. Élégant, notre directeur semblait préoccupé. Il ne démontra, ce matin-là, aucun enthousiasme à grimper dans sa voiture de fonction. Il confia son attaché-case à son chauffeur puis se dirigea vers nous. Nous nous tenions à quelques mètres de lui. Il se frotta le menton et nous prit en aparté.

Mes respects, monsieur le directeur, lui présentai-je.

– Dites-moi, votre unité est souvent missionnée pour des actions plus ou moins longues en Corse, n'est-ce pas ?

– Oui, monsieur le directeur, confirma Bernard.

– Puis-je avoir votre sentiment sur cette île ?

Bernard se para de son plus beau sourire. J'éprouvai à cet instant une certaine difficulté à masquer le mien.

– Qu'entendez-vous par là, monsieur le directeur ?

– Que pensez-vous de la situation ? Votre avis sur vos missions ? Les moyens sont-ils adaptés ? suffisants ?

– Les rapports ne vous parviennent-ils pas, monsieur le directeur ? me risquai-je.

– La question n'est pas là, reprit-il d'un ton soucieux.

À cet instant, ses sourcils comprimèrent la ride du lion. Comment devais-je interpréter la démarche ? Bernard, lui, n'hésita pas une seule seconde.

– Monsieur le directeur, là-bas nous ne pouvons pas travailler dans de bonnes conditions.

– Pourquoi ?

– Tout se sait très vite. C'est petit. Un gendarme parle à un autre qui parle à un autre. En quelques heures, la moitié de l'île est informée de notre présence. Ils se connaissent tous ! Le boulanger connaît celui qui travaille chez France Télécom, la voisine a sa tante au tribunal. Un frère est dans la police, la belle famille du gendarme est corse si ce n'est pas lui-même... Les liens de cœur ou de sang ne peuvent pas être annihilés, monsieur le directeur. C'est humain.

– Pouvons-nous y remédier ? Tout du moins modérer le phénomène...

– Bien sûr ! Il suffit de le vouloir, annonçai-je, mais cela ne garantira pas plus la confidentialité ! Nous avons le sentiment de nous livrer à un jeu dont la partie est perdue avant même de l'avoir entamée.

Régis plongea dans une réflexion. Du pouce et de l'index, il se pinça de nouveau le menton. Son regard erra sur le nez de ses Weston cirées.

– Monsieur le directeur, comment expliquer les réunions de presse organisées dans le maquis sans que nous soyons informés à temps ? Tout s'écoute sur cette île ! N'est-ce pas ?

Il conserva le silence.

– Nous sommes tout à fait capables de porter des caméras sur les épaules ou tenir un micro ! Ce n'est pas très compliqué, ironisa Bernard.

– Bien sûr, il nous arrive parfois de faire une arrestation ou deux dans l'année. Mais cela reste de la petite délinquance. Des voleurs de poules. C'est l'éléphant qui accouche d'une souris, rien de bien méchant.

– Les moyens sur place ?

– Insuffisants, monsieur le directeur ! sourit Bernard. Ça bricole ! Le gendarme en Corse est un MacGyver en puissance.

Je n'émis aucun doute sur la sincérité des propos tenus par notre directeur général. En revanche, je réalisai avec une certaine amertume, qu'il parcourait des rapports bien trop épurés pour être précis. Je savais qu'il s'inquiétait. Qu'il s'interrogeait. Qu'il doutait. On ne le serait à moins, compte tenu des nombreuses zones d'ombre et de questions restées sans réponse. Il était clair que bien des choses lui échappaient. Il me suffisait de lire les diverses expressions affichées sur son visage pour comprendre l'évidence. Il y avait autant de différence dans les écrits et la réalité qu'entre l'eau du fleuve et la rive. En résumé, un compte rendu lourd de plusieurs pages au départ de l'île se résume bien souvent à quelques feuillets à son arrivée à Paris. J'exagère, mais c'est un peu ça. Selon toute vraisemblance, chaque échelon de la hiérarchie doit aller de son commentaire nuancé ou de son coup de cutter bien ciblé. Surtout pas d'embrouilles. L'orage qui gronde sur l'île de Beauté se traduit, à coup sûr, par un ciel à peine voilé sur l'Île-de-France. Il est difficile de croire que tout puisse nous échapper sur ce bout de terre émergée. L'île est maillée par la gendarmerie. Du nord au sud. D'est en ouest. Les écoutes téléphoniques se font et se défont à longueur de journée. Une véritable toile d'oreilles est tissée sur le rocher. Je ne parle pas des forces de police en place. Des renseignements généraux et de tous les services en charge de la sécurité de l'État. Il est donc impensable, voire inimaginable, que nous puissions rester dans la plus grande ignorance et l'incapacité d'agir sur un aussi petit terrain. La tolérance zéro s'applique-t-elle partout ? Peut-être faut-il palier le manque de moyens lié à la sécurité publique ? À défaut d'être muté hors de l'île, peut-être faudrait-il permuter les fonctionnaires entre eux dans ce petit coin de paradis. Mieux ! Afin d'inciter les témoins à parler : favorisons leur audition sous l'anonymat dans des services décentralisés. Le tout sous la responsabilité de personnes habilitées à recevoir les aveux d'un repenti ou la confession d'un témoin à charge. Ne pas hésiter à récompenser l'effort fourni. Les idées ne manquent pas : garantir une assistance au témoin en lui offrant une nouvelle identité, une nouvelle vie, un nouveau passé et un nouvel avenir.

Pourquoi pas, si l'enjeu est de taille ? À nous d'appliquer ensuite le protectorat au regard de l'évolution de la procédure et la libération prochaine des ex-condamnés. C'est sûr, des moyens humains et matériels seront nécessaires pour mener à bien ce genre de protection. Mais que vaut la vie d'un homme lorsque celui-ci prend, seul, le risque de la sacrifier sur le billot du devoir citoyen ? J'ai longtemps pensé que le coup d'éclat en Corse relevait bien souvent d'un acte fortuit. Cependant, je ne crois pas au hasard. Alors, après réflexion, l'arrestation inattendue ne peut être que le fruit d'un ordre fortement suggéré ou affirmé à haute et intelligible voix. Espérons que l'avenir modifie un jour ce paramètre.

Bref, oublions l'île de Beauté, Noël approche. Je dois songer aux cadeaux. Jocelyne est en vol et Charles-Henri entame ses vacances scolaires chez sa grand-mère. Ce midi, je déjeune avec Philippe. Un tête-à-tête agréable à défaut d'être amoureux. Nous ne possédons qu'une heure pour refaire le monde. C'est peu au regard de la tâche.

– Que penses-tu du nouveau patron ? lance Philippe.

– Je n'en sais trop rien. Il est clair qu'il ne bougera pas d'ici avant que l'ordre ne lui soit donné.

– Il faut être honnête ! Il n'est pas un véritable problème.

– Dès l'instant où il a saisi l'attitude à adopter et la place à occuper... Il manage plus qu'il ne commande... Ça tourne tout seul grâce aux chefs de groupe. Ça me convient.

– Tu lui fais confiance ? s'intéresse Philippe.

– Pas encore. Je ne sais toujours pas ce qu'il a dans le ventre et de quoi il est capable.

– C'est bien mon avis. Le groupe dort en ce moment, tu ne trouves pas ?

– Cela fait plus d'un mois que nous n'avons pas eu de mission.

– Ce qu'il nous faudrait, c'est une vraie mission. Un truc qui bouscule et booste de nouveau l'unité, souhaite Philippe. Une mission qui nous sorte de notre léthargie. Quelque chose à la hauteur de nos espérances et de nos capacités. Je n'ai pas envie d'hiberner plus longtemps.

– Je partage ton avis d'autant que parfois j'ai le sentiment de travailler à trente pour cent de nos possibilités.

À cet instant, lui comme moi ignorons tout de notre futur. Nous sommes à des années-lumière de penser que nous allons être plongés, dans quelques heures, dans la plus grande situation de crise jamais vécue par le GIGN. Des vies seront en jeu. Pas des centaines. Des milliers. L'enjeu sera national. La vitrine internationale. À notre insu, un événement se trame en silence quelque part dans l'un des pays du Maghreb. Un fait-tout aussi spectaculaire qu'inattendu.

Nous avions souhaité une mission de grande envergure, eh bien la voici...

Samedi 24 décembre. Comme de coutume, les groupes se partagent les fêtes. Le premier et le deuxième assurent cette année l'alerte de Noël. Les deux autres couvriront celle du jour de l'an. Les astreintes s'inverseront l'année prochaine.

Quelques heures me séparent du réveillon. Je ferai le mien demain soir. Je suis seul aujourd'hui. Jocelyne est en vol et Charles-Henri poursuit ses vacances chez sa mamie. Je n'ai pas bien dormi. Cheveux hirsutes, j'ouvre mes volets accordéons. Sans surprise, le ciel est bas. La grisaille coiffe nos têtes. Pas de tartine grillée ce matin. Je n'en ai pas très envie. Je n'ai de place que pour un expresso. À défaut d'un soleil radieux, lui seul peut me garantir les prémices d'un bon week-end. Je touille mon arabica sans pouvoir le déguster. Il est trop chaud pour y tremper mes lèvres et pas assez tiède pour l'apprécier. Le sapin clignote devant la porte-fenêtre du salon. Je rêve déjà sur les cadeaux adossés à son pied. La surprise sera totale lorsqu'elle rentrera de vol. Ça me plaît les surprises.

Charles-Henri, lui, s'émerveillera à son retour de Toulon. Restera à dresser la table. Une table digne d'un vrai réveillon. Quelques heures avant son arrivée, je la rehausserai d'un chandelier trouvé chez un brocanteur. Rien que pour elle et moi. Juste pour nous deux. Entre elle et moi. Mon biper ! Il retentit au chevet de mon lit. Je l'avais presque oublié. Noël me réserve-t-il d'autres surprises ? Je terminerai ma dégustation plus tard. L'heure n'est plus à la rêverie romantique mais à la mission authentique.

– Jean-Luc à l'appareil, qu'est-ce qu'il se passe ?

– Ramène-toi ! C'est une prise d'otages, lance Alain à l'autre bout du fil.

Je raccroche aussitôt. J'abandonne mon nectar sur la table basse du salon. Je file sous la douche. Saute dans un jean, glisse dans un tee-shirt et enfile le premier blouson à portée de main. Au passage, j'avale la dernière rasade de café. Ouah ! Trop froid. Pas terrible. Direction le groupe d'intervention.

– Messieurs, un détournement d'avion est en train de se dérouler à l'heure à laquelle je vous parle, s'inquiète Denis.

– Vous êtes sérieux ?

– Je n'en ai pas l'air ?

Incroyable, je ne reconnais plus le jeune officier. Il dévoile un regard différent des autres fois. Plus tendu. Plus anxieux aussi. Il règne en lui l'âme d'un apprenti guerrier. Un chef qui attend tout de ses hommes. L'adhésion, l'expérience et le soutien sans mesure. Des hommes qui espèrent tout de lui. L'engagement jusqu'à l'abnégation.

La tension se lit dans ses yeux. Elle se fiche désormais dans nos cœurs. Le mien s'emballe. Ce n'est pas un canular. C'est vraiment du sérieux.

– Depuis ce matin, cent soixante-douze passagers sont retenus en otage par des membres du GIA. C'est un Airbus A300 de la compagnie Air France. L'avion est immobilisé sur l'aéroport Houari-Boumediene. Nous tentons de prendre contact avec Bertrand.

Membre du GIGN, il est détaché auprès de l'ambassadeur de France à Alger. Conseiller auprès du diplomate, il lui offre toute son expérience en matière de sécurité. Lui doit pouvoir nous aider. Est-ce un hasard ? Si oui, alors il est heureux. Je bénis le destin et celui qui l'a envoyé trois mois en Algérie.

Assis sur des tables ou des chaises bousculées, nous sommes tout ouïe. L'événement capte toute notre attention. Le silence règne entre les rangées. Je peux entendre battre les ailes d'une mouche. L'inquiétude s'affiche sur les visages concentrés. Même si les entraînements répétés et les formations en négociation nous accordent de bonnes chances de réussite, ils soulignent aussi toute la difficulté à laquelle nous devons nous préparer. Si je garde en mémoire l'infrastructure d'un A300, je prends aussi toute la mesure du risque qu'engendre ce type de mission. Nonobstant celui auquel s'exposeront les otages. Il est à la fois immense et très simple. Il se résume en deux points : ne jamais revenir ou laisser une part de soi dans la carlingue. Si le choix m'est donné, je préférerais mourir plutôt que de vivre avec des cauchemars pour le restant de mes jours. Parfois, une vie ne suffit pas à effacer les plaies les plus profondes. Je ne peux pas occulter l'idée. J'ai beau vouloir l'écarter de mes pensées, elle se rappelle à moi la seconde suivante. Joyeux Noël...

– Il nous faut être prêts, annonce Philippe, prêts à décoller sous le signe de l'urgence.

– Si la négociation n'aboutit pas entre les gouvernements respectifs, il faudra nous dépêcher sur place, s'inquiète Denis.

– Chargeons les véhicules et les fourgons, nous n'avons pas une minute à perdre.

– Air France met à notre disposition un avion frère à Roissy, souligne Guy.

– Nous avons aussi un Mystère 20, lance Denis.

Plus rapide, ce dernier décuple notre réactivité. Il nous permet d'effectuer des sauts de puce par-delà les frontières. Il nous octroie aussi la possibilité de projeter, en un temps record, un élément précurseur n'importe où sur le territoire national ou en terres étrangères.

Se rendre sur place ? L'idée ne me convient pas du tout. Selon les premiers éléments délivrés par Bertrand, les terroristes ont bénéficié d'une aide extérieure pour atteindre l'avion en toute discrétion. Le groupe d'intervention algérien, les Ninjas, encercle l'avion et lui interdit toute manœuvre. Leur manque de discrétion attise la colère des pirates. Un corps gît déjà au pied de la passerelle. Sur place, l'ambassadeur ne maîtrise plus la situation.

Il semble perdu. Ses repères cordiaux fondent comme neige au soleil. Les autorités algériennes lui claquent, une à une, les portes de l'information. Au diable la diplomatie ! Le calme qui le caractérise en temps normal est maintenant en proie à une panique inconsidérée. Responsabilité quand tu nous tiens... Perturbé par l'ampleur de la situation, il ne peut plus nous être utile. Nous ne pouvons compter que sur Bertrand. Il devient notre seul interlocuteur privilégié. Digne de notre confiance, ses indications seront fiables puisqu'il est des nôtres. Il connaît nos besoins. Nos contraintes. Il devient notre principale source d'information. Celle-ci est essentielle à la préparation d'une action. Électron libre, il navigue dans l'aéroport en quête du moindre indice. Un détail pour l'un peut être important pour nous. Il le sait bien. Il nous déconseille l'intervention en Algérie. Le terrain est miné, selon lui. La complicité plane dans l'aérogare en pleine effervescence. La connivence devance chacun de ses pas. Plus rien n'est sûr là-bas. Excepté lui. De toute façon, les autorités algériennes nous interdisent l'entrée sur leur territoire. Je peux le comprendre. Elles sont sur leur terre. Elles sont seules maîtres à bord de leur état. L'aéroport est désormais fermé aux trafics aériens. Quelques heures avant le détournement, certains passagers chanceux ont bénéficié de conseils précieux : « Prenez l'avion suivant. » « Pour quelle raison ? » « C'est mieux. » Pourquoi ? Qui parle et sur quels critères se sont effectués les choix ? Je ne le saurai sans doute jamais... La destinée est ainsi faite...

– Tenez-vous prêts à partir d'une minute à l'autre. Profitez de vos familles. Je ne suis pas sûr que nous puissions passer Noël ensemble, s'inquiète Denis.

Je réalise à cet instant que je suis seul. Tonio me sourit.

– Viens chez moi !

– Ne t'inquiète pas, j'ai deux ou trois choses à faire. On ne sait jamais, si je dois partir...

– Comme tu veux.

La solitude ne m'inquiète pas. Ne sommes-nous pas tous un peu seuls dans la vie ? Parfois même dans nos cœurs ? Le long fleuve tranquille nous réserve bien souvent sa part de tourments. Pendant que certains considèrent la solitude comme une véritable ennemie, moi, je lui accorde toute ma confiance. Grâce à elle, je chemine avec moi-même. Assis devant le miroir, je l'observe. Elle partage ma chaise à cet instant. Elle ouvre mes pensées. Je ne regrette rien du passé. Je croque la vie au présent. J'imagine déjà mon futur. Il repose désormais sur trois solides piliers. Charles-Henri, Joce et moi. C'est étrange. La solitude m'a toujours fait grandir. Aurai-je le temps de voir Jocelyne ? Dans le doute, je couche quelques phrases sur une feuille. Je la glisserai dans une enveloppe que je coincerai sous un pli de son paquet-cadeau.

Ma puce,

Si tu lis ces quelques mots, cela voudra dire que je suis parti en mission. J'aurais préféré t'offrir ce cadeau autour d'un bon dîner aux chandelles. Un tête-à-tête que j'envisage désormais plus tard. Je suis incapable de te dire combien de temps durera la mission. Je sais simplement qu'il s'agit d'une prise d'otages sur l'un des avions de ta compagnie. Le Paris-Alger. Je suis ravi de te savoir sur un autre vol. Suis les informations, je ne suis pas sûr de pouvoir te contacter. Ne prends pas tout à la lettre, la plupart des journalistes sont en mal de sensations et courent après l'audimat.

Rassure mes parents et embrasse fort Charles-Henri...

Je pense à toi, joyeux Noël...

Je t'aime,

Jean-Luc

Je libère l'adhésif de sa bande protectrice. Je plie le rebord de l'enveloppe et la glisse sous le bolduc satiné. Le biper ! Il retentit pour la seconde fois de la journée. Cette fois-ci, c'est la bonne. Le temps de finir et me voilà déjà parti. Impossible d'attendre plus longtemps.

– Un mort vient de s'ajouter au bas de la passerelle, annonce Denis dépité. L'Élysée nous demande de nous rendre à Palma de Majorque.

– Pourquoi Palma ?

– Là-bas, nous serons à quelques minutes de l'aéroport Houari-Boumediene. Officiellement, l'Espagne nous interdit de poser le pied sur son sol. Officieusement, nous décollons dans moins de trois heures. J'ai demandé à ce que l'on rappelle tout le personnel en congé. Dès qu'un troisième groupe sera constitué, il nous rejoindra par voie aérienne militaire.

En effet, une trentaine d'hommes ne suffisent pas à relever le défi. Tireurs fusils, négociateurs, scenarii préétablis amputent considérablement l'effectif.

Les portières claquent. Le coffre des voitures et le ventre des fourgons sont pleins à craquer. Les essieux s'écrasent sous le poids du matériel embarqué. La charge totale dépasse de très loin la tonne. La colonne de gyrophares s'engage sur l'autoroute du Nord. Direction : Roissy-Charles de Gaulle. Un A300 nous attend près de la zone technique. À bord : un double équipage Air France et une équipe médicale rompue aux interventions d'urgence. Un hôpital de campagne se dresse déjà à l'arrière de l'appareil. Des civières condamnent déjà deux rangées de fauteuils adossés aux hublots. Les médecins sont prêts à dégainer leur bistouri. Il ne manque plus qu'un charpentier. Un prêtre aussi. Pour l'extrême-onction. Ça promet... Personne ne connaît la durée de la mission. Aussi chacun s'organise pour mieux vivre son exiguïté dans l'espace confiné. Une information vient de nous parvenir. Un troisième corps vient de dégringoler de la passerelle. C'est affreux. La tension ne cesse de grimper. J'imagine volontiers qu'en cette période préélectorale, l'événement est du plus mauvais effet. Un mort fait toujours du tort. Pour moi, rien ne change. Une seule exécution est déjà un supplice de trop à endurer. La destinée avait-elle donné rendez-vous à ces âmes sans défense ? Comment garder la foi devant tant de violence ? Pourquoi ne pas remplacer les armes par les mots ?

Ils savent aussi blesser sans pour autant verser le sang. J'ai toujours pensé qu'en chacun de nous coulait une même couleur de vie. Est-ce utopique que de toujours vouloir l'envisager aujourd'hui ? Pourquoi se déchirer, alors qu'une main tendue génère le sourire et suscite souvent l'entraide ? Pourquoi imposer ses idées, alors qu'il suffit d'accepter les différences pour comprendre les divergences ? Se faire entendre n'est pas forcément hurler. Obtenir l'écoute n'oblige personne à tuer. Après réflexion, je ne crois pas que la conviction religieuse joue un rôle prépondérant dans le détournement. J'imagine volontiers que la responsabilité revient une fois de plus à l'homme. De tout temps administrées par lui, la religion et la politique se plaisent à diviser les peuples. Puisque rien de bien ne se fait sans amour, alors viennent à moi un certain nombre de questions : Vous, puissants dirigeants et hauts dignitaires exigeants, aimez-vous vraiment les hommes... ? Peut-être accordez-vous plus d'amour au pouvoir qu'à celui du genre humain ? Ce qui expliquerait en partie les millions de morts couchés dans nos mémoires. Trop de mauvais souvenirs gravent nos consciences sous le couvert de la domination. Qu'en est-il de la foi ? Où en est la vôtre ? Si la religion divise, je veux encore croire que la foi unit les hommes... Il suffit de s'y attarder pour l'admirer dans les prunelles d'un enfant ou le regard d'un parent meurtri. La terre souffre par trop d'enjeux dangereux, trop de pouvoir envié et de jeux périlleux. Il me plaît à penser qu'il y a autant de religions sur terre que de branches sur un arbre. Cependant, il ne faut pas occulter que toutes prennent naissance sur le même tronc. Il offre à chacune la liberté de fleurir ou pas. Il nous appartient d'en tracer de nouvelles lignes. Alors ?... Que choisissons-nous ? Créer ou détruire ?

Le décollage est désormais imminent. L'annonce vient d'être faite par le chef de cabine. Respectueux des règles commerciales, le commandant de bord nous souhaite un agréable vol au nom de la compagnie. Les ceintures sont bouclées. Le dossier des sièges et les tablettes sont à présent relevés. Dans moins de quinze minutes, nous nous élèverons dans les airs. Dans deux heures à peine, nous nous poserons en Espagne.

C'est curieux. L'ambiance à bord est à la décontraction. Le groupe tout entier y croit sans trop y croire. Chacun imagine une fin heureuse. Une entente salutaire entre les gouvernements respectifs et terroristes agressifs. Un accord qui tomberait à point nommé pour le salut des âmes engagées. Pendant que Paris multiplie les entretiens diplomatiques, des liens se créent en cabine. Juste entre ciel et terre. Des amitiés naissent et se tissent à demi-mot. Les uns apprennent à connaître les autres. Chaque métier a ses contraintes et ses bons moments. Ses rires et ses grands coups de gueule. Le temps confère aux relations nouvelles une authenticité saine et sereine. Comme je les aime. Comme si chacun se doutait qu'elles pouvaient rester à tout jamais éphémères. Ne pas durer à notre plus grand regret. N'être qu'un agréable souvenir au seuil de son dernier soupir. Apprécions l'instant présent. Demain est un autre jour...

Les trains épousent enfin la terre espagnole. Un soleil couchant laisse encore entrevoir un coin de ciel bleu. Je suis loin de tout. Loin de l'aérogare. De mes proches. À cette heure-ci, Jocelyne doit survoler l'océan indien en direction de Paris. À ma grande surprise, il m'est impossible de me dégourdir les jambes sur le tarmac. La discrétion nous impose la retenue et le confinement. J'ai le sentiment d'être assigné à résidence. Dès lors, les heures s'écoulent au rythme d'un goutte-à-goutte. Le soleil s'étire à l'horizon. Le dôme étoilé finit par recouvrir la terre nourricière. Les minutes s'égrainent sans qu'aucune évolution soit constatée. Pardon ! Je note une petite amélioration. Elle est liée à notre confort. Une porte vient de s'ouvrir. L'issue 1A. Celle située à l'avant gauche de l'appareil. Denis l'a sollicitée auprès du commandant de bord. Merci de cette délicate attention. Je vais enfin pouvoir apprécier l'air frais avant d'entamer mon repas amélioré. Noël oblige. Un plateau rehaussé de mets délicieux et vins de grand cru nous est offert par la compagnie. Quel luxe ! D'autres suivront, selon le chef de cabine. Ils ponctueront, selon toute vraisemblance, notre interminable attente. C'est comme cela que je pressens la situation. Tout est prévu pour tenir. Il faut savoir être et durer. Après le dîner, nous passerons aux choses sérieuses. La répétition du scénario d'urgence. L'assaut. L'ultime recours. Quand toutes les stratégies essuient un revers sévère, lorsque la vie court un réel danger, vient alors la solution de la dernière chance. Le dénouement dans le cri et la souffrance. C'est triste, mais il faut l'envisager. Voilà la raison essentielle d'un assaut. Je crains d'y laisser ma peau. Au mieux des plumes. Nous sommes plusieurs à y songer. Je n'ai pas d'enfants, mais c'est tout comme... J'éprouve quelques difficultés à avaler ma dernière bouchée de bûchette glacée. Cuillère à moka en bouche, Antonio me vise du coin des yeux. Il sourit. Il s'inquiète aussi.

Le dîner touche à sa fin. Un café et je pars m'équiper en vue de la répétition. Nous devons parer au pire. Prévoir l'impensable pour ne jamais courir. Qui veut la paix prépare la guerre. L'avion est identique en tout point à celui aux mains des terroristes. C'est rassurant de reproduire mille fois l'assaut. Je gagne en confiance. Les écueils se polissent. Les maladresses disparaissent. Les repères figent désormais l'espace. En quelques minutes, l'aéronef devient aussi banal que mon appartement. L'exercice me paraît facile. Aucune force ne s'oppose à nous. J'espère ne jamais vivre le mauvais film. De la même façon que l'appétit vient en mangeant, la maîtrise vient en s'entraînant. Pas besoin de vérifier, je sais que les copains seront près de moi. Autour de moi ou dans l'autre allée. Le geste n'est plus réflexe mais instinctif. Il est rapide. Je lève mon arme. Je suis déjà en cible. La vision est sélective. Du plus près au plus loin. À droite. À gauche. Localiser le danger. Vite. Très vite. Plus vite encore pour ne pas arriver trop tard. Le discerner parmi les innocents. L'évaluer. L'apprécier malgré la distance. Le neutraliser si possible. L'anéantir si nécessaire. En une seule fois. Point visé, point touché. Une seconde sous la menace d'un canon représente souvent une éternité pour l'homme à genoux. Le souffle coupé, les yeux clos, il imagine sa dernière heure arrivée. Charge à nous d'inverser l'histoire. Son histoire. Un millième de seconde nous suffit pour lui redonner espoir. Un nouveau souffle de vie et de nouvelles raisons d'y croire. Je connais mon équipe. Je ressens mon binôme. Je suis presque capable de progresser les yeux fermés. Antonio se trouve à trois pas de moi. Son regard partage mes doutes. Les exercices se déroulent casque sur la tête. Arme en main. Tout cela sous le regard médusé mais aussi inquiet des non-initiés. J'ai visualisé la porte par laquelle je devrai m'engouffrer. En cas d'absolue nécessité, ce que je ne souhaite pas, la porte arrière droite prendra l'allure de ma prochaine destinée. Une initiation dont je me passerais volontiers. Philippe, comme d'autres, s'exerce aux ouvertures de porte. De l'extérieur, puis de l'intérieur. Les issues libérées, les toboggans devraient jaillir de leur coffre. Logique puisque les portes de l'avion détourné seront, selon toute probabilité, armées. C'est un premier obstacle à ne pas négliger. Sans cette précaution, la sanction serait immédiate et sans appel. Dès l'ouverture, l'airbag nous exploserait à la visière avant de nous catapulter sur la piste glacée. Et si la malchance se jouait de nous... Si le passager, au seuil de sa délivrance, découvrait une chaussette en guise de toboggan bodybuildé ? Le saut pourrait lui être fatal. Il nous faut envisager l'inattendu. À défaut d'un bon fonctionnement, l'un de nous devra percuter manuellement la bouteille d'air comprimé logée dans le coffre au bas de la porte. Le plus proche si possible. Visualisons encore le cordon chargé de libérer l'air de la bouteille. Il pendouille sous chaque porte de l'appareil. Une traction franche déclenchera l'expulsion de l'air comprimé et le gonflage du toboggan. Quel Noël...

En ce début de soirée, l'obscurité a phagocyté une fois de plus la lumière. Demain, l'éclat du jour reprendra le dessus. Un bras de fer ancestral soumis à la grande horloge du temps. Palma de Majorque s'endort sous une nuit fraîche. Toujours immobile, notre Airbus somnole sous un dôme constellé. J'imagine qu'il en est de même pour celui détourné sur les pistes d'Alger. Les volets à guillotine sont désormais baissés. Un vent frisquet balaie la passerelle située en porte 1. À bord, le jour est artificiel. Sous un trait de lumière, nous établissons nos testaments à la lueur de nos liseuses. Drôle de jeu ! Philosophiques ou pas, ces actes n'ont de portée que nos rires angoissés. Ils servent à conjurer le mauvais sort. Défions-nous la mort ? Ou tuons-nous le temps ? Pouvons-nous en jouer jusqu'à l'ignorer ? Nous épargnera-t-elle si nous devons l'affronter ? Je l'espère. Je suis trop jeune pour passer de la vie à trépas. Je crois que je serai toujours trop juvénile pour mourir. Malheureusement, c'est un sort auquel personne ne peut échapper. Le plus tard pour moi sera le mieux. Que l'on m'indique l'endroit de mon dernier soupir pour ne jamais y mettre les pieds...

Le ciel s'irise enfin d'une couleur orangée. Les premières lueurs du jour commencent à poindre à l'horizon. La nuit fut brève. Le petit déjeuner nous est servi avec le même sourire commercial que la veille. C'est calme ce matin. Trop calme peut-être. Une aurore trop paisible pour ne pas craindre le pire.

– S'il vous plaît, j'aimerais obtenir votre attention ! perturbe Denis.

Le temps de sécher mes lèvres. Je pose ma serviette sur le plateau-repas.

– Selon les dernières informations, les terroristes veulent se rendre à Paris. Ils tiennent à s'exprimer devant des journalistes. Ils seraient en possession d'armes automatiques. Bertrand éprouve quelques difficultés à obtenir l'information. Les pirates semblent déterminés.

– Qu'attendons-nous ?

– Les instructions. Nous sommes toujours consignés ici.

L'exaspération gagne les rangées par vagues successives. L'équipage et le service médical conservent le silence.

– Les terroristes demandent le plein de carburant.

– Et alors ?

– Les autorités algériennes refusent le ravitaillement. L'Élysée réclame le décollage immédiat de l'Airbus afin de l'accueillir en France. L'avion posséderait encore dans ses réservoirs une dizaine de tonnes de kérosène. Ce qui limiterait, selon notre pilote, son rayon d'action. Si décollage il y a, l'atterrissage pourrait être envisagé sur l'un de nos aéroports méditerranéens : Nice, Toulon, Marseille, voire Aix-en-Provence.

Ces noms qui sonnent souvent le début des vacances sonnent aujourd'hui le glas d'un bien étrange départ.

– Le saurons-nous suffisamment tôt pour réagir ?

– Je le pense.

Antonio hausse les sourcils. Assis à mes côtés, il se frotte la barbe naissante.

– Tu en penses quoi ? me rassuré-je.

– Rien de bon.

– Quelque chose me dit que nous allons à l'affrontement ! coupe Éric d'un sourire ironique.

– Merci d'être aussi optimiste ! s'effraie Fabien.

Il est grand temps d'essayer nos tenues de steward. Tout doit être impeccable. Nous sommes plusieurs à endosser l'uniforme bleu. Il est paré des effigies réglementaires de la compagnie aux trois couleurs. Les essayages se font avec l'aide du personnel de bord. Je dois mieux maîtriser le *public address* si je veux gagner en crédibilité. Le livret d'annonces restera à portée de main. La mise en scène doit être parfaite. Rien ne doit être laissé au hasard ou à la merci d'une fatalité irréversible. Tour à tour, nous passons du gilet pare-balles à la chemise cravatée. Pas une heure n'est perdue. Chaque minute est mise au profit de la performance et de l'excellence. Un simple détail devient un véritable souci. L'erreur est interdite. Seule la réussite nous est concédée. Alors, nous mettons le paquet. Nous n'avons pas d'autre choix que de réussir. Quoi qu'il arrive. Quoi qu'il nous en coûte. Je l'accepte. Ai-je vraiment le choix maintenant ?

– Dernière information. L'Élysée nous informe d'un décollage imminent.

– Nous partons ?

– L'Airbus détourné devrait décoller dans les prochaines heures. C'est confirmé par Bertrand. Il semble qu'il y ait trois ou quatre terroristes à bord. Ils posséderaient des armes de guerre type kalachnikov.

L'angoisse se lit sur son visage. Denis s'inquiète. Ses traits sont tendus. De toute évidence, il subit une pression. Laquelle ? Et par qui ? Nous réserve-t-il d'autres mauvaises surprises ?

– Avez-vous un souci ? lance l'un d'entre nous.

– Le ministère de l'Intérieur nous interdit tout décollage. Il nous cloue ici jusqu'à nouvel ordre.

– Pourquoi ?

– Officiellement personne ne sait où atterrira l'Airbus d'Alger.

– Foutaise ! Selon toute probabilité, cela ne peut être que sur un aéroport du Sud. Et selon toute vraisemblance, compte tenu de l'autonomie affichée de l'appareil détourné, la plate-forme de Marseille semble la plus appropriée.

– Je sais. Je sais aussi que nos homologues du RAID se préparent à descendre à Marseille. Ils patientent à bord d'un Transall sur la base aérienne d'Évreux.

– C'est un scandale ! se révolte Thierry. Le ministère de l'Intérieur veut nous souffler la place au profit de la police. Ils savent où se posera l'avion et veulent nous tenir à distance.

– Pourquoi le ministère de l'Intérieur souhaite imposer ses forces, alors que celui de la Défense est en mesure de répondre à la menace ? s'agace Christian.

La rumeur enfle. La colère gronde entre les rangées. Le patron sera-t-il à la hauteur de ses convictions ? Saura-t-il défendre notre cause et celle de l'arme ? Seul un général de la gendarmerie maintient le contact avec lui. La vieille dame préfère conserver le silence. Sera-t-il en mesure de s'opposer à la volonté du ministère de l'Intérieur ? Va-t-il abdiquer devant l'autorité ? Je le crains. Il est trop jeune pour retrousser ses manches. Je suis révolté par toutes ces guerres intestines. Ces conflits d'intérêt. Ces querelles insensées. Pendant que chacun tente de s'approprier un coin de la couverture, des otages se morfondent en terre étrangère. Pourquoi tergiverser, alors que des vies sont en danger ? Nous y sommes depuis la veille, nous devons coller à l'événement. Les textes sont clairs. Tout ce qui touche aux pistes revient à la gendarmerie. Tout ce qui a trait à l'aérogare revient à la police. En résumé : un avion détourné sur les pistes est sous la responsabilité de notre arme. Lorsqu'il est rattaché à son couloir de débarquement, il se place sous le contrôle de nos homologues. Cela en devient presque grotesque voire risqué pour la centaine d'innocents en proie aux doutes.

J'y vais ou je n'y vais pas ? Je cours ou je m'arrête ? Je fonce ou je stoppe ici ? C'est à mourir, mais de rire...

– Alors, que faisons-nous ?

– Bertrand nous confirme l'aéroport de Marseille et le ministère de l'Intérieur nous ordonne de rester à Palma. « On n'a que faire de l'état d'âme d'un petit officier », c'est la seule réponse que j'ai cru comprendre au téléphone.

Je suis outré par tant de dédain. Le malaise est désormais palpable. Très vite, il contamine l'ensemble de la cabine. Les esprits s'éveillent, s'échauffent. Les prises de conscience sont inévitables et presque irréversibles. Inutile d'en rajouter. Chaque corps de métier comprend la place qu'il occupe dans le cœur de l'État. J'augure d'autres déceptions dans un proche avenir. Je subodore déjà la menace générée par nos propres autorités. Elle est tout aussi dangereuse que celle engendrée par les terroristes.

– Écoutez-moi une seconde. S'il vous plaît, je réclame toute votre attention. Si je décide de nous porter tout de même à Marseille, me suivez-vous ? Attention ! cela comporte des risques, souligne Denis planté au-devant des rangées.

– Lesquels ?

– En cas d'échec, l'unité sera sans doute appelée à disparaître. Ce n'est pas tous les jours que l'on va à l'encontre d'un ordre ministériel. Il nous restera la casquette à carreaux et l'ANPE. Alors, si je décide d'aller à Marseille sans un seul accord, me suivez-vous ?

Comme si la situation de crise ne se suffisait pas à elle seule.

– Oui !

Le cri est unanime. Le cœur le porte par-delà les rangées. Aucun doute possible. Nous sommes prêts à nous imposer à Marseille-Marignane. N'en déplaise à certains. *Finalement, c'est un type bien, ce Denis...*

– Un chef de groupe et deux chefs d'équipe avec moi.

– Prenez aussi la cellule négo, suggère Alain.

– Nous prenons le Mystère 20. Je souhaite que l'Airbus décolle trente minutes après notre départ. Le temps d'occuper la place, espère Denis.

– C'est comme si c'était fait, mon capitaine, affirme Philippe.

Je suis stupéfait par l'homme que je perçois planté devant moi. Je l'écoute sans broncher. Je souhaitais de sa part de l'abnégation, me voilà servi. Je suis soufflé par sa pugnacité. Il expose sa carrière et, avec elle, les étoiles d'un futur général. À cet instant, je pense qu'il n'a que faire du galon... Rien de grand ne se fait sans risque. Je l'admire presque. J'ignorais que ce jeune officier puisse être capable d'affronter un pan du pouvoir républicain. Quelle est sa motivation ? Sans aucun doute celle des âmes esseulées en terre étrangère. Sans compter que la conviction que traduit le regard de ses hommes l'encourage en ce sens. En guise de démonstration, il nous prouve, en ce début de soirée, la portée de son engagement. J'imagine que ce ne sera pas le dernier. Nous ne pouvons pas le décevoir. Il faut vraiment en avoir et qu'elles soient bien accrochées pour s'envoler contre vents et volontés politiques. Chapeau, mon capitaine ! Vous venez de marquer votre premier point. Il est d'ores et déjà validé par l'ensemble de vos hommes.

Maintenant tout se complique. Tout s'accélère. Décollage dans quinze minutes. Depuis peu, le soleil a fait place au premier croissant de lune. Les nerfs sont mis à rude épreuve. En même temps que le nez de l'appareil, la tension s'élève d'un cran à bord. Avant de rejoindre Marseille, nous optons tout d'abord pour une bien singulière stratégie. Nous pénétrons dans l'espace aérien algérien. L'obscurité est notre meilleure alliée. Je sais, c'est interdit, mais nous prenons le droit au nom de l'assistance à personne en danger. C'est osé, mais qui entreprend souvent gagne. Cette tentative nous permettra de prendre contact avec l'avion détourné. Nous l'espérons tout du moins. Nous y sommes. Quelques nautiques nous séparent de l'avion frère cloué au sol. Le commandant affiche la fréquence commune à la compagnie.

– Alpha Foxtrot 8969, si vous m'entendez, nous sommes du groupe d'intervention de la gendarmerie nationale. N'ayez aucune crainte. Nous sommes avec vous. Nous avons pris en charge votre problème. Ne répondez pas ! Appuyez simplement sur la pédale d'émission. Si vous m'entendez, pressez une fois sur votre bouton.

Malheureusement, aucun bip ne vient troubler le silence du cockpit. Pendant ce temps, sous notre ventre lisse glissent les nautiques. Nous sommes conscients que maintenir cette route nous expose aux radars de l'aviation civile et militaire algériens. Malgré les risques, la décision est prise. Notre pilote entame un long virage, afin de revenir sur le point de contact idéal. Compte tenu des paramètres de vol et des facteurs liés à notre sécurité, la plage dédiée au contact radio sera plus que réduite. En conséquence, si entretien il y a, il devra être bref et précis. Seconde et dernière tentative. Nous renouvelons notre confiance et formulons des questions. Elles induisent des réponses ouvertes ou fermées. Un bip : oui. Deux bips : non.

– Alpha Foxtrot 8969, le GIGN à l'appareil. Est-ce que tout va bien ?

Le silence règne sur les ondes.

– Êtes-vous en mesure de répondre ?

Le haut-parleur grésille.

– Sont-ils deux ?

– Trois ?

– Quatre ?

– Désolé, Philippe, nous devons maintenant dérouter, annonce le pilote déçu.

Le captain affiche le nouveau cap sur l'un de ses cadrans éclairés. L'avion amorce un angle de quelques degrés. Le grand oiseau blanc inscrit un long virage sur fond de ciel étoilé. Chacun de nous est contrarié de laisser derrière lui des âmes apeurées.

La côte française est à présent en vue. Nous sommes

en approche. Des guirlandes électriques grimpent sur les bas-reliefs et s'étirent le long de la mer ébène. L'Airbus se cabre. Vu du ciel, l'aéroport de Marseille-Marignane ressemble à une ville assiégée. Criblé de gyrophares inquiets, le site scintille de toute part. Les secours se bousculent sur la moindre parcelle de terre disponible. Un hôpital de campagne semble même être dressé aux abords de l'aérogare. Comment expliquer cette concentration de secours ici et pas ailleurs ? Nos hauts responsables ignoraient-ils réellement la prochaine destination de l'appareil détourné ? J'avoue qu'il y a de quoi s'interroger sur la nature des relations qui unissent nos deux ministères. Je ne sais pas pourquoi, mais je présage d'autres mauvaises surprises. Espérons qu'elles ne mettent pas en péril nos vies et celles des otages...

Où sont nos vrais amis... ?

Les trains épousent enfin la piste marseillaise. Bien que les réacteurs développent une réelle poussée, l'Airbus maintient une allure lente jusqu'au coup de frein final. Nous nous immobilisons devant les hangars non gardés. Dès lors, les moteurs se coupent sur une longue expiration. La nuit est claire. Le ciel dégagé. Un vent glacial balaie l'aéroport tout entier. Le froid est saisissant. Sur le flanc de l'appareil, l'ouverture d'une porte papillon laisse entrevoir les entrailles de notre Airbus. L'animal est truffé de technologie. Au regard de l'espace encore disponible, notre chargement paraît ridicule. Malgré la disproportion des éléments, chacun s'active à débarrasser le ventre du gros-porteur. Caisses métalliques, cantines pressurisées, sacs en cordura, armes de gros calibres sont évacués en un temps record. Sous la responsabilité de Jeff, tout le matériel est conditionné sous l'un des hangars réquisitionnés. Être prêt quoi qu'il arrive. Tout de suite et même avant... Chose impossible pour l'homme de terrain, mais toujours envisagée par l'homme de bureau. Mes sacs ? Où sont-ils ? Mes armes longues ? La montagne de toile érigée devant mes yeux et les valises empilées nourrissent à cet instant une inquiétude infondée. C'est bon, tout est là. Les mains sur les poignées, je prends soin de les placer à l'abri d'éventuelles intempéries. Le compte y est. La valise protégeant mon fusil à lunette. L'autre avec mon arme dotée d'un laser. Et mes deux sacs bodybuildés en toile ébène. Tout est en ordre ! Rassuré, je me rends à la tour de contrôle. Antonio m'emboîte le pas. Nous grimpons deux par deux les marches qui nous séparent de la salle vitrée. Elle est perchée au sommet du donjon à la cime évasée. L'aquarium baigne dans une lumière tamisée. La vue ici est imprenable. Elle s'étend sur plus de cent quatre-vingts degrés. La nuit enveloppe l'aéroport engourdi par le froid. Des ampoules bleutées et rougeâtres délimitent les pistes des bas-côtés herbeux. Au-delà des rubans d'asphalte, un rideau obscur obture l'horizon. Je devine à peine la Méditerranée. Elle est sombre. Adossés à la paroi vitrée, des écrans informatiques. Face à eux, des aiguilleurs inquiets. Quelques autorités sont déjà présentes. Le préfet adjoint, quelques officiers de police et le directeur de l'aéroport. Nonobstant celle de notre désormais patron et notre cellule négociation. Aucun doute possible. La prochaine étape se déroulera bien ici. L'aéroport est toujours ouvert au trafic aérien. Mais pour combien de temps encore ? Le bulletin météo prévoit une température proche de zéro. Un vent glacial faible à modéré sévira en milieu de nuit, selon les météorologues.

Sale temps pour les tireurs d'élite. Ils vont devoir chercher la chaleur au cœur de leur polaire à défaut de la trouver ailleurs. Comment résisteront-ils au froid ? Grâce au mental et aux quelques pochettes chauffantes en leur possession. Je ne sais pas encore quels seront les tireurs désignés, mais je plains d'ores et déjà les futurs élus.

L'avion Air France 8969 est toujours en attente d'une autorisation de décollage. À mi-chemin entre espoir et désespoir, l'Airbus d'Alger trépigne, à l'affût d'un feu vert salutaire. Empêtré dans les méandres politiques franco-algériens, l'oiseau foudroyé s'impatiente de s'envoler vers des cieux plus heureux. Le plein de kérosène ? Le commandant de bord espère l'obtenir une fois posé en France... En toute honnêteté, je doute qu'il obtienne satisfaction. Dès qu'il touchera le sol français, il ne sera plus question qu'il redécolle. Dans une salle à proximité, l'équipe négociation. Elle est prête à entrer en contact avec les terroristes. Dès qu'ils auront posé le pied en terre phocéenne, la cellule engagera la conversation. Tout est prêt. Les valises d'enregistrement sont sous tension. Les haut-parleurs connectés. Trois tableaux sont dressés non loin des tables où se tiendront les négociateurs. La prise de notes est essentielle. D'elle dépend le bon déroulement des opérations. Aucune incohérence ne sera tolérée. Encore moins envisagée. Tout doit être logique, clair et précis. Charge à notre secrétaire de les coucher sur les vinyles immaculés. Dans le bon ordre, la bonne colonne ou la bonne case. Les informations lui parviendront par la négociation et les observateurs extérieurs. Tireurs fusils et négociateurs deviendront alors nos yeux et nos oreilles. Les feutres de couleur permettent de différencier les terroristes des otages. Un fait constaté, une interrogation en suspens, une description observée, même furtive, seront minutieusement notés sur l'un des trois tableaux prévu à cet effet. Alain, Bernard et Éric se disent prêts à entamer la négociation. Je n'ai aucun doute là-dessus. Quelle que soit la situation, ils sauront toujours s'adapter à leur interlocuteur.

– Apparemment, notre arrivée est une surprise, chuchote Bernard. Ils s'attendaient à voir rappliquer le RAID.

– Y a qu'à voir leur tête pour comprendre ! ironise Alain à voix basse.

– De toute façon, ils ne peuvent plus s'opposer à notre présence ici. Je suppose que la France entière a les yeux braqués sur Marignane. Chasser le GIGN au profit de la maison d'en face serait incompris et mal interprété.

– D'autant qu'une dizaine d'entre nous s'apprêtent déjà à nous rejoindre. Ils descendent par avion militaire. Leur arrivée est prévue dans une heure ou deux, tout au plus.

– Génial !

Il est maintenant temps de rejoindre mes camarades. Les tireurs fusils viennent d'être désignés. Ils sont placés sous la responsabilité de Thierry. Si la négociation échoue, si la folie meurtrière s'empare de l'avion, Thierry sera contraint à coordonner les tirs. Chaque tireur se prépare à passer la plus longue nuit de sa carrière. La plus froide aussi. Leur équipement ne trompe personne. La nuit sera longue et glaciale. Ils devront tenir dans un frigo à ciel ouvert. Quoi qu'il advienne. Ne pas dormir. Ni somnoler. Prévoir des barres de céréales. Chocolatées ! C'est meilleur. Des fruits secs. De la gelée royale pour le p'tit déjeuner. Le café ? Ils l'auront plus tard. À quel moment ? Nul ne le sait. À eux de prévoir une Thermos. Ils doivent aussi se munir d'une petite pelle pliable en métal. Pour creuser leur trou ou mieux agencer un mouvement de terrain. Une fois couchés, ensevelis sous des mottes de terre ou camouflés sous un filet aux couleurs du terrain, il leur sera interdit de se lever. Si la nuit autorise quelques écarts, l'aube les condamnera à l'immobilisme le plus complet jusqu'au prochain crépuscule. Le seul moyen de briser l'isolement : le talkie-walkie. Cependant, il est hors de question de se lâcher sur les ondes. Apprendre à se taire pour ne jamais encombrer la ligne. Seule exception : la transmission d'une information. À condition qu'elle revête un caractère important. Enfreindre l'une de ces règles dévoilerait peut-être le dispositif, perturberait la stratégie et exposerait, selon toute probabilité, la vie d'un ou plusieurs otages. Ça, c'est inenvisageable. Même pas en rêve. Pour les besoins les plus naturels ? À eux d'anticiper, de prévoir et de s'organiser. La nuit leur offre toutes les opportunités pour ne jamais commettre d'impairs le jour. La mission d'un tireur fusil n'est pas de tout repos. Ni des plus confortables. Didier, comme bien d'autres, aurait à coup sûr préféré rester parmi les équipes d'assaut. Mais le destin en a décidé autrement.

Tel un collet, les élus encercleront le volatile. En première partie de nuit, le tireur s'attachera à réduire la distance qui le sépare de l'avion. Cent mètres environ. Tout au plus. Un peu avant l'aube, celui-ci relâchera la tension. Il battra en retraite sur quelques mètres juste avant que la lueur du jour pointe à l'horizon. Cependant, il s'évertuera à préserver une portée de tir efficace. Deux cents mètres maximum. Au-delà, le vent influerait sur la précision du tir. Sur une longue distance et en fin de course, l'ogive perd de la vitesse. De ce fait, elle subit l'assaut du vent. Les écarts de tir sont parfois considérables au regard des impacts relevés sur les cibles lors des exercices. Une épaule n'est pas une tête. Et inversement. Un otage n'est pas un terroriste. Les tireurs sont seuls juges du moment où ils devront déguerpir de leur position. Libre à eux d'apprécier l'instant. Gare à celui qui se trompe. Leur base d'observation est déjà établie. L'aire sur laquelle sera stationné l'avion détourné est sertie d'un écrin herbeux. À cet instant, la zone est balayée par un vent de travers. Les tireurs se partageront en nombre égal le fer à cheval verdoyant. Six d'un côté. Six de l'autre. Entre les deux, l'avion tourmenté. C'est dans cette pince végétale que le 8969 achèvera son vol. Il y trouvera, j'espère, la paix et le repos pour le salut de tous.

Le fourgon des aéroports de Paris est à présent avancé. Un à un les tireurs embarquent dans la camionnette. En véritable chasseur, Thierry se prépare à les déposer autour de l'aire bitumée. Bien avant que l'avion détourné ne s'engouffre seul dans le piège tendu. Ce sera la fin de son dernier acte. C'est comme cela que je l'imagine.

– Bon courage ! compatit l'un de nous témoin de leur départ.

En guise de réponse, il reçoit un clin d'œil d'un des douze Bibendum désignés. Mon seul plaisir à cet instant ? La radio. Elle annonce l'arrivée imminente du renfort. Le Transall serait en approche de l'aéroport. C'est à présent confirmé par la tour de contrôle. La troisième équipe s'apprête à venir gonfler l'effectif. Dans quelques minutes, une dizaine d'hommes s'ajouteront à la trentaine déjà en place.

– Ils viennent de se poser, crache la radio.

Je ne vois rien et n'entends rien. Le cargo au fuselage camouflé ne se distingue pas de la nuit noire. Je capte à peine le grondement de ses moteurs. Ça y est ! Le bimoteur bodybuildé surgit enfin hors de la nuit. Il roule sous la lumière des hauts projecteurs érigés aux abords de l'aérogare. Il trouve sa place à proximité de notre Airbus. Il paraît minuscule à ses côtés. Ses hélices achèvent leur ronde effrénée. La rampe d'accès s'ouvre sous la queue plate de l'appareil. Vêtus d'une combinaison semblable aux nôtres, nos frères jumeaux débarquent les uns derrière les autres. Tous arborent le sourire. Un sac sur l'épaule. Une arme en bandoulière et une seconde sanglée à la cuisse. La radio !

– À tous, l'avion 8969 vient de décoller de l'aéroport d'Alger, grésille le micro.

– Reçu, salue un à un les tireurs déjà en proie aux morsures de l'hiver.

– Il est attendu à trois heures trente, informe Denis depuis la tour de contrôle.

Ma montre affiche deux heures quarante-cinq. Ce n'est plus qu'une question de minutes. Mon cœur tambourine. En cas d'extrême urgence, les copains fraîchement débarqués constitueront la troisième équipe. Celle qui pénétrera par la porte avant droite. Tout est calme ici. Trop calme peut-être. L'aéroport semble vivre ses derniers instants de sérénité. Le silence est inquiétant. Que nous réserve-t-il ? À quoi dois-je m'attendre ? Au pire ou au meilleur ?

– À tous, il est en approche...

Je vise ma montre. Trois heures vingt-six. Je souffle. Non pas parce que je suis rassuré, mais parce que j'angoisse de l'apercevoir. L'Airbus charrie avec lui la peur et la mort. Ses entrailles sont frappées par un mal infernal. Un mal redouté par toutes les polices du monde. Je stresse sur le dénouement... Sera-t-il heureux ? Le froid accentue l'étrange sensation. Mes tripes tressaillent sous le poids de l'appréhension. L'adrénaline m'envahit. Elle puise l'émotion au cœur de ma poitrine. Je décode la tension sur les visages qui m'entourent. Je devine à présent l'oiseau blessé. Ses ailes sont déployées. Il est de grande envergure. Il plane au-dessus de l'eau. Il perd de l'altitude. Il est majestueux. Trois projecteurs surpuissants percent la nuit et s'éteignent tour à tour sous l'immense dôme étoilé. Est-ce un appel de phares ? Ou un appel au secours ? Un SOS peut-être ? Un appel qui reflète sans doute la plus grande détresse. Je le distingue sans vraiment l'entendre. Il est encore trop loin et trop haut. L'immense oiseau blanc arrondit sa course. Dans un ralenti presque improbable, le grand volatile se cabre sans se plaindre. La fumée blanchâtre confirme son contact avec le sol gelé. La seconde volute provient de la roulette de nez. Il est étrange de réaliser que, sous son apparence calme et sereine, couve un véritable brasier. Il est curieux de penser que des âmes sans défense côtoient, depuis plusieurs heures, l'enfer du décor sans pouvoir broncher. Que des hommes passionnés, prêts à tout, se terrent peut-être parmi les passagers. Comme convenu, l'oiseau en souffrance trouve sa place au fond de sa cage. L'étau se resserre. Nous le tenons. Là, sur un dernier soupir comme un dernier tourment, ses réacteurs trouvent enfin un repos mérité. Plus un bruit. Les derniers volets à guillotine se ferment un à un. Aucune porte ne s'ouvre. Personne ne débarque. Y a-t-il une vie à bord ? Le silence est accablant. En même temps que l'avion, une chape de plomb vient de s'abattre sur l'aéroport de Marseille-Marignane. La France tout entière semble bâillonnée au regard de la situation. Que faire maintenant ? Attendre...

– Rien ne bouge, excepté le commandant de bord, affirme l'un des tireurs embusqués. Il porte une chemise blanche. Il semble s'adresser à une personne placée derrière lui.

–J'ai en visu le copilote, relève un autre observateur terré de l'autre côté, chemise blanche aussi : il observe les alentours. Tout est calme.

Attendre et attendre encore. Patienter n'est pas mon fort. Aussi je file aussitôt en direction de la tour de contrôle. Bernard a déjà amorcé les prémices d'un dialogue.

– C'est notre parking ici ? s'étonne le commandant de bord.

– Pour l'instant, oui.

– Le carburant pourra venir jusqu'à nous ?

– En théorie oui, cela devrait être possible. À vous...

– Bon d'accord ! crache la radio.

– Le parking est prévu pour un ravitaillement, rassure Bernard.

– La zone est prévue pour qu'on puisse ravitailler et décoller ensuite ? doute encore la radio.

– Oui, tout à fait.

– Bon, que personne n'approche l'avion parce qu'ici on ne sait pas sur quel pied danser. D'accord ?

– C'est bien reçu.

Un des tireurs confirme le dialogue grâce à sa ligne de mire. L'espace d'une seconde, il a vu le commandant de bord se tourner sur son fauteuil.

– Ils sont d'accord. Ils ont confiance en l'équipage. J'imagine qu'on lancera les opérations les unes après les autres par l'intermédiaire d'Air France ? Le complément de carburant, vidange des toilettes, etc. ? se rassure une fois encore le commandant de bord.

– C'est cela. S'il vous plaît, restez en veille tout de même sur cette fréquence.

– Oui, bien sûr ! La zone n'est pas très bien éclairée ici. Je mets mes phares, d'accord ? Lorsque quelqu'un interviendra sur notre avion, il faudra que nous puissions l'identifier. Vous comprenez ? Je mets l'éclairage. Nous devons nous en sortir comme ça. Commençons par la vidange des toilettes. Après, nous ferons le plein de carburant, d'accord ?

– C'est entendu.

– Phares allumés, confirme l'un des tireurs embusqués.

Ma montre affiche trois heures cinquante. Je suis surpris par le silence des terroristes. Aucun d'eux ne prend pour l'instant la parole. Alors, qui a pris l'initiative d'allumer les phares ? Est-ce le pilote lui-même ? Si oui, pourquoi ? Pour conserver la confiance concédée par les preneurs d'otages ? Peut-être. Pour l'heure, les projecteurs éblouissent deux de nos tireurs. Les spots surpuissants nous empêchent toute approche discrète.

– Air France 8969 de la tour de contrôle ? interpelle Bernard. Air France 8969 de la tour de contrôle ? Vous me recevez ?

– J'écoute ! grésille la radio.

– Bernard Honner à l'appareil, attaché au cabinet de monsieur le préfet. Pourrais-je entrer en contact avec le responsable du commando ?

– D'accord ! Bon, pour le moment nous sommes… sous surveillance mais nous l'appelons. Il est en cabine. Je suis content d'avoir un contact aussi rapide, parce que tout à l'heure enfin… quand je dis tout à l'heure, cela fait un jour et demi que ça dure !

– Ne vous inquiétez pas. Vous êtes ici en sécurité, tranquillise Bernard.

– OK, je vous remercie. Le chef du commando me dit qu'il ne veut aucun contact avant Paris.

– Bien. Nous voulions juste connaître la situation générale, en savoir un peu plus sur l'état de santé des passagers.

– Eh bien, je suis capable de vous le dire. Il reste environ cent cinquante personnes à bord. Tout est calme. Le commando ne souhaite pas que les passagers descendent ici. Les relations sont bonnes. Ça se passe bien à partir du moment où tout se déroule comme prévu.

– C'est bien reçu. Mais nous souhaiterions tout de même entrer en contact avec le responsable du commando. La situation est peu courante et nous aimerions obtenir quelques informations avant de pouvoir vous rendre quelques services !

– Vous savez, ils ne répondent pas facilement. Et puis, nous avons déjà passé des heures… très tendues.

– Nous sommes ici pour que la situation s'arrange, tempère Bernard.

– J'ai bien compris… Donc ils ne veulent formuler aucune revendication ici. Ils veulent simplement que l'on traite l'avion comme prévu. Ils formuleront leurs demandes à Paris. Vous avez reçu ?

– Oui, c'est bien reçu.

De toute évidence, le commandant monopolise le temps de parole. Sans même se douter, il se place comme un interlocuteur incontournable. Ce qui complique la situation et surtout la négociation. Difficile de régner si nous ne pouvons pas diviser. Prudent, il anticipe même sur les opportunités qui s'offriraient à nous. Il est inenvisageable pour l'instant d'approcher l'appareil. Les phares éclairent toujours la piste. Toutes tentatives d'approche seraient risquées. Par peur des représailles, le pilote signalerait la situation anormale relevée au pied de son avion. En l'état actuel des choses, il est impossible d'envisager un seul contact avec l'un des membres du commando. Le pilote filtre les communications. Évalue les risques à délivrer ou pas l'information ou la requête. Même banale. Son attitude illustre toute la difficulté à trouver en lui un véritable allié. Le complice passif idéal. Je crois que les négociateurs l'ont compris. Le commandant de bord semble endosser le rôle d'un bien singulier porte-parole. Désormais, il nous sera difficile de lui accorder notre confiance. Restons attentifs. Comment lui en vouloir ? Serait-il atteint du syndrome de Stockholm ? Je ne le pense pas. Pourquoi ?

Parce que le phénomène touche la plupart du temps des victimes en marge du processus de négociation. Des victimes loin du monde réel. D'un univers sensé où la raison pilote la destinée de l'homme sage. Pour en être affecté, il faut donc qu'il y ait une perte de repères avec le monde extérieur. La plupart du temps, l'absence de contact favorise et accentue le processus insidieux. De ce simple fait, l'otage en proie au syndrome bascule au fil du temps en faveur de son tortionnaire. En toute inconscience...

Ici, seul le passager reste vulnérable au phénomène. Pourquoi ? Parce qu'il est isolé. Ses rapports humains sont faussés. Ses valeurs tronquées, voire annihilées. L'entente cordiale instaurée en cabine s'établit par la domination des uns sur la sensibilité des autres. La loi du plus fort prime sur le cœur de l'homme assis. Dès lors, l'absence d'informations affecte encore plus l'affectif traumatisé.

En ce qui concerne le captain, son comportement ne peut pas être assimilé au syndrome. Pourquoi ? Parce que son rôle d'interlocuteur, sa fonction et son contact privilégié avec le monde réel l'obligent à garder la tête bien vissée sur les épaules. Ses repères, ses valeurs sont solides comme le fer. Son esprit est clair. Son analyse précise. Il mesure la gravité de la situation et les risques encourus. La veille, il a vu les passagers étendus au pied de sa passerelle. Cependant, il veut encore croire. Espérer un dénouement heureux. « Puisqu'ils me font confiance, je peux croire en leur sincérité. » Tel un joueur d'échecs, il anticipe sur tous nos coups. Alors, de quoi est-il atteint ? Qu'est-ce qui l'empêche de collaborer avec nous ? Sans doute la responsabilité de plus de cent cinquante passagers. Elle pèse depuis plus de quarante heures sur ses épaules.

– 8969 de Bernard Honner ?

– J'écoute !

– Pouvez-vous faire comprendre au chef du commando qu'il nous faut tisser des liens étroits afin de procéder aux différents services en toute confiance.

– Non, mais... enfin... nous... Pour nous ici tout est réglé avec notre compagnie. Avant d'atterrir nous avons déjà donné les instructions et la procédure à suivre. La priorité doit être donnée aux toilettes. Les personnes chargées du nettoyage devront arriver au niveau des phares. Descendre du camion. Ouvrir les vestes. S'ils n'ont pas de veste, ils devront remonter leur pull-over. Le truc classique. Ils tourneront sur eux-mêmes pour que nous soyons sûrs qu'ils ne portent pas d'armes sur eux. D'accord ? Ils feront les vidanges avant et arrière. Ensuite, ils repartiront avec le camion. Même procédure avec l'eau potable. Amenez un grand escabeau sur place. On a besoin d'eau, Coca, jus de fruits, café, thé, des ouatoses pour la toilette. Du papier hygiénique aussi ! Après, on demandera le carburant.

– J'ai bien reçu. Cependant, cela serait plus facile si un membre du commando accepte la discussion !

– Vous n'avez pas le choix. D'accord ! Tout doit se faire tranquillement...

– Oui, mais...

– Ils ne feront aucune revendication ici. C'est tout. Marseille est une escale technique.

– Très bien. Nous étudions pour l'instant tous les services qui devront s'effectuer à bord. Cela va demander un peu de temps.

– Tâchez de ne pas trop traîner. C'est simple d'envoyer un camion vidange toilettes. Qu'il roule sur un parking ou sur un taxiway, je ne vois aucune différence.

– Oui, tout à fait. C'est juste. Seulement, reconnaissez que la situation est un peu particulière.

– Oui, la situation est particulière, mais le reste est classique.

– Il faut juste que je trouve des équipes qui acceptent de faire le travail.

– Il y a toujours des volontaires. Ce sont les autorités qui empêchent les services de se faire. Si nous sommes venus en France, ce n'est pas pour que la situation soit pire qu'à Alger.

– Tout à fait, commandant. Mais cela serait plus facile si nous pouvions obtenir le contact avec un membre du commando.

– Ce n'est pas parce que je parle à la radio, que je suis le chef du commando ! OK ? C'est comme ça. Pas de contact à Marseille.

– Bien reçu. Nous tentons de constituer une équipe de nettoyage. Je ne vous cache pas que c'est difficile au vu de ce qui s'est passé à Alger.

– Bon ! Ce qui s'est passé... au début... enfin avant la prise d'otages. Enfin tout s'est très, très vite passé. Ils ont abattu deux passagers tout de suite. Après, on pensait que ça allait se débloquer et puis ça s'est encore bloqué. Alors, ils ont exécuté un autre passager. En ce qui concerne le personnel de service, cela s'est toujours bien passé.

– Nous aimerions faire comprendre aux preneurs d'otages que cela serait plus facile s'ils relâchaient quelques otages.

– Les passagers veulent rester avec nous. C'est comme ça.

– Un geste de leur part rassurerait les autorités françaises.

– Vous ne vous rendez pas compte ! Vous êtes en train de faire monter la tension !

– Bon, très bien !

– Maintenant, ils m'interdisent de vous parler. Donc on va s'arrêter là.

– C'est bien reçu.

À en croire les propos, les terroristes se tiennent à proximité des pilotes. Problème : aucun tireur ne perçoit une silhouette proche du commandant de bord.

– 8969 de Bernard Honner ?

– J'écoute !

– Nous sommes ravis de vous annoncer qu'une équipe est prête. Nous attendons vos instructions.

– OK ! Le camion vidange arrive par l'avant. Côté commandant de bord pour que je puisse les identifier. Ils sont déjà partis ? Il n'y aura pas de problème s'il n'y a pas d'entourloupe.

– C'est reçu. C'est comme cela que nous l'entendons.

Deux de mes camarades sont volontaires pour le service toilettes. Le reste de la troupe patiente toujours dans le hangar. Tout se déroule comme convenu, mais pas comme souhaité. Il est pour l'instant impossible de grimper à bord de l'appareil. Aucune passerelle n'est avancée. Les portes sont toujours verrouillées.

– Bernard Honner de 8969 ! interpelle le captain.

– Oui, je vous écoute.

– Tout s'est très bien passé. Pouvons-nous placer un escabeau à la porte avant gauche ? Pour les boissons. On ne sait jamais, on pourrait avoir aussi besoin d'un médecin.

– Entendu. Dites, commandant, nous savons que le commando souhaite faire des revendications à Paris. Serait-il intéressé de faire un point presse ici ?

– Oui, c'est ça qui les intéresse. Faites un assortiment de journaux.

– En fait, nous pensions à quelque chose de plus visuel. Faire passer un message par les médias, la télévision !

– Non ! pas les médias.

Dommage. Je me préparais avec trois de mes camarades à enfiler le costume de journaliste. Ce n'est peut-être que partie remise.

– Commandant ?

– Oui, j'écoute !

– Paris me sollicite beaucoup car...

– Parce que deux cents passagers vont à Paris ? Non, allez, pas de sentiment ! Pas de sentiment ! Où en sommes-nous pour l'eau potable ?

– Je m'apprêtais à donner le départ !

– Essayez de faire accélérer les choses ! D'accord ?

– Entendu.

– Monsieur Honner, un membre du commando voudrait vous parler.

Enfin...

– Je suis sur écoute !

– Le commandant de bord t'a demandé de ramener à nous le camion d'eau potable. Dépêche-toi. On ne joue pas. Je te dis la vérité. Il t'a demandé. Il t'a dit dépêche-toi. Je ne rigole pas. Dépêche-toi maintenant.

– Le camion s'apprête à partir. Nous ne sommes pas là pour rigoler non plus. Monsieur ?

– Ne vous inquiétez, pas il vous écoute, coupe le captain.

– L'eau devrait arriver assez vite, s'adapte aussitôt Bernard.

L'un des tireurs confirme l'approche du camion.

– Dépêchez-vous. Il est cinq heures trente. Du personnel, il devrait y en avoir maintenant sur l'aéroport. Monsieur Honner ?

– Oui !

– Le personnel vient de débuter l'opération d'eau potable. Envoyez-nous l'hôtellerie maintenant.

– C'est bien reçu.

– Ça bouge dans le cockpit, relève un tireur, le commandant se lève. Un autre homme s'empare du micro. Chemise blanche. Brun.

– Monsieur, c'est le mécanicien. Le commandant est parti aux toilettes. Je pense que l'on ne peut pas croire à une libération d'otages à l'escale de Marseille.

– Quelqu'un a certainement besoin de soins à bord ? suggère Bernard.

– Ne vous faites pas de cinéma, reprend le commandant de bord. Attendez ! Il veut vous parler.

–Je te dis, ça ne m'intéresse pas. Envoie l'eau ! C'est tout. Toi, tu n'es pas dans le pétrin avec nous. Nous savons ce qu'il y a avec nous dans l'avion. Nos malades, nos gens morts nous concernent, voilà. Tu as compris ? affirme la voix calme.

Je vise ma montre. Elle indique cinq heures trente-cinq.

– Oui, c'est bien compris. Nous savons que vous êtes concernés. Nous aussi, nous le sommes et...

– Tu risques rien parce que nous savons notre mission mieux que toi. Ça va comme ça. Ne te mets pas dans le pétrin. Ça suffit maintenant, d'accord ? Tu es derrière nous et tu fais ton travail ré-gle-men-taire. OK ?

– C'est bien compris. J'espère que vous savez que...

– Oui, c'est le commandant de bord.

– Nous allons pouvoir faire venir la passerelle. Tout est prêt, rebondit aussitôt Bernard.

– Porte avant gauche, précise le captain, la zone éclairée.

Enfin un accès à l'avion s'offre à nous. Mais une porte ne suffit pas à engloutir plus d'une trentaine d'hommes en un temps record. La théorie veut que nous maîtrisions la totalité de la cabine en quelques secondes. Cela serait idéal et laisserait peu de marge aux terroristes pour s'en prendre aux otages. En attendant une meilleure opportunité, la passerelle jouera le rôle de cordon ombilical. Elle permettra aux passagers d'être ravitaillés et leur donnera toutes les raisons de croire à leur libération prochaine.

Malheureusement, j'ai beaucoup de mal à l'envisager...

Paris s'impatiente. Paris trépigne. L'Élysée s'inquiète. L'Intérieur bouillonne. L'honneur et la crédibilité de la France sont en jeu. Un pan de la République tremble. Pour quelle raison ? Pour qui ? Pourquoi ? J'imagine le regard du monde entier posé sur nous. Quelle vitrine lui offrons-nous ? Le citoyen attend. Observe. Analyse. Jauge le pouvoir. Les élections présidentielles ne sont plus qu'à une pincée de semaines après Noël. Sale coup pour les politiques. Sale temps pour le Premier ministre et celui de l'Intérieur. L'enjeu est colossal. Il dépasse à coup sûr l'intérêt des passagers. L'avenir du prétendant au trône élyséen peut être menacé. Avec lui, celui de son dauphin. Je subodore déjà la politique extérieure de la France étalée dans toute la presse nationale et internationale. Au regard des enjeux, je crains l'ordre irréfléchi. La décision irréversible. Celle qui fait froid dans le dos. Celle par qui tout s'accélère lorsque l'intérêt d'État est en jeu. Celle qui précipite les uns et les autres dans un tourbillon infernal sans se soucier des conséquences engendrées. Les sonneries ne cessent de retentir dans la salle aux baies vitrées. Denis ? Résistera-t-il à l'assaut incessant des appels téléphoniques ? Je l'espère. Combiné en main, l'inquiétude se lit sur son visage. Parfois, je décode même l'incompréhension. Des vies sont menacées. N'y ajoutons pas la nôtre. En tout cas, pas tout de suite. Il sera toujours temps de la mettre en jeu. De la miser sur le tapis. Pour l'instant, gagnons du temps. Il est notre meilleur allié si nous voulons remporter la partie.

– Bernard Honner du commandant de bord ?

– Oui, j'écoute !

– Bien sûr, le personnel qui a amené l'escalier reste au volant du camion pour l'enlever en cas de besoin.

– Oui, bien sûr.

– Pouvons-nous préparer une citerne de carburant ? On prendra un peu plus de vingt tonnes. Il nous reste quatre tonnes sept. Disons... dix-neuf mille litres à couler !

– C'est beaucoup vingt tonnes pour monter jusqu'à Paris ?

– Un homme vient de s'emparer du micro. Chemise blanche. Brun, précise un tireur.

– De quoi tu te mêles ? Pourquoi tu me cherches ? gronde une voix grave.

– Nous ne cherchons rien du tout, monsieur, excepté de tenter d'arranger les choses...

– OK ! Jusqu'à présent, même si je ne le suis plus depuis deux jours, le commandant à bord est celui qui décide du carburant, non ? reprend le captain.

– Tout à fait.

– Ils veulent plus de carburant maintenant. Ils veulent le maxi. En fonction des normes d'atterrissage, on se limite à vingt-sept tonnes.

– Oui, mais...

– Non, mais là, c'est comme ça ! Les passagers veulent rester avec nous ! Nous sommes dans la galère et puis c'est tout. C'est comme ça.

– C'est entendu, commandant, je transmets vos exigences.

– Ce ne sont pas mes exigences. Je n'ai pas le choix. Si vous ne nous amenez pas le carburant, on ira le chercher ! Vous voyez la situation ? Alors, faites le nécessaire, ajoute-t-il d'un ton sévère.

– C'est-à-dire... nous attendons l'arrivée d'une autorité avant de prendre une décision.

– Attention ! c'est en train de repartir... Faites très attention... d'accord ? S'il n'y a pas de citerne assez grande. Envoyez-en deux !

– Le problème est que les autorités se posent beaucoup de questions sur la quantité de...

– Oui ! Et nous ? on ne s'en pose pas beaucoup de questions ? La différence entre vous et nous ? Nous, nous sommes dans l'avion, coupe une voix rehaussée d'un fort accent.

– OK ! OK ! calmons-nous.

Téléphone à l'oreille, Denis s'inquiète. Sa main fait écran sur le micro du combiné.

– Nous devons intervenir ! susurre-t-il angoissé. Avertissez les gars, chuchote-t-il une seconde fois à Roland.

À l'écoute des propos, la situation jusqu'à présent figée semble s'emballer. Tout s'accélère. Je ne comprends pas la décision. Pourquoi cette soudaine précipitation ? Le moment est mal choisi. Les terroristes sont tendus comme des arcs. Ils ne maîtrisent pas leur environnement. Ni la situation. Ils épient les conversations. Observent par les hublots. Cette terre leur est inconnue. Nos forces aussi. Ils sont sur leurs gardes. Ils auraient placé deux bombes à bord, selon Bertrand. Nous ne pouvons pas l'ignorer. L'assaut initierait sans aucun doute les charges sans le moindre état d'âme. Si les détonateurs sont électriques... ils n'auront qu'à presser le bouton pour que la déflagration désintègre l'avion tout entier et nous expédie tous au paradis. L'effet est tout aussi instantané que basculer l'interrupteur d'une pièce pour l'inonder de lumière. Une seconde suffira à faire sombrer la situation dans l'horreur la plus absolue. Si les mêmes causes engendrent souvent les mêmes effets, ici, le résultat serait dramatiquement différent. Aussi je préfère attendre la confirmation. La tension est omniprésente. Elle est partout. À bord comme dans la liaison téléphonique entre Paris et Marseille. Elle creuse le visage de Denis. Il pose le combiné. Le moment tant redouté se traduit aussitôt sur la fréquence de nos radios.

– À tous ! Que chacun s'équipe pour un assaut, lance Denis dépité.

Je dévale aussitôt les marches. Mon cadran affiche six heures trois. Désormais chacun de nous s'attend à une offensive absurde par le seul moyen d'accès à bord : le camion escabeau stationné en porte 1. L'ordre est insensé. Dénué de réflexion. Qui s'amuse à jouer aux soldats à Paris, alors que d'autres ici s'acharnent à préserver des vies ? Ce n'est pourtant pas compliqué de comprendre que le moment n'est pas bien choisi. La prise d'otages débute à peine en France. L'aurore sera bientôt à portée d'horizon. Les conditions ne sont pas réunies pour garantir nos chances de succès et la sauvegarde de tous les passagers. L'urgence n'est pas avérée. La vie n'est pas encore en danger. Cela va à l'encontre de toute logique. De notre logique. À savoir préserver la vie jusqu'à son extrême limite. Il faut donner la priorité aux mots afin d'éviter le moindre bobo. La réddition en douceur prévaut toujours sur celle qui engendre la douleur. Il est trop tard pour agir. Trop tôt pour projeter le pire. Aucune hypothèse n'a été encore avancée, étudiée, envisagée, proposée ou mise à l'épreuve. Pure folie que de vouloir monter un assaut sans attendre le moment idéal. Sans avoir négocié la libération du plus grand nombre de passagers. Des vies sont en jeu. La nôtre aussi. Nous devons laisser du temps au temps. Laisser la fatigue s'immiscer dans le grand scénario. Accordons plus de temps à la confiance pour qu'elle s'installe elle aussi en silence. Il est navrant de réaliser que les autorités nous envoient à l'échafaud sans se soucier de la centaine d'innocents aux abois. La décision est incohérente et irraisonnée. C'est impensable ! Il est impossible que cette erreur tactique provienne de l'un d'entre nous. Alors, d'où vient-elle ?

– Paris, confirme la radio. Pour l'instant nous devons nous conformer à la décision.

Je m'insurge devant tant d'ignorance, tant d'insouciance. L'aberration humaine n'aurait-elle pas de limites ? Avons-nous les mêmes enjeux ? Les mêmes objectifs ? Je m'élève contre la décision irréfléchie. La folie de l'homme. Dans quelques minutes, le monde entier témoignera du plus grand carnage qu'une prise d'otages eût à connaître sur le sol français. Me suis-je trompé sur mes chefs ? Me suis-je fait bercer par trop d'illusions durant toutes ces années ? Ne sommes-nous qu'un banal outil d'État ? Ma confiance en eux désormais s'effrite. Et les otages ! Qui sont-ils ? Pour qui comptent-ils ? Ils n'ont rien demandé. Si ce n'est que de passer Noël en famille.

– Philippe, il faut faire quelque chose ! Nous ne pouvons pas monter à l'assaut maintenant. Il faut se rendre à l'évidence ! Nous devons nous y opposer sinon.: la plupart d'entre nous y laisseront leur peau !

– Denis est en train de dissuader les politiques. Il s'évertue à trouver d'autres arguments. En attendant, nous devons nous préparer au pire... L'assaut est prévu pour sept heures. Tout doit être terminé avant treize heures.

La stratégie politicienne reposerait-elle uniquement sur le journal de treize heures ? À cette seconde, je les déteste. Vous ! Hommes de pouvoir et de grandes décisions, prenez votre courage en main et venez enfiler mon casque et mon gilet pare-balles. Montez, vous, à l'assaut de votre absurdité. Croyez-moi, la côte est raide. Dur à avaler.

Difficile à digérer et l'échec assuré. Et si par chance l'un de vous ose relever le défi et atteint le sommet, alors il devra répondre de tous ces morts laissés derrière lui. Par faute de stratégie. Sachez que, après un tel revers, le regret exprimé n'aura aucun effet sur le citoyen. Il sera déplacé, eu égard au désastre perpétré.

Le nœud au ventre, je m'équipe. Je prie en silence pour que Dieu nous épargne et préserve les innocents. C'est étrange, je ne me suis jamais compté parmi Ses fidèles mais, à cet instant, je dois dire que je prie pour devenir l'un de Ses plus assidus serviteurs. Gilet sur le dos, casque sur la tête, arme en main, c'est avec le cœur serré que je grimpe dans un des vieux bus déclassés. Mis à notre disposition, ils sont au nombre de trois et dans un piteux état. Deux d'entre eux ne possèdent plus de vitres. Les portes accordéons ne fonctionnent plus. Le froid est saisissant. Il me ronge les os jusqu'à la moelle. Malgré la température proche de zéro, les tireurs sont prêts à ouvrir le feu. Je compte plus que jamais sur eux. Derrière nos visières épaisses le doute s'installe. Nos regards se croisent. Ils traduisent l'aberration de la situation. Dire que nous avions préparé un tout autre assaut... Plus organisé. Plus précis. Ne laissant aucune place au hasard. C'est la première fois que nous courbons l'échine sans broncher. Nous perdons la maitrise de l'opération. J'ai le désagréable sentiment de partir à l'abattoir. Pourquoi je ne me lèverai pas ce matin en hurlant un non à la bêtise humaine ? Un ça suffit ? Un stop ! Il y en a assez de vous écouter. Ai-je peur d'être ridicule ? Ou est-ce ridicule d'exprimer sa peur ? Et pourquoi pas la crier, si cela permet de sauver des vies ? Le courage me manque. Tout repose maintenant sur les épaules de Denis. Sera-t-il de taille à changer l'avenir ? Mal assis, je retrousse la manche de ma combinaison. Il est six heures quarante. Il ne lui reste que peu de temps pour changer le monde.

H moins vingt minutes avant le top action. Avant l'action déraisonnée. L'acte irréversible. Les cars sont stationnés en file indienne dans l'axe arrière de l'Airbus. L'angle mort par excellence. La nuit se retire à pas de velours au rythme des minutes qui s'égrainent. Chaque seconde dépassée nous rapproche un peu plus du corps à corps redouté. De la boucherie sans merci. L'aube pointe déjà à l'horizon. Les passagers sont à mille lieues d'imaginer ce qu'ils devront affronter dans quelques minutes.

H moins cinq minutes : les visages se ferment. La lumière disparaît de nos pupilles. Je m'assure pour la énième fois du bon fonctionnement de mon laser. Point visé, point touché. Cela me paraît presque ridicule maintenant. Je n'aurai peut-être jamais le temps de viser ou d'atteindre l'avion... Je ne pense plus à rien. La décision est tellement absurde !

H moins une minute : le mutisme est absolu. Tonio est pensif, comme les autres. Mon gosier est sec comme un oued en plein été. Les moteurs tournent en sourdine.

Sept heures ! Silence absolu.

H plus une minute : l'incompréhension se lit derrière les visières. L'étonnement s'affiche.

H plus trois : les langues se délient à peine. Antonio esquisse un sourire.

– Ont-ils réalisé leur erreur ? ironise Pierrot.

– Attendons le contrordre, doute encore Pascal.

H plus vingt minutes : je desserre la jugulaire de mon casque. D'autres osent l'ôter. Chacun veut croire à la prise de conscience collective. Ma prière a-t-elle été entendue ? Assis sur le fauteuil éventré, je me déleste de mon arme. Je la pose à mes côtés. Trente minutes me séparent maintenant de l'heure pleine. Soudain :

– Le commandant de bord réclame un ravitaillement en sandwichs, crache la radio. À tous : chaque service est autant d'opportunités à saisir. L'assaut est annulé, déclare Denis.

Merci, Seigneur... Bravo, Denis. Le temps d'apprécier le contrordre salutaire, deux d'entre nous troquent déjà leur tenue contre deux autres aux couleurs de la Servair. Trente-cinq minutes plus tard, des boîtes cartonnées nous sont livrées. Elles s'empilent sur la banquette arrière. Toutes contiennent une quantité suffisante de sandwichs. Aucune distribution ne peut se faire sans inspection drastique préalable. Xavier ouvre les premières tranches de pain. Stupéfaction !

Les sandwichs ne peuvent pas être acheminés en l'état. Pourquoi ? Parce que chaque collation est garnie d'une épaisse tranche de jambon. Quelle bourde ! Impossible d'effectuer le ravitaillement dans ces conditions. Aucune situation ne peut souffrir d'un manque de préparation ou d'une seule erreur. Aucune provocation ne peut être tolérée.

Même par méprise. À défaut de pouvoir rendre le service, chacun assouvit sa faim par de grosses bouchées de pain bien beurré. Les encas ne sont pas perdus pour tout le monde. Retour à la case départ. Repus, nous nous délestons de notre attirail. Nous nous organisons. Le jour se lève. Un soleil rasant réchauffe les corps et les cœurs. La température augmente de quelques degrés pour le plus grand confort des tireurs. Un poste de commandement mobile est désormais avancé. Le fourgon se situe entre l'avion et l'aérogare. Bien à l'abri du moindre regard. La négociation a repris, semble-t-il. Ça m'intéresse ! Tant pis ! Je prends l'initiative de m'éclipser quelques instants.

La tour de contrôle est en effervescence. La salle fulmine. Ça cogite dans le nid d'aigle sophistiqué. Les bouteilles d'eau se vident. Elles s'entassent dans l'unique poubelle que compte la pièce des négociateurs. Les tasses à café s'amoncellent sur leur table. Les tableaux se couvrent d'un tas d'informations colorées. Les terroristes seraient au nombre de quatre. Deux d'entre eux semblent revêtir une tenue similaire à celle des membres d'équipage. Les indications nous parviennent des tireurs embusqués. Ça compliquera l'assaut si un nouvel ordre est donné. L'un des pirates marque une présence permanente dans le cockpit. Les trois autres accomplissent, selon toute vraisemblance, les cent pas dans la cabine. Impossible pour l'instant d'apercevoir l'ombre d'une arme. Cette fois, le préfet adjoint souhaite prendre la parole. Cela peut se faire, mais sous le contrôle des négociateurs.

– Air France 8969 ?

– Je suis à l'écoute !

– Je suis le préfet adjoint des Bouches-du-Rhône. Je crois que nous avons satisfait toutes vos demandes. Celles qui constituaient vos besoins de confort. En revanche, en ce qui concerne les vingt-sept tonnes de...

– Écoutez, le commando est très déterminé. Ils sont aussi de parole. Ils ont dit que les passagers iraient à Orly, alors on met du carburant. Après, on verra.

– C'est bien reçu. La question que je pose, c'est pourquoi tant de carburant ? À vous.

– Parce que je suppose qu'ils n'ont pas l'intention de faire affaire à Paris. C'est tout.

– Commandant, si je suis votre raisonnement, la quantité demandée pourrait vous permettre d'atteindre d'autres destinations. Je m'interroge sur la raison pour laquelle la libération des otages ne pourrait pas se faire à Marseille ?

– Je vous signale que le vol que nous sommes en train de faire est un vol Alger-Orly. D'accord ? Alors, personne ne descendra ici.

– Je comprends, commandant.

– Donc on prend du carburant et on va à Orly. Inutile de palabrer. Envoyez-nous du carburant, c'est tout.

– Bien... Puis-je entrer en contact avec le responsable du commando ?

– Tu m'entends, monsieur le préfet ?

– Je vous entends, monsieur ?

– Pardonnez-moi. Je ne connais pas bien le français mais je parle un peu. Nous avons demandé du carburant pour partir à Paris. C'est là-bas qu'on va discuter des choses.

– Cela veut dire que vous libérerez les otages à Paris ?

– C'est un problème qui ne te concerne pas. La vie des otages, elle est très bien. Elle est bien. Ils sont très bien.

– J'ai bien compris. Pourquoi avez-vous besoin de vingt-sept tonnes de carburant ?

– Tu sais, dans tous les détournements, il faut toujours faire des réserves.

– Vous voyez, c'est quelqu'un de déterminé et qui raisonne, coupe le captain. Nous, on subit. On met vingt-sept tonnes et on va se poser à Orly au poids maxi à l'atterrissage. Après, on verra.

– J'ai bien reçu votre message, s'adapte le préfet. Je crois qu'il me paraît difficile de poursuivre notre dialogue simplement sur « Vous mettez vingt-sept tonnes et nous repartons ». J'aimerais obtenir du commando un engagement. Une libération d'otages ici.

– Vous faites fausse route, bondit le commandant, aucun passager ne veut descendre.

– Tu m'entends, monsieur le préfet ?

– Je vous entends.

– À mon avis, tu veux qu'on va exploser tous ça ici ?

– Non, bien sûr !

– Nous partons à Paris, ça va comme ça.

– Pourquoi ne pas libérer les otages ici ?

– J'ai déjà dit, c'est pas ton problème. Monsieur le préfet, vous avez une heure et demie pour décoller à Paris.

Il est huit heures dix. Si à neuf heures quarante on ne part pas, nous avons des choses à faire. Hein ?

– Vous avez bien entendu ? Si dans une heure et demie nous n'avons pas décollé, on risque de libérer des otages, mais peut-être pas dans l'état que vous pensez, ajoute le captain.

Je suis surpris. Sans le savoir, le commandant de bord va plus loin. Il confirme et qualifie la menace jusqu'à présent sous-entendue par l'un des membres du commando.

– J'ai bien compris, rétorque le préfet adjoint.

– Bernard Honner du commandant ?

– Oui, j'écoute !

– J'insiste parce que l'ultimatum, on en a eu un hier à Alger. On a vu ce que ça a donné. On ne peut pas en arriver là.

– Nous comprenons le problème. Je reviens vers vous dans une petite demi-heure.

– C'est trop long ! Pour couler du carburant il faut entre quinze et trente minutes. Elle est là l'addition ! Je ne suis pas d'accord !

– Restez calme, je vais voir ce que je peux faire...

– Depuis combien de temps on doit attendre l'autorisation du préfet pour faire le plein d'un avion de ligne ?

– Nous comprenons mais...

– Tu vas payer très cher ! C'est nous qui décide, c'est pas vous ni le commandant de bord. Tu vas payer très cher, vous et votre...

– Surtout ne faites rien ! Je pense qu'on sera dans quelques instants à même d'accéder à votre demande.

– OK, on attend ! souffle le captain.

– N'oublie pas qu'il est neuf heures dix. Il reste trente minutes. Ne discute pas trop. Hein ? précise la voix.

– C'est bien reçu.

– Un homme brun, chemise blanche s'empare fréquemment du micro, confirme l'un des tireurs.

La théorie veut maintenant que nous gagnions du temps. Les négociateurs vont devoir mettre en exergue toute la difficulté à obtenir les réquisitions pour le carburant. Les médiateurs ajoutent une seconde problématique. Et pas des moindres. Celle qui consiste à convaincre les chauffeurs virtuels à amener la citerne aux pieds de l'avion. La version officielle est que les chefs de service veulent garantir l'intégrité de leur personnel. Rien ne sera simple. Tout sera compliqué. Je sais déjà que cette stratégie générera des phases d'espoir et des instants de désespoir. Les sentiments se partageront les nerfs de notre adversaire. Les motifs ne manquent pas. Au regard de la presse algérienne et française, il est désormais délicat d'obtenir la collaboration des conducteurs en service sur l'aéroport. « Alger, un otage français exécuté », « Alger, terreur sur la piste ». Il nous faut soutenir le plus longtemps possible cette thèse, afin d'obtenir la libération du plus grand nombre d'otages. Officiellement, cela serait perçu comme un véritable signe fort d'engagement. Officieusement, je suis d'ores et déjà convaincu que cela ne sera pas suffisant tant que des innocents resteront aux mains des pirates. Les échanges sont tendus. À mon plus grand désarroi, un rapport de force s'installe entre la tour de contrôle et l'avion. D'un côté l'ultimatum s'égraine, de l'autre les négociateurs se risquent à retarder sans cesse l'échéance. Malgré la menace, Bernard, Alain et Éric tentent une nouvelle fois d'emporter le soutien du commandant de bord. Malheureusement, sans trop de conviction...

– Monsieur le préfet ? interpelle le commandant.

– Oui, j'écoute !

– Dépêchez-vous ! Ils n'ont rien à perdre. Ils sont décidés à mourir si nous ne satisfaisons pas leurs exigences. Si vous saviez l'arsenal qu'il y a dans notre avion !

– C'est pour cela que j'ai beaucoup de difficultés à laisser décoller votre avion ! Je suis très inquiet.

– Nous sommes sur deux longueurs d'onde opposées. Si vous aviez vu comment ça s'est passé à Alger, mon pauvre ! Alors, donnez-nous du carburant.

– Le pilote quitte son fauteuil, signale la radio.

– Commandant ? Commandant ? se risque le sous-préfet.

– Un homme, chemise blanche, prend sa place. Peut-être s'agit-il du copilote ? précise un tireur.

– Oui, allez-y, le commandant s'est absenté. Je fais partie de l'équipage technique.

– Une information court que l'avion pourrait exploser en vol ? annonce le sous-préfet. J'ai compris que les membres du commando sont prêts à sacrifier leur vie. Vous ne pensez pas que cela pourrait se faire entre Marseille et Orly ? Il faut absolument convaincre le chef du commando que, s'il libère des otages ici, les autorités françaises seraient prêtes à faire un pas vers eux.

– Même s'ils libèrent les otages ici, cela ne les empêchera pas de le faire exploser en l'air avec l'équipage ! Je vais en faire part au commandant.

– OK !

– L'homme en chemise blanche se lève du fauteuil, souligne un des tireurs.

– Monsieur le sous-préfet du commandant ?

– Je vous écoute !

– J'étais en cabine pour rassurer mes passagers.

C'est avec précaution que le haut fonctionnaire réitère ses inquiétudes.

– Compte tenu des craintes, nous ne pouvons pas laisser repartir votre avion.

– Avant de décoller d'Alger, je leur ai posé la question. Droit dans les yeux. Eh bien... eh bien... je n'attends pas de réponse de votre part, bafouille le commandant.

– S'ils sont prêts à aller jusqu'au bout, eh bien, le bout, c'est peut-être à onze mille mètres d'altitude entre Marseille et Paris. Je crois que je vais être plus clair ! Et j'espère que le chef du commando m'entend. Si tout le monde descend ici, nous garantirons leur sécurité. Et je vais même aller plus loin. La France est une terre d'asile.

– Il est derrière moi. Il me répète que personne ne descend à Marseille.

– Commandant, nous ne pourrons pas aller plus loin si nous n'arrivons pas à obtenir un geste de bonne volonté.

– Tu m'entends ?

– Oui ! Oui !

– C'est la parole. Nous avons dit quelle heure. Nous avons une heure et demie, et puis une heure quarante-cinq minutes. Maintenant, c'est jusqu'à une heure. Après, vous prendrez votre responsabilité.

– Monsieur ?

Le silence radio est tout aussi dévastateur que la menace. Il souffle sur nos consciences. Les membres d'équipage ont réussi à obtenir le report du premier ultimatum grâce aux différents services sollicités. Le prochain est déjà fixé à treize heures. Les négociateurs s'attacheront à proposer d'autres services en dernière minute. Juste avant l'heure fatidique. L'objectif est de retarder encore et toujours l'instant crucial. Une heure de gagnée est un espoir à mettre au profit des passagers. Toutes les demandes sont remplies par les membres de l'unité. En revanche, aucune d'elles n'offre la moindre opportunité. L'espoir d'une livraison de carburant toujours imminente aide à supporter la tension à bord. La situation serait sans doute plus aisée avec la libération de plusieurs otages. Le deal tient toujours. Le sujet reste sensible. Il est pour l'instant source de friction. Alors, préservons le calme en l'occultant pour l'instant avant d'y revenir plus tard. La tour souffle le chaud et froid sur l'avion détourné. Les esprits s'échauffent ou s'apaisent en fonction des contraintes fictives et des maigres accords concédés. En attendant les minutes s'égrainent une à une. Un goutte-à-goutte mortel qui s'écoule au fil des heures. Il érode la patience de chacun. Chaque goutte émet à la surface de nos consciences un signal d'alerte fort. Jusqu'où tiendront-ils ? Jusqu'où sommes-nous capables d'aller ? Les limites sont sans cesse repoussées. L'essentiel est de ne jamais atteindre le seuil de rupture. La vie ne tient qu'à un fil. Un lien qui peut se briser à tout moment. Se rompre sur un mot. Sur un désaccord ou un simple retard...

– Monsieur le sous-préfet ? Je suis colonel et ancien ministre algérien. Je m'excuse de prendre le micro mais le groupe armé m'a demandé de m'adresser à vous. Le chef dit qu'il n'a aucune raison de discuter avec vous. Qu'ils sont en position de force et, par conséquent, ce sont eux qui ordonnent.

– Je comprends, monsieur le ministre, mais...

– Ils risquent d'exécuter des otages ! Ils vont exécuter des otages ! Peut-être même parmi l'équipage ! Voilà, je vous remercie.

Est-ce vraiment un passager ?

– Attendez ! Calmez-vous.

– Je vous écoute, monsieur le sous-préfet ! reprend le commandant.

– Voilà ce que je vous propose...

Le paradis contre votre enfer, c'est tout ce qu'il me vient à l'esprit à cet instant...

La tension est presque palpable maintenant. Je tente d'y voir plus clair. Toutes nos démarches sont restées vaines. Les services offerts ne sont pas vecteurs d'opportunités. Toutes nos approches sont maintenues à une distance de sécurité beaucoup trop importante pour songer à une intervention éclair.

– Porte 2 gauche ouverte, grésille la radio. Homme brun, chemise blanche, pantalon sombre. Il scrute l'extérieur. Fermeture de la porte.

La fréquence et l'ouverture décalée des issues ne nous permettent pas d'envisager un tir simultané sur les preneurs d'otages. Les terroristes ne se présentent jamais ensemble dans la même seconde. De plus, rien ne nous indique qu'un de leurs complices ne figure pas sur la liste des passagers. À défaut d'obtenir satisfaction sur la demande de carburant, le sous-préfet suggère une conférence de presse à Marseille. Au pied de la passerelle. Preuve de notre bonne volonté. Les terroristes se montrent ouverts à la proposition même si elle sous-entend un nouveau report d'ultimatum. Il est désormais fixé à quatorze heures quarante-cinq. Problème : le point presse ne peut se faire sans une libération d'otages. C'est donnant donnant.

– Vous vous doutez bien que la conférence de presse ne peut pas se faire après une libération d'otages ! Il ne faut quand même pas abuser ! rit le captain.

– Bon d'accord, nous pouvons organiser une conférence de presse avant une libération.

– Bon, c'est déjà une avancée, souffle le pilote. Alors, ils veulent soit TF1 ou France 2 parce que ça passe en Algérie. CNN aussi !

– D'accord, je reviens vers vous.

– Il faut des journalistes qui parlent aussi arabe !

Aussitôt compris, aussitôt fait. Je dévale les marches du donjon vitré. S'ils acceptent une conférence de presse, je serai l'un des journalistes. Comme il a été convenu dans l'un de nos nombreux scenarii. Je n'ai plus une minute à perdre. L'information circule déjà sur nos radios. Nous sommes trois à revêtir une tenue civile. Pascal sera le preneur de son. Éric le journaliste et moi le cameraman. Nous constituerons la première équipe de journalistes dépêchés sur place. TF1 ou France 2. Peu importe. Cela dépendra des autocollants disponibles dans nos cantines. Trois contre quatre. Pourquoi pas ? Si la chance nous sourit, nous pénétrerons dans l'Airbus. À défaut, nous la créerons. Après ? Cela ne sera plus qu'une question de secondes ou d'opportunité. Avec ce matériel bricolé, nous serons en mesure de les neutraliser ou de les stopper si nécessaire pour l'éternité. Espérons que la vie d'un innocent à bord ne soit pas menacée. Je ne souhaiterais pas en arriver là. Utopique ou pas, je m'accroche encore à la certitude que tout le monde s'en sortira sans la moindre égratignure. Je rêve d'une reddition sans blessure. Voilà, nous sommes prêts. Harnachés comme de vrais reporters. Le vocabulaire journalistique est depuis longtemps maîtrisé. Qu'il soit large ou serré, le plan est d'ores et déjà bien organisé. La liaison radio avec nos frères est vérifiée. Tout fonctionne. Un véhicule de l'aérogare est à présent avancé. L'avion est à portée d'objectif. L'oiseau blessé tremble sur la piste. Perché sur ses pattes hydrauliques, il est toujours immobile sur son parking. Cela depuis plusieurs heures maintenant. Depuis l'extérieur, aucune plainte ne transparaît de la carlingue. Tout semble calme. Cela me paraît presque irréel. Le soleil brille. Autour de nous la vie continue. Reste à attendre le feu vert. Celui qui nous autorisera le départ avant la mise en scène. Le temps s'écoule en silence. L'accord radio tarde à nous parvenir. Je stresse. J'imagine la suite. J'anticipe le geste menaçant. Mon esprit visionne sans cesse la mauvaise scène. J'en ai les tripes nouées. Que se passe-t-il ? Pourquoi cette attente ? Elle est interminable. Je subodore une négociation plus ardue encore.

– À tous, le commandant de bord réclame un autre escabeau et des aspirateurs, grésille la radio. Apparemment, quelques personnes à bord souffrent de crises de tétanie. Nous réfléchissons sur l'intervention d'un médecin par radio.

Je bous d'impatience. Je me compare à une Cocotte-Minute sous pression. Ou plutôt à un athlète en passe d'accomplir un cent dix mètres haies aux jeux Olympiques. Lorsqu'il est prêt à bondir de ses starting-blocks. Ses muscles sont bandés. Dans sa tête, il n'y a de place que pour le triomphe. Concentrés, ses yeux fixent deux choses : la ligne d'arrivée et la victoire. Les nôtres ne visent qu'une seule chose : l'obligation de résultat. Être le premier, surtout pas le second. Encore moins le dernier des plus mauvais. L'échec serait cuisant pour le plus grand nombre d'entre nous et la majeure partie des passagers.

Chaque service demandé consomme un volume important de minutes. Un seul d'entre eux peut ingurgiter des heures entières. Au-delà de cet appétit féroce, chacun d'eux absorbe sans mesure toute notre énergie. En deux jours, je n'ai dormi que cinq heures et somnolé trois heures tout au plus. Malgré cela, je suis toujours prêt à relever le défi. Ce qui me rassure, c'est que je suis loin d'être le seul... Nous ne faisons qu'un.

Seize heures cinq. Après un nouveau ravitaillement en boissons, papier toilette et ouatoses, la radio annonce la libération imminente d'un ou plusieurs otages ! C'est inespéré. Un couple de septuagénaires est planté au sommet de la passerelle. Nous les accueillons aussitôt. Nous leur offrons un café dans notre poste de commandement avancé. Malgré la barrière de la langue, nos précieux témoins sont en mesure de nous aider. C'est de bon augure. Ils sont porteurs d'un message. L'ultimatum est fixé à dix-sept heures. Pas une minute de plus. Peut-être même une de moins si la situation vire au cauchemar. Avec le plein de kérosène fait. Qu'adviendra-t-il des passagers dans un peu moins de cinquante minutes maintenant ? Sous le signe de l'urgence, Guy et Roland leur présentent des planches photo. Toutes offrent une variété impressionnante d'armes et d'explosifs. Qu'ils soient français ou étrangers, ils sont tous aussi mortels les uns que les autres. Nous n'avons rien à envier à nos alliés ou nos ennemis dans le domaine de l'horreur. Longues ou courtes, d'épaule ou de poing, tout ce qui existe sur la planète est épluché avec le plus grand soin. Quadrillées ou pas, toutes les grenades connues sur notre bonne vieille terre sont inventoriées. Explosifs à pâte molle, en pain ou en bâtonnet sont aussi présentés. À cet instant, je prends conscience que l'imagination de l'homme peut être ô combien débordante lorsqu'elle est mise au profit du mal... Ma montre affiche seize heures dix-sept. Dépêchons-nous ! Rien n'est laissé au hasard. Le résultat du press-book est inquiétant. Les deux ex-otages s'accordent à reconnaître kalachnikovs, Mini-Uzi, pistolets automatiques et grenades en tout genre. Certes, la précision n'y est pas, mais le doute non plus. À cela s'ajouteraient deux bombes. Une dans le galley avant et l'autre à l'arrière de l'appareil. Ils sont sûrs puisque l'une des toilettes a été condamnée par un ruban adhésif après avoir été piégée.

Charmant l'accueil où explosifs côtoient allègrement les armes de guerre. Merci pour ces merveilleux cadeaux, gentil Père Noël. Seulement, j'ai peur de ne pas pouvoir les apprécier à leur juste valeur... Ce n'est pas de ce genre de truffes dont je rêvais. Je les imaginais plutôt au chocolat. J'ai toujours eu tendance à ne pas pouvoir digérer le plomb et le cuivre !

– À tous ! Les réacteurs se mettent en route, s'angoisse l'un des tireurs.

Pourquoi ? Que se passe-t-il ? Notre oiseau s'ébroue ? Veut-il se dégourdir les pattes ou nous mettre un peu plus sous pression ? Peut-être veut-il prendre son envol ? La tension grimpe. De toute évidence, le commandant de bord et les terroristes s'impatientent d'obtenir satisfaction : le kérosène.

– Soyez prêts à bloquer la piste de décollage ! ordonne Denis par radio.

Logique. Compte tenu des risques encourus, il n'est pas question que notre oiseau s'envole. Quelques-uns se tiennent déjà prêts à lui barrer la piste. Comment ? Avec des engins de piste. Ils constitueront autant d'obstacles à franchir avant d'espérer atteindre la vitesse idéale de décollage. Tant pis ! Si cela tourne mal, il vaut mieux que cela se fasse ici plutôt qu'au-dessus de Paris.

– L'avion quitte son emplacement ! s'inquiète un autre tireur.

À l'abri du muret, je confirme l'information. L'Airbus se déplace à faible allure. Où va-t-il ? Il longe l'aérogare paralysée. Passe devant un, puis deux avions laissés au parking. Il stoppe son roulage au pied de la tour de contrôle. Stupéfaction générale ! Quid de nos tireurs ? Ils sont désormais hors de portée efficace. Aucun d'eux ne peut remplir sa mission. Ils ne peuvent ni appliquer un tir de précision, ni renseigner les copains. Ils sont maintenant à l'opposé de l'oiseau blessé. Il faut faire vite. Très vite. Ma montre indique déjà seize heures vingt-cinq. C'est Christophe qui se charge de les récupérer au volant d'un fourgon ADP. La récupération et leur nouvelle mise en place doivent se faire en un temps record. Moins de trente minutes. Spectateur malgré lui, le personnel de l'aérogare voit débarquer sous ses yeux ébahis douze zombies venus de nulle part. Fusil à lunette sur l'épaule. Vite, le temps presse !

– Tireurs en place, rassure Thierry par radio.

Il est seize heures cinquante. Nos snipers s'alignent désormais sur le toit de l'aérogare. Ils sont à moins de cent mètres de l'appareil détourné. Si tir il y a, il sera fichant. Presque à bout touchant, si j'ose dire.

– À tous, les pirates ne veulent plus de conférence de presse. Juste de l'eau potable et du kérosène, affirme l'un des négociateurs. La situation est très tendue. La menace de s'en prendre aux passagers est désormais avérée.

Je ne sais pour quelle raison, mais je pressens un terrible dénouement. Le plus troublant est que mon instinct ne dément à aucun moment le mauvais pressentiment. Au regard des visages qui m'entourent, je ne suis pas le seul à l'envisager. Il faut d'ores et déjà anticiper un éventuel assaut. À la différence du premier avorté, celui-ci répondra en tout point à nos exigences. Après avoir revêtu de nouveau ma combinaison, je me joins aux autres pour la préparation des véhicules escabeau. Nous calons la hauteur des escaliers mobiles sur les issues de l'avion frère. Il constitue notre seule référence. Attention ! Notre Airbus moins chargé présente une garde au sol plus élevée que celui du Paris-Alger. En effet, au regard du nombre de passagers embarqués et des soutes bondées, le AF 8969 affiche un poids supérieur au nôtre. Il faut donc envisager une hauteur au collet plus basse. Ce n'est pas grave à condition de garder ce paramètre en mémoire. Aussi les chauffeurs des véhicules escabeau sont assignés à deux missions importantes. *Primo :* amener les hommes équipés jusqu'à destination. *Secundo :* veiller à ce que le sommet des passerelles se positionne juste en dessous des issues. C'est un souci. Pourquoi ? Parce qu'un centimètre en trop peut engendrer des dommages irréversibles en cabine. Surtout si l'une de nos équipes se voit refuser l'entrée par faute d'anticipation. Même si l'approximation ne fait jamais partie de notre langage, il faut bien admettre, cette fois-ci, qu'il nous est impossible de prendre la mesure exacte entre les portes bien gardées et le sol glacé. Alors, puisqu'il faut éviter une passerelle trop rehaussée, une consigne simple est donnée. Au contact de la carlingue, si l'homme en prise directe avec la poignée quart de tour est dans l'incapacité d'ouvrir la porte, l'autre au volant enclenchera une marche arrière immédiate. Toute la difficulté réside dans la synchronisation des hommes. Entre celui planté au sommet des marches et le chauffeur resté aux aguets trois mètres plus bas. C'est essentiel ! Car chaque seconde compte. Ma montre affiche à présent seize heures cinquante-cinq. Moins cinq minutes avant l'inconnu. Aucune information des négociateurs ne circule sur les ondes. J'imagine la tension dans la salle. Elle doit flirter avec son paroxysme. Le lien qui unit pirates et négociateurs doit avoir atteint son seuil de rupture... Un peu comme *Le Vieil Homme et la mer*. D'ici, je pourrais presque entendre le fil chanter.

– Pour tous, la situation est bloquée. Préparez-vous à un assaut d'urgence, annonce Denis, j'arrive !

Allons-nous vraiment intervenir ? Je ne le souhaite pas. Je veux encore croire à la capitulation sans condition. Sans attendre, je m'équipe, le cœur tremblant. Casque. Gilet. Gants. Sans oublier le triple armement. Automatique dans l'étui de cuisse. Revolver à la ceinture. Pistolet-mitrailleur en main. Le sélecteur de tir est d'ores et déjà positionné sur le coup par coup. Ce qui veut dire : pas de rafale ni de tir continu dans l'avion. Tout ce matériel charrié sur mon dos constitue désormais ma seule défense, mais aussi la seule protection du passager. Les pistolets-mitrailleurs dotés d'un laser composeront les premiers éléments d'assaut de chaque équipe. Le mien en est muni ! À cet instant, je le regrette presque. Je n'ai pas très envie d'être le premier de mon équipe. Est-ce ma destinée ?

Charge à moi maintenant de discerner l'innocent du coupable. Et ce quelle que soit la distance. Les véhicules escabeau sont désormais avancés dans l'axe arrière de l'Airbus. Juste derrière les locaux vétustes que compte l'aéroport. Bien à l'abri des regards indiscrets. Quatre à cinq cents mètres nous séparent de l'oiseau choqué. J'ai du mal encore à y croire. Par stratégie, chaque équipe s'agglutine sur les trois ou quatre premières marches de sa propre passerelle. Le plus bas possible pour ne pas être détectée trop tôt lors de l'approche. L'objectif ? Donner l'apparence d'une banale circulation d'engins de piste. Ils sont au nombre de trois. Ma passerelle mobile se place en deuxième position. La première équipe prendra en charge la porte 1B. L'issue avant droite. La plus éloignée de notre point de départ. Pourquoi ? Parce que les équipes doivent atteindre les portes en parfaite simultanéité. L'inconvénient est que le premier escabeau devra contourner l'aile du gros-porteur s'il ne veut pas y laisser le sommet de l'échelle. Des mètres de plus, des secondes en trop. Dix-sept heures ! Denis nous a rejoints. Équipé lui aussi, il est le seul à garder la liaison radio avec la tour de contrôle. Silence sur le tarmac. Mon cœur tambourine à faire péter mes artères. Il raisonne dans ma poitrine. Ce n'est pas tous les jours que l'on réalise que celui-ci sera peut-être le dernier... Je vise Pierrot à mes côtés. Philippe en contrebas. Nos regards valent bien plus que des mots. Antonio se situe trois marches plus bas. Il m'adresse un clin d'œil confiant. Quelle galère...

– Tenez-vous prêts, informe Denis l'index collé à l'oreille, la vie d'un membre d'équipage est peut-être menacée.

L'attente est insoutenable. Je me remémore une dernière fois mon rôle. Le film défile dans ma tête. Issue arrière droite. Alain ouvre la porte. Philippe et moi, premier binôme. Nous nous engouffrons dans la cabine. Allée de droite. Direction le poste de pilotage. Le reste de la troupe collera nos talons. Après, après... que Dieu nous garde !

Planté sur les marches métalliques, je songe à mes parents, Joce et Charles-Henri. Savent-ils au moins que je les aime ? La prise de conscience est cruelle. Je pense à vous... Je... Trop tard ! Des coups de feu claquent ! Ils m'extirpent de mes remords. Dix-sept heures quinze ! Tout s'emballe ! Depuis les issues avant et arrière, les terroristes ouvrent le feu sur l'aérogare et les avions laissés au parking. Quelques vitres se fissurent. Certaines se brisent. Une ogive se fiche dans l'un des panneaux vitrés de la tour de contrôle. L'aéroport se fait l'écho des détonations. Le désaccord est désormais consommé et leur volonté affichée. En moi il n'y a de place que pour la cabine A300. Je rentre. À droite ! Je cours si possible. Au fond ! Cockpit. *S'il Vous plaît, Seigneur, épargnez-nous.*

– Top action ! s'écrie Denis.

Les passerelles s'engagent dans l'axe arrière de l'Airbus. L'allure est lente. Trop lente. Les engins ne sont pas faits pour le circuit du Mans. La surcharge écrase les stabilisateurs arrière. À leur contact sur le sol, des gerbes d'étincelles fusent sur le tarmac. Les pirates appliquent des tirs tous azimuts. Des balles sifflent au-dessus de nos têtes. Des traces rougeoyantes zèbrent le ciel méditerranéen. Nous ont-ils décelés ? Je ne le pense pas. Leurs tirs seraient plus précis. Plus que cent mètres ! Laissez-nous au moins le temps d'arriver. Cinquante ! Les terroristes disparaissent derrière les portes. Les issues basculent et se verrouillent sous nos yeux concentrés. Trente mètres ! Le véhicule de tête décroche sur la droite et entame un arc de cercle. Ils deviennent vulnérables. Ils sont désormais visibles des hublots. Notre passerelle se positionne comme prévu. Juste sous la queue aux trois couleurs. Bien parallèle à l'avion. Côté droit. La troisième échelle en fait de même côté gauche. La hauteur est importante ! Pas le temps de stabiliser l'escabeau à l'aide des vérins. Nous franchissons deux par deux les dernières marches. Le véhicule tangue.

Ouverture de la porte ! Cabine sombre ! À droite ! L'allée ! Équipe Roland s'engouffre en face ! Je remonte la coursive ! Ça suit derrière ! Direction cockpit ! Des détonations ! Des traits rouge sang traversent déjà toute la longueur de la cabine. Un peu comme des aiguilles à tricoter dans une pelote de laine. Une pluie d'ogives s'abat sur nous. J'ai le sentiment de remonter un torrent de plombs.

– Couchez-vous ! Gendarmerie ! Couchez-vous !

Je progresse dans un immense capharnaüm sans lumière. À défaut de pouvoir me faire comprendre, je frappe d'une main ferme toutes les têtes innocentes, afin qu'elles se plaquent sur leurs genoux. Par instinct de survie, certains s'exécutent d'initiative ou par mimétisme. Devant, des tirs d'armes automatiques en rafales ! Mais où exactement ? Des copains sont déjà pris à partie en porte 1B. Ils hurlent !

– Dans le cockpit ! le cockpit ! désigne Philippe.

– J'suis touché ! j'suis touché ! s'écrie un autre catapulté par une ogive sur l'un des rares fauteuils vacants.

J'entends quelqu'un râler. Il est couché sur son flanc. C'est l'un de nous ! Il est amoché. Il agonise au pied de la porte avant gauche. À quelques mètres du cockpit. Impossible de le récupérer. Des étincelles crépitent de toute part ! Le feu est nourri. Les passagers sont partout ! Jusqu'aux premières rangées. Les plus exposées. La puissance de feu des terroristes m'oblige à stopper ma course entre la porte avant droite et le premier galley. Le panneau qui sépare le poste de pilotage de la cabine passagers est déjà criblé d'impacts. Problème ! Ce dernier fait écran et interdit toute vue sur le couloir qui mène au cockpit. Chaque équipe, dans les allées respectives, doit se découvrir pour s'ouvrir un angle de tir. Surpris, les terroristes sont pour l'instant acculés dans le nez de l'appareil. Ils sont sept avec les techniques à se partager trois mètres carrés. Un mouchoir de poche pris en tenaille par les tireurs extérieurs et nos tirs en cabine. Le feu fait rage. Malgré la pression exercée, aucun assaillant n'agite de drapeau blanc dans la poudre volatile. Rien à faire. Leur volonté est en acier trempé. Téméraires, les pirates se risquent hors du poste. Ils marchent à quatre pattes afin d'offrir le moins de surface possible à l'ennemi. Ils ripostent par des tirs en rafales ou des jets de grenades. C'est l'enfer ici, pas le paradis. Le dossier des fauteuils vibre sous la puissance de feu de nos adversaires. C'est irréel ! Comment en sommes-nous arrivés là ? Dans le désordre, Tonio précède mes pas maintenant. Il porte secours à Éric blessé devant lui. Il le tracte sous son bras. Denis navigue d'une allée à l'autre. Il est au-devant de ses hommes. Il montre le chemin. Les portes 2 s'ouvrent enfin. Le toboggan en 2D se laisse choir comme une vieille chaussette.

– La cordelette ! hurle Alain, cordelette !

Le toboggan claque enfin sous la pression commandée. Les passagers se ruent aussitôt vers les issues. Au diable l'évacuation commerciale ! Chacun se jette dans le puits de lumière. Source de tous les espoirs. Inutile de leur demander de suivre le marquage lumineux ou le panneau EXIT. Ils n'ont aucune intention de se plier au règlement de la compagnie. Le seul mot d'ordre est : « Sauve qui peut ! » et le plus vite possible. La survie les pousse vers la sortie. En quelques secondes, l'oiseau blessé régurgite par tous ses pores son flot de passagers. Ils glissent. Ils crient. Ils pleurent. Pendant ce temps, les tirs s'échangent toujours en première partie de cabine.

– Grenade ! hurle l'un d'entre nous.

La déflagration est surprenante. Les plus chanceux ont eu le temps de faire demi-tour ou présenter leur dos. J'en fais partie. Impuissant, Thierry, couché au sol, ne cesse d'essuyer les projections de limaille générées par l'engin. Son râle m'est devenu insupportable. Quelques centimètres le séparent seulement des pommes de pin explosives. Denis, lui, est sonné sur l'une des rangées centrales. Sous le feu, visière levée, il reste assis dans l'axe de tir des adversaires. Il semble avoir perdu connaissance sous le souffle de l'onde de choc. Il est groggy. Inerte, il devient vulnérable. La déflagration l'a soufflé dans son élan. À portée de main, Tonio, Jean-Michel et moi l'extirpons de son état léthargique. Il reprend connaissance. Se redresse aussitôt et repart de plus belle. Un vrai patron. Les passagers et les membres d'équipage en zone avant subissent l'assaut répété des terroristes autant que nous. Pendant que nous tentons d'appliquer des tirs de couverture ou de neutralisation, ils rampent entre nos jambes écartées en direction de la sortie. À l'avertissement du cri : « Grenade ! » ils se figent sur le sol comme de vrais soldats. Un vrai cauchemar. L'équipe avant droite est presque décimée. Blessés, plusieurs d'entre eux veulent encore monter à l'assaut. Mais la force semble vouloir se dérober sous eux. L'intensité du feu diminue enfin. Elle se réduit en même temps que le nombre de pirates. Une arme automatique hurle encore sa colère. L'approche du poste de pilotage reste très risquée. Tapie à l'angle du couloir, l'extrémité d'un canon crache encore des flammes acharnées. Des dards étoilés claquent à moins de deux mètres de moi. La bouche infernale arrose copieusement l'avion dans toute sa longueur. Le canon ! Il pivote ! Il s'oriente vers nous ! Aucun doute ! Antonio, les autres et moi devons déguerpir très vite d'ici. Insister nous exposerait à une sanction immédiate et sans appel. Je bats aussitôt en retraite jusqu'au premier galley.

– Arrêtez ! arrêtez ! ils sont tous morts, hurle une voix dans le cockpit.

Les armes se taisent une à une. Dix-sept minutes viennent de s'écouler. Dix-sept longues minutes. Jamais un assaut n'avait pris autant de temps ! Les postes de radio nous confirment l'information. Je suis presque devenu sourd. Le calme est aussi lourd qu'un instant de recueillement. Un silence de mort règne à bord. L'odeur de poudre se mêle désormais à celle du sang. Cela est insupportable. Un nuage de poudre flotte encore en cabine. Pourquoi gâcher la vie ? Elle est déjà si fragile. Pourquoi n'ont-ils pas capitulé ? L'honneur aurait été sauf, notre âme aussi. Je ne sais pas si la bravoure se mesure par le don de soi ou la folie des hommes ? Cependant, je sais qu'une émotion exacerbée peut parfois entraîner l'homme jusqu'à sa perte. Alors, face à la déraison, quelle valeur dois-je accorder à l'intelligence du cœur ? La cabine est dévastée. Le vestiaire équipage démantibulé. La porte est lacérée par les métaux projetés. Tout comme elle, mon cœur saigne au milieu d'un monde devenu insensé. Les garnitures de l'avion portent les stigmates de la démesure à laquelle nous avons été conviés sans même l'avoir souhaitée. Désormais, le plomb et le cuivre clouent au mur de ma mémoire l'histoire de quatre jeunes hommes à la destinée tronquée et celle de mes camarades à jamais meurtris dans leur chair. D'autres le seront dans leur cœur. Une marque indélébile transparaît déjà sur le mien. Les coffres à bagages sont éventrés ou désaxés. Des trous béants sur la moquette laissent entrevoir le tarmac. Au regard des dégâts, j'imagine volontiers la puissance des grenades envoyées. L'Airbus saccagé pisse l'eau et le kérosène de toute part. La vie s'écoule comme un long fleuve tranquille sur la piste glacée de Marseille-Marignane. Antonio s'en est sorti. Sain et sauf. Suis-je encore en vie ? Je n'en sais trop rien. Un bout de métal froissé s'est fiché dans la plaque de mon gilet pare-balles. Je suis aphone et dévasté à la fois. Soulagés, les derniers membres d'équipage s'extirpent du tréfonds de l'enfer. La violence du choc se lit sur leur visage. Les traits sont tirés par l'effroi enduré. Le regard du commandant de bord exprime une fatigue intense. Une tension extrême maintenant relâchée. Une avalanche d'horreur vient de s'abattre sur lui et sur son mécanicien. Le copilote s'en est sorti en sautant par la verrière du cockpit, selon la radio. Le voyage s'achève ici. Bienvenue chez nous, commandant. Bienvenue du bout de l'enfer...

Les larmes marquent enfin l'arrêt de notre engagement. Le ministre de la Défense, François Léotard est arrivé de toute urgence. Il débarque à l'instant de son Mystère 20. Il vient nous rejoindre dans un des salons que compte l'aéroport. Sourire aux lèvres, il nous complimente chaleureusement. Il se fait l'écho du gouvernement. En réponse aux éloges reçus, nous lui infligeons notre rancœur et notre colère encaissées sur ces cinquante-quatre dernières heures. Les mots sont durs et dénués de retenue. Bien qu'un soldat ne se mutine jamais, le ministre acquiesce sans sourciller. Il compatit presque. J'espère qu'il portera nos maux au plus haut sommet de l'État pour que nous n'ayons plus jamais à essuyer des décisions absurdes et que nous obtenions des moyens adaptés à nos missions. Sans avoir le sentiment de quémander. Les promesses sont faites. Seront-elles tenues ? L'avenir me le dira. Il veut partager un dîner avec nous au restaurant de l'aéroport. Soudain, une sonnerie retentit ! Le téléphone du ministre. Il s'empare du portable, le colle à l'oreille puis le présente à Denis. Une haute autorité souhaite lui parler. Et quelle autorité ! Le président de la République en personne. Extraordinaire ! J'en douterais presque si le ministre ne réclamait pas le silence d'un regard sévère, l'index plaqué sur les lèvres.

– S'il vous plaît, sollicite Denis la main sur le combiné, un peu de silence.

Voyez-vous ça ! J'y crois à peine. Le rendez-vous est pris. Demain, neuf heures, au palais de l'Élysée. Ce soir, plus que jamais, je reconnais en Denis l'âme d'un vrai patron. Christian, le fondateur, et lui font désormais partie de mon histoire. Une histoire d'hommes au service des hommes. Je le regarde converser avec le ministre en toute humilité. Moi qui le pensais incompétent et hors contexte, je suis aujourd'hui désolé de m'être trompé. Confus de l'avoir sous-estimé jusqu'à souhaiter un jour son départ. Ce n'est pas une chance que je lui octroierai ce soir, mais ma vie s'il le fallait... Il est de ces hommes qui ouvrent le chemin et non de ceux qui l'indiquent d'un simple geste de la main. Patron, si tu leur tends la main, ils te donneront leur peau...! Je l'atteste aujourd'hui. Je m'en souviens comme si c'était hier... Merci, l'ancien.

Au-delà des récompenses qui me seront sans doute attribuées lors d'un probable discours officiel, la seule qui mérite que l'on s'y attarde un peu est celle formulée par le vieil Algérien tout à l'heure. Parmi les acteurs du mauvais film que l'avion frère ramène à Paris, il est le seul à m'avoir touché en plein cœur. Un octogénaire au regard délavé et aux mains flétries qui aurait pu être mon grand-père. Tant l'amour perçait à travers ses prunelles. Cela tient en un mot. Planté devant moi dans une des allées avant le décollage, ses yeux embués dans les miens, ses mains dans les miennes, il m'a chuchoté à l'oreille avec pudeur : « Merci. » Tout simplement. Je lui ai rendu son sourire juvénile et l'ai plaqué contre mon cœur. Je crois véritablement qu'il aurait pu être mon grand-père. En d'autres lieux peut-être... En d'autres temps sûrement...

De toutes les lois qui éclairent l'homme sur terre, la seule qui assombrit bien souvent son avenir est bel et bien celle du talion. Aussi, je rêve d'une autre loi. Plus universelle et moins dévastatrice que les autres. « Aimez-vous les uns les autres... » J'ai conscience que cela paraît aujourd'hui utopique voire puéril, mais je sais aussi que rien n'est impossible à l'homme dès l'instant où il le souhaite vraiment. Qu'attendons-nous pour changer le monde ?

Au regard de l'événement, je réalise à ce moment, assis entre ciel et terre, combien les sentiments exprimés sont d'une extrême importance. Pour ne pas dire essentiels. Se dire les choses pendant qu'il est encore temps. Avant qu'il ne soit trop tard. N'attendons pas qu'un être cher quitte notre terre pour lui trouver du talent. Ne retardons pas l'échéance plus longtemps pour lui dire les mots qu'il attend. Je ne veux plus taire mes émotions. Les réduire à leur plus simple expression. Désormais, je souhaite que mes proches, mes parents les apprennent de leur vivant. Que Joce et Charles-Henri l'entendent. Ou plutôt l'écoutent. C'est mieux. C'est aujourd'hui et maintenant. J'en fais la promesse dans cet avion. Je vous aime. Soyez-en convaincus. La pensée, seule, comble déjà mon âme. Je n'en espère pas moins à tous ceux qui m'entourent. Je ne veux pas mourir chargé d'un fardeau trop lourd par excès de remords ou de pardons manqués. La vie est trop courte pour se laisser embarquer. Désormais, il me sera difficile de concevoir, ne serait-ce que l'idée, qu'un seul de mes proches puisse disparaître un jour sans emporter avec lui mes meilleurs sentiments. Pour quelle raison ? Pour ne plus entendre une seule fois dans ma vie : « Si j'avais su... Je n'ai pas eu le temps de tout lui dire... Savaient-ils que je les aimais ? » Non, ça, jamais plus.

Pour le reste, la paix des hommes, je m'impatiente de voir un jour nos sociétés ne plus être gouvernées par les enjeux, la passion et la force. J'attends désormais qu'elles se tournent enfin vers l'essentiel. Je rêve d'être le témoin de la condamnation du mal, né du faux, à se contredire et se détruire lui-même. Assis près de mon ami assoupi, j'aspire à ce que le bien, fécondé par le vrai, engendre à son tour la lumière et l'harmonie des peuples. Il est bon de rêver un peu... Au fond de moi, je veux encore croire à la paix des hommes sur terre. Alors, que faire ? Attendre que les sociétés conçoivent enfin, une fois dans leur existence, l'essentiel. Pourquoi ? Pour qu'il n'existe plus que dans le cœur des hommes : un peuple, une couleur, un visage.

Je baisse à mon tour le volet à guillotine...

Cinq mois se sont écoulés. Les cauchemars se sont peu à peu résorbés. J'en suis soulagé. Chacun se reconditionne. Physiquement et mentalement. J'ai le sentiment de sortir d'une interminable hibernation. Mon corps et ma tête sont encore engourdis. Pour certains d'entre nous, les soins apportés sont beaucoup plus intensifs que pour d'autres. Thierry salement touché devra songer à une nouvelle vie professionnelle. Il n'est pas nécessaire d'être devin pour lui présager une prochaine douleur à surmonter. Celle du cœur. Comme si celle des chairs ne suffisait pas. Quitter les siens n'est jamais chose facile. Trop d'histoires nous unissent. La passion nous cimente. C'est dommage pour lui. Regrettable pour nous. Avec lui disparaît un pan d'une précieuse expérience. Un savoir-faire inégalé que n'importe quelle unité au monde s'arracherait avant même de vouloir exister. C'est comme ça. La médecine a ses exigences que la témérité de l'homme ne comprend pas toujours.

Les alertes ont repris leur cycle. Cela depuis quelques semaines seulement. Compte tenu de l'événement extrême le président de la République lui-même a souhaité que l'unité retrouve d'abord une sérénité avant de reprendre ses missions en toute sécurité. C'est vrai. Le GIGN est encore sous le choc. Il est secoué. Nous pansons nos plaies et comptons nos blessés. On en dénombre dix. Dix pour cent soixante-douze passagers épargnés. La totalité des otages. Est-ce vraiment une victoire ? Je ne sais pas. Dix blessés et quatre jeunes adultes enlevés. Quatre jeunes à peine sortis de l'adolescence. J'ai conscience que l'addition est lourde et la facture toujours trop élevée des deux côtés. Pourquoi ? Pourquoi toujours écrire l'histoire avec le sang et non avec la plume ?

Aujourd'hui, j'ai le sentiment de naviguer sur une mer en proie à une houle incessante. La menace gronde toujours dans nos rues. Bien que l'œil du cyclone soit passé, j'en ressens toujours les effets dévastateurs. On ne le serait à moins au regard des attentats perpétrés sur notre sol. La capitale est devenue depuis peu le champ de bataille préféré des groupuscules islamistes. Une vague meurtrière déferle en ce moment sur notre pays. Rien ne semble pouvoir l'arrêter. La menace est omniprésente. Sur toût le territoire. Aujourd'hui, je la compare un peu au sucre dans le café. Tout comme lui, elle est partout mais on ne la voit jamais. Des citoyens tombent. Des familles pleurent. Les premiers blessés arrivent dans les hôpitaux parisiens. L'Intérieur est sur les dents. La Défense aussi. L'ordre est donné. Aucun de nous ne doit sortir sans être armé. C'est difficile à concevoir, mais il vaut mieux faire le boucher que le veau. Les unités de police et de gendarmerie arpentent le terrain depuis plusieurs semaines maintenant. Il faut mailler le territoire. Le renseignement et l'infiltration ! Il n'y a que ça de vrai si nous ne voulons pas subir plus longtemps les événements.

Le groupe est destinataire ce matin d'une information importante. Elle est classée confidentielle défense. Le message est clair. La section de recherche de Lille nous informe de l'existence d'un réseau de trafic d'armes. L'organisation inonderait le marché français depuis quelques mois. L'arsenal militaire proviendrait des pays de l'Est. Le principal pourvoyeur et « gentil organisateur » résiderait dans la région Nord-Pas-de-Calais. L'affaire est d'ores et déjà jugée sensible. Il ne faut pas perdre de temps, compte tenu de la situation sanglante que traverse la France. Le rendez-vous est pris. Demain huit heures à la section de recherche. Le parquet de Lille est informé. La direction générale aussi. Quatre d'entre nous prendront la route aux aurores. Ils constitueront l'élément précurseur avant l'arrivée de l'unité. J'en fais partie ! C'est décidé. J'endosserai le rôle de l'acheteur avisé. « Celui avec qui on ne plaisante pas si on veut éviter un mauvais sort. » Pas simple d'être le mauvais garçon. L'objectif ? Fermer le robinet le plus vite possible avant que le sang ne coule plus encore dans nos rues et nos artères meurtries.

Cinq heures. L'heure du départ a sonné. Alain, Didier, Éric et moi nous partageons deux véhicules banalisés. Tenue civile exigée. Les portières claquent. C'est parti ! Pour l'occasion, je ne me suis pas rasé ce matin. J'arbore un anneau à l'oreille, un jean rapiécé aux genoux et un bonnet marin roulé sur la tête. Sous le long manteau : un 11,43. Le vieil automatique est coincé à la ceinture. L'arme fétiche du truand. Pourquoi ? Parce qu'il est facile à trouver et pas cher à l'achat. D'un poids excessif, le colt est rustique et peu performant. Ses munitions sont courantes. Elles tombent des poches malsaines et roulent souvent entre les doigts des plus malveillants. Tous ces paramètres font de lui un automatique à un prix attractif. Malgré son aspect rustique, je reconnais volontiers qu'il parachève assez bien la panoplie du malfrat. Il est le signe de reconnaissance idéal d'un milieu peu recommandé. Grâce à lui, les mises en scène gagnent en crédit. Je m'en contenterai donc aujourd'hui. Cependant, j'émets une condition à mon engagement : en cas d'urgence, je veux voir rappliquer au plus vite les copains mieux équipés. Au volant, Alain sourit. Moi aussi. Ça détend... Le jour se lève à peine. Le ruban d'asphalte défile sous nos pneus depuis plus d'une heure maintenant. Le ciel est bas. Le plafond nuageux ne m'inspire aucune confiance. Je pressens la pluie. Elle devrait faire son apparition et nous ralentir un peu.

– Avec un peu de chance, elle nous accueillera à Lille, ironisé-je.

– On dirait que le printemps n'est pas à la hauteur de ses ambitions cette année, rétorque Alain en visant le ciel de ses yeux malicieux.

– Cette année ? Tu veux dire « chaque année » !

Il esquisse de nouveau un sourire. Plus expérimenté, il possède la sagesse que je n'ai pas encore acquise. Je ne désespère pas. Mon expérience s'aiguise au fil des années. Dix ans ! Déjà dix ans. Je me souviens de ma première mission comme si c'était hier...

Comme pressenti, c'est sous une pluie battante que nous nous engageons dans la cour de la section de recherche. Sept heures quarante-cinq. Pile avant l'heure pleine. J'ai besoin d'un café avant de prendre toute la dimension du problème. La section est en alerte. D'une bonne préparation dépend toujours la réussite d'une mission bien ficelée. L'intermédiaire n'est autre qu'un officier de police judiciaire expérimenté. Il est le trait d'union entre le revendeur et moi. Il est futé comme un renard. N'importe qui lui donnerait le bon Dieu sans la moindre confession. Charmeur et méditerranéen dans l'âme, Yousef est le seul à pouvoir me fournir tous les éléments dont j'ai besoin. Sans lui, je m'exposerais à des risques inconsidérés qu'un scénario scabreux amplifierait plus encore. Son briefing est essentiel si je veux mener à bien la mission sans anicroche. Je dois tout connaître. Tout savoir sur ce marchand de mort. Son profil. Son mode opératoire. Ses codes. Son langage. Le prix du marché. Le type d'armes proposées. Mais aussi et surtout les questions des enquêteurs restées en suspens. Je dois être en mesure de leur apporter, autant que faire se peut, toutes les réponses nécessaires aux besoins de l'enquête. À cela s'ajoute ma propre sécurité. L'adversaire est suspicieux.

Au moindre doute il s'évanouira dans la nature, avant même que nous puissions agir ou comprendre. S'il se sent acculé, coincé, fait comme un rat, il n'hésitera pas une seconde à m'infliger une sanction de sang-froid. Beaucoup de paramètres à gérer pour une seule tête. D'autant que mon attitude doit toujours inspirer fermeté et sérénité. La mission est délicate. La loi ne me permet pas la provocation à un crime ou délit. Même si je sais que l'adversaire présente tous les signes d'un vrai criminel. Mais à situation exceptionnelle, mesures inhabituelles. Je suis en paix avec ça. De plus, c'est entendu avec le juge d'instruction, selon les enquêteurs. Alors, tout va bien. Le magistrat connaît mon existence. Il n'a qu'une seule exigence : ne jamais croiser mon regard. Là, je suis en présence d'un cas typique de conscience professionnelle. « Vous faites, mais je ne veux pas connaître l'instigateur. Ce n'est pas très légal au regard de la loi que je défends. » Alors, si arrestation il y a, je traverserai les mailles du filet en accord avec les miens et avec la bénédiction sourde et aveugle du magistrat instructeur. Pas vu, pas pris. Plus tard chacun lira dans les journaux : « ... lors du vaste coup de filet, un seul trafiquant a pu s'échapper. » Bien souvent, c'est le flic. C'est de bonne guerre puisque celle-ci contribue à la protection du citoyen. C'est dans cet esprit que je conçois l'interpellation. Qu'en est-il de notre chère direction ? Pour l'instant, elle observe depuis Paris. Elle garde le silence. Suivra-t-elle au regard des enjeux ? L'avenir me le dira. On ne sait jamais avec elle. Le deal est simple :

faire sortir les pourvoyeurs de leur terrier et découvrir l'endroit où les armes sont planquées. Les prendre en flagrant délit de transaction. Après ? Après mon rôle s'arrêtera là. Je disparaîtrai comme promis. Aucun problème. Pas d'état d'âme avec ça. Ma conscience restera en paix par l'objectif atteint et les nombreux morts évités. Trop de chairs sont blessées. Trop de cœurs sont éprouvés.

Première étape : la préparation mentale. Afin de mieux appréhender mes doutes et la mission qui m'est confiée, je m'isole avec Alain dans une pièce mise à notre disposition. C'est dans un bureau austère que je me prépare à glisser dans la peau de mon nouveau personnage. Nous sommes deux. Lui et moi. Lui, le coach. Moi, le contact. Assis dans l'angle du grand ring de l'illusion, Alain entame ma préparation. Pendant ce temps, Didier et Éric s'appliquent à mettre en place le décor de mon scénario. Location de voiture. Chambre d'hôtel. Téléphone non répertorié. Bref, tous les éléments qui me permettront d'exister sans prendre le risque d'être identifié. À quelques heures de livrer mon combat, le stress ébranle déjà mes convictions. Serai-je à la hauteur ?

– Ton nom de code est Rouge ! Tu as saisi ?

– Rouge, j'ai bien compris.

– Lorsque tu l'appelleras à ce numéro, c'est-à-dire dans moins d'une heure, vise-t-il sa montre, tu annonceras ce code. Faute d'une bonne présentation, il raccroche et disparaît l'instant suivant. Fin de la mission. Retour à la maison. Cela serait dommage.

– Bien. Comment imagines-tu ma couverture ?

– Tu es en cavale ou plutôt non. Tu arrives de Corse. Tes amis sont là-bas. Tu es proche du FLNC. L'homme de confiance. Tu achètes pour eux. Tu organises les livraisons. Depuis longtemps. Tu as les moyens.

– S'il connaît des Corses ?

– Soit convaincant. Si tu y crois, il y croira.

– OK ! je tâcherai. Reconnais quand même qu'il y a une part de risque ?

– Rien de grand ne se fait sans risque. Tout va bien ? On peut poursuivre ?

– Ça ira mieux après le rendez-vous. Continue.

– Tu es un homme d'honneur. Tu n'as qu'une parole. Tu as peu de temps à lui consacrer. Alors, sois concis, bref et précis. Pas d'entourloupe avec toi ! Il doit le sentir.

– C'est bien compris.

– À aucun moment tu ne dois faire allusion au mot « arme ». Dans leur jargon ce sont des « cannes à pêche ».

– OK pour des cannes à pêche.

– Deux cents euros la canne. C'est le prix moyen d'une Kalachnikov AK47. Après, faut voir l'état général de la canne et le nombre proposé.

– La mort pour deux cents euros...

– Ne t'attarde pas avec ça. Les nations font pire pour beaucoup plus cher, modère Alain, c'est loin de nous, c'est tout. Elle est là, la différence. N'oublie pas de négocier le prix. C'est toujours mieux. Ça, je sais que tu connais ton boulot... Tu n'achètes rien sans voir !

– Bien entendu !

– Le premier contact doit se conclure sur un deuxième.

– Si ce n'est pas le cas ?

– On rentre à la maison. Cela traduira une mise en scène ratée et des risques pour toi en perspective.

– Ouais, ouais, ouais...

Je reste dubitatif et inquiet à la fois. D'autant que surgit dans mon esprit ma propre sécurité. Comment obtenir le soutien des miens si je ne possède pas de radio ? Comment être informé d'un danger imminent si mes camarades ne peuvent pas m'alerter ? Un colt 45 à la ceinture passe mais une radio ou un micro... Impossible d'en être muni. Je peux subir une fouille au corps avant même d'engager la conversation. Il faut convenir d'un code gestuel. Simple. Sans équivoque. Clair et précis.

– Si le rendez-vous est pris dans un appartement ? Je suis marron !

– C'est toi qui décides, me pointe-t-il de son index. Tu dois avoir la maîtrise du temps et du lieu. Trouve des prétextes. Tu n'es pas de la région. Tu n'as pas le temps de chercher. Ta méthode a déjà fait ses preuves. Débrouille-toi. Le rendez-vous doit se faire dans un milieu ouvert. Dépêchons, il nous reste trente minutes avant l'appel.

– Le supermarché à un quart d'heure d'ici !

– C'est parfait. Tu ne connais que cet endroit à Lille. Je récapitule. Si je me gratte le nez, ça ne sent pas bon. Tu abrèges. Un danger se dessine.

– Quoi, par exemple ?

– Des suspects rôdent sur le parking. Tu lui annonces que tu reprendras contact avec lui plus tard. Si je m'enlève le bonnet, c'est que tout est calme. Tu poursuis l'entretien. Je me tiendrai toujours dans ton champ de vision. Au second plan.

– D'accord ! Mais si le problème vient de lui ?

– Tu veux dire, un danger caché ?

– C'est ça.

– Gratte-toi le nez. Nous serons sur toi la seconde suivante. Si tu maîtrises la situation, vire ton bonnet. Aux mêmes risques, les mêmes codes. S'il est accompagné, demande-lui de te suivre, seul, par discrétion. Juste de quoi t'éloigner du risque éventuel. Il n'y a aucune raison que ça tourne mal. Il est là pour te refourguer des armes. Tu représentes un paquet de fric. Il n'est qu'un élément avancé d'un vaste réseau de tordus.

– Un fusible en quelque sorte !

– Un fusible et le premier filtre à passer. Autre chose ?

– Pensez à réserver une chambre d'hôtel proche de la mienne et louer une voiture puissante. Pas une Twingo. Question de crédibilité.

– C'est déjà fait. Quoi d'autre ?

– Lors de l'entretien, je serais ravi d'apercevoir les lasers tacheter son visage, ironisé-je un peu, histoire de détendre l'atmosphère.

– Ne t'inquiète pas. Il souffrira d'une varicelle galopante, s'amuse Alain. Allez, c'est parti !

Comme convenu, une grosse cylindrée m'attend sur le parking de la brigade. Une BMW de couleur sombre.

Sous le fauteuil : une radio. On ne sait jamais. Côté passager, un Eurosignal et la clef de ma nouvelle chambre. Dans le rétroviseur intérieur : mes frères. Chacun au volant d'un véhicule banalisé. Mon Dieu que je les aime ! Aujourd'hui plus qu'hier. Une éclaircie déchire enfin le ciel devenu moins lourd. C'est beaucoup mieux ainsi. Un peu de lumière n'a jamais fait de mal à un monde brutal. Bien au contraire. Si la musique adoucit les mœurs, le soleil modère bien souvent les humeurs. Je préfère ça. Surtout cet après-midi.

– Dites, les gars ! Je ne devais pas avoir un téléphone ?

– Trop compliqué pour en obtenir un sans pièce d'identité, grésille la radio. L'Eurosignal, c'est plus simple ! Il te bipe. Tu le rappelles d'une cabine.

– Bon.

Faire preuve d'adaptation. Là est notre force. D'aucuns diraient : faire du bricolage. Là est souvent le sort de l'enquêteur.

– Quatorze heures ! On est partis, crache la radio.

Je m'engage sur la voie publique. Loin derrière, une kyrielle de flics me colle aux fesses. GIGN et section de recherche se partagent la future rencontre. À la prochaine cabine je marquerai un arrêt. Celle-ci me convient. Juste encore quelques secondes avant de composer le numéro. Le premier contact est important. Il donnera le ton et apaisera mes craintes. Ça sonne. Deux fois. Trois. Quatre. Je doute. Cinq.

– Allô ! tonne une voix grave.

– Rouge à l'appareil.

Le type reste un instant silencieux.

– C'est pour quoi ?

– On peut se voir ?

– Pas tout de suite.

– Quand ?

– Plus tard.

– Quinze heures ?

– Non, c'est mieux à...

– Seize heures, après je ne peux plus.

– D'accord. Rendez-vous au...

– Je ne suis pas d'ici. J'ai pas le temps de chercher. J'aime pas ça. Tu comprends ? Le grand supermarché à la sortie de Lille.

– L'Inter ?

– Ouais, c'est ça.

Un silence s'ensuit. La ligne grésille. J'entends sa respiration. Elle est profonde. Il cherche. Du papier se froisse. Ses doigts semblent gratter la roulette dentelée d'un briquet. Il inspire. Je l'imagine tirer sur une clope.

– Seize heures au pied du grand panneau publicitaire. Sur le parking. J'ai un fourgon. Toi, t'es comment ?

– T'inquiète pas pour ça. Je te trouverai. À tout à l'heure.

Le combiné cogne aussitôt son support et cloue le bec à la conversation. Je suis soulagé. Je me sens bien. Le ton est donné. Assis au volant, je transmets l'information. Chacun se prépare au contact tant attendu. Une heure trente me sépare désormais du rendez-vous. C'est parfait. Juste le temps de mieux gérer mon stress et appréhender le terrain. Visualiser les voies d'accès. Les chemins de fuite. Identifier le haut panneau publicitaire. Trouver un point de stationnement idéal. Pas trop près ni trop loin. Mon seul souci est d'être en place avant lui. Histoire de le voir rappliquer sans l'ombre d'un complice. Être sûr d'avoir la maîtrise du lieu et non l'inverse. Règle d'or : ne jamais subir la mise en scène si je ne veux pas être débordé. La déstabilisation génère souvent le trouble dans les mots. Ce n'est ni l'instant ni le moment d'endurer la situation. Se laisser embarquer reviendrait à s'avouer vaincu. Pire ! Cela reviendrait à laisser des familles entières s'épancher plus encore sur leurs proches mutilés. Quinze heures quinze. Tout est en ordre. Chacun est à son poste d'observation. Les entrées et sorties du parking sont sous contrôle. Les téléobjectifs sont prêts à shooter. Les essais radios sont rassurants. Tout fonctionne. Peu de clients circulent aux abords du panneau. La vie commerçante bat son plein à l'opposé de la pancarte. Elle se concentre à proximité de l'entrée principale du grand magasin. Quinze heures quarante. Je m'impatiente pendant que la bande FM s'évertue à distraire les auditeurs. Problème : elle ne génère en moi aucun instant de plaisir ni moment de détente.

– Toujours rien de votre côté ?

– Tout est calme, crache la radio.

Le colt 45 ne me quitte pas.

– À tous ! un Renault Trafic sombre s'engage sur le parking. Entrée A. Une personne à bord. Pas de vitres à l'arrière, grésille le poste de radio.

Mon cœur enfle aussitôt mes vaisseaux.

– Fausse alerte ! Une femme et deux enfants sortent de l'habitacle. Le véhicule est garé près de la station-service.

Seize heures. L'animal se fait attendre. Pourquoi ? Veut-il me surprendre ou souligner un doute sur notre premier contact ? Ma montre affiche seize heures cinq.

– Fourgon Ford bleu foncé. Entrée B. Un homme à bord. Cabine arrière non vitrée.

Malgré le retard encaissé, l'instinct confirme mon sentiment. C'est lui. Son pare-chocs avant flirte avec le pied solide du grand panneau blanc. La guimbarde s'immobilise en s'ébrouant deux ou trois fois. Le pot d'échappement ne crache plus une seule fumée noire. Le moteur est coupé. L'habitacle est sombre. D'ici je ne distingue pas le chauffeur. Encore moins l'intérieur de la caisse qui le transporte. Est-il seul ? Je n'en sais rien. Je n'ai pas d'autre alternative que d'aller à sa rencontre pour m'en assurer. Je m'accorde encore un instant avant de monter sur scène. Je n'ai pas le droit à l'erreur. Personne ne m'accordera une seconde prise pour qu'elle soit meilleure. C'est tout de suite et maintenant avec l'aplomb d'un vrai guerrier. Action !

– Quand tu veux ! Nous sommes prêts, annonce Alain par radio.

– OK ! j'abandonne ma radio. N'oubliez pas ! La varicelle est une maladie que j'affectionne tout particulièrement aujourd'hui.

– Il affiche trente-neuf de température, s'amuse Didier.

Je l'imagine l'œil collé à son viseur. C'est réconfortant de le penser. Je glisse la radio sous le fauteuil. Coince le calibre à la ceinture de façon à ce qu'il soit visible sans être ostentatoire. Juste de quoi l'impressionner sans vouloir l'effrayer. Montrer la force pour ne pas avoir à s'en servir. Là est tout le jeu de la dissuasion. Les premières secondes sont cruciales. Ça passe ou ça casse. Je m'extirpe de mon confort douillet. J'ajuste le long manteau sur mes épaules. Après un rapide tour d'horizon, j'entame mon premier pas. Au deuxième, je me prénomme désormais Gino. Le sobriquet me colle à la peau depuis gamin. Il n'en saura pas plus. C'est déjà beaucoup. C'est à prendre ou à laisser... Pour l'instant le reflet de son pare-brise m'interdit toute vue précise. Je distingue à présent un visage rond. Je suis maintenant assez proche pour lui mettre des cheveux hirsutes. Il est brun et mal rasé. Ses bajoues laissent comprendre un certain embonpoint. Le type patiente au volant. Personne à ses côtés. Derrière lui ? L'obscurité. Nos regards se croisent. Je cogne à sa vitre. Il mouline la manivelle. La crémaillère grince. La vitre descend. Son regard est dénué de vie. Son accoutrement dépourvu de soin.

–Je suis Rouge.

–J't'écoute.

Vitre baissée, il reste assis. Je distingue une main épaisse sur le volant. L'autre est hors de ma vue. Je suppose qu'elle repose sur ses jambes Qu'y a-t-il sur ses cuisses ? Je me lance.

– On m'a dit que vous pouviez me procurer des cannes à pêche ?

– Qui « on » ?

– Je n'ai pas pour habitude de balancer mes amis. C'est ce qui fait que je suis toujours debout aujourd'hui. Si ça te pose problème ? Tu m'le dis. J'me tire ! J'ai pas beaucoup d'temps. J'suis ici pour affaire. J'suis là trois jours. Quatre si tu m'intéresses.

– Tu viens d'où ?

– Corse ! J'bosse là-bas. On est tous pêcheurs dans la famille. J'suis obligé de te parler ici et toi dans ta caisse ?

L'ouverture de la portière fait grincer les charnières. La tôle craque sous la poussée du pachyderme. Les suspensions couinent. Planté devant moi, l'homme affiche une surcharge pondérale importante. Son poids évase ses baskets dénouées. Cinq rangées derrière, Alain charge son coffre de provisions. Sa tête est nue. Son regard furtif. Le chariot garni à ses côtés accrédite à la perfection son rôle de client. Il colle à l'environnement. J'ôte mon bonnet et le fourre aussitôt dans ma poche.

– Qu'est-ce que tu veux comme cannes à pêche ?

– Qu'est-ce que t'as ?

– Kalachs.

– C'est tout ?

– Tu veux quoi d'autre ?

– Des armes de poing.

– Ouais. Tu veux quoi et combien ?

– Une dizaine. Des automatiques..

– C'est pas possible. J'en ai qu'sept.

– Y m'en faut une dizaine. S'il y en a plus, je prends.

Silencieux, l'homme scrute le parking. Il se frotte la barbe naissante. Il émane de lui une odeur de tabac froid. Il empeste à plein nez.

– J'verrai c'que je peux faire... Et les cannes, t'en veux combien ?

– Une vingtaine, c'est possible ?

– Trois cents si tu veux, sourit-il.

Le chiffre me trouble. Loin de moi l'idée d'un tel volume. Je dois me reprendre. Tenir mon rôle. Dur à cuire, je suis vacciné contre l'émotion intempestive.

– Tu m'intéresses ! T'as quoi d'autre ?

– Explo !

– Quoi comme explosif ?

– En feuille. J'en ai pas beaucoup. J'te dirai.

– T'as des lance-roquettes ?

– Y a plus. T'arrives trop tard.

– Tout fonctionne ?

– Les cannes sont dans leurs caisses d'origine. Elles sont emballées dans du papier gras. Elles sont neuves. Y a même les sangles de transport avec.

– Les munitions ?

– C'est pas un problème. On en a des caisses.

– Attention, pas de coups tordus ! La Corse, c'est pas le bout du monde.

Il esquisse un rictus et vise mon automatique. La crosse apparaît de temps à autre sous le revers de mon manteau.

Aucune surprise ne se dessine sur son visage. Ni aucune crainte d'ailleurs. Alain claque le coffre. Il s'empare du chariot vide. Malin le clin d'œil.

– J'veux voir avant d'acheter ?

– Faut que j'demande.

– C'est loin d'ici ?

– C'est pas ici et pas tout de suite. C'est de l'autre côté. Tu pourras pas.

– L'autre côté ?

– La Belgique.

– Le prix pour les cannes ?

– Deux cents.

– Pour une ! Mais pour le lot complet ?

– Pareil. Ça bouge pas. J'te dirai pour le reste. Comment j'fais pour t'appeler ?

– Tu me bipes à ce numéro. Tu m'inscris le tien sur le biper et c'est moi qui t'appelle. D'accord ?

– OK. Si j't'appelle pas. C'est qu'c'est pas bon. On fera pas affaire.

– Alors, ne m'fais pas attendre trop longtemps.

Il me toise une dernière fois. Tourne les talons et grimpe dans le tas de ferraille qui lui sert de fourgon. Je l'observe quitter son emplacement. Ses bras gonflés ont du mal à tourner le volant.

De retour à la section de recherche, le service tout entier est en effervescence. Les informations obtenues sont de tout premier ordre. Elles sont tout aussi surprenantes qu'effrayantes à imaginer. Le type pourrait armer une compagnie de légionnaires. Qu'ils soient de Dieu ou pas d'ailleurs. Le débriefing achevé, le magistrat instructeur débarque dans les locaux de la section. Moi, je m'isole comme convenu dans le bureau austère. Je déguste un café qui s'apparente plus à du jus de chaussette tinté qu'à un bon arabica ambré.

– C'est tout bon, se réjouit Alain en se frottant les mains.

– J'espère... Le biper nous le dira...

– Vous pouvez sortir ! Le juge vient de quitter les bureaux, invite l'un des OPJ.

C'est désormais au tour de la direction générale. Elle doit être informée. L'étape franchie doit toujours faire l'objet d'un compte rendu téléphonique. Cela sera valable pour toutes celles à venir. Il est vingt et une heures dix. Le biper retentit. Sur l'écran un numéro s'illumine.

– Bingo ! m'écrié-je en fermant le poing.

Sans tarder, je me rends à la cabine téléphonique la plus proche. Alain et les autres m'accompagnent d'un pas décidé.

– Bonsoir, Rouge à l'appareil.

– On s'voit demain. Même heure. Même endroit. J'te dirai.

– Parfait.

Demain... Le fait d'y songer m'empêche de trouver le sommeil. Mes draps sont torturés à l'idée de mettre sous les verrous l'olibrius et sa bande. La mayonnaise a pris. J'en suis le premier ravi. Et c'est là l'essentiel. Dans moins de dix-huit heures je serai fixé sur la prochaine étape.

C'est loin et c'est proche à la fois. Je suis impatient et redoute l'instant. Tout se mélange en moi. Le cœur et la raison. Quel sentiment étrange que celui d'être en proie à l'ambivalence. Aussi lorsque sonne l'heure de la mise en place, je suis presque soulagé. Pour ne pas dire libéré. Je prends position non loin du panneau. Je stationne ici. Juste entre les voitures. Un mille-feuille de pare-brise me sépare de la haute pancarte publicitaire. Je suis pile dans sa diagonale. À une trentaine de mètres. Au pied du panneau, l'emplacement est occupé. Les places disponibles font cruellement défaut aujourd'hui. J'espère que cela ne pénalisera pas le rendez-vous tant attendu.

– À tous, le Bedford s'engage sur le parking. Entrée A. Une personne à bord.

– Bien reçu, rétorqué-je.

Quinze heures cinquante. Il est en avance sur l'horaire. J'abandonne ma radio et m'extirpe de la berline. Ça y est. Je le vois. Je le distingue. Je perçois le toit du fourgon bleu délavé. Il glisse entre les lignes de voitures bien rangées. Il tourne. Il va et vient. Recule. Avance. Prend à droite, puis s'immobilise enfin à une cinquantaine de mètres du panneau. Stationné face à moi, Alain garde l'index sur l'oreille. Il me fait signe de patienter. Je trépigne. Il ôte son bonnet. Le feu vert m'est donné. Je pars cogner à la vitre. Le regard noir de l'entremetteur se réfléchit sur son rétroviseur extérieur. Inutile de tapoter la vitre. Le type anticipe mes pas et ouvre la portière. La tôle froissée craque comme un vieux parquet.

– Restons pas là, allons plus loin, propose le fossoyeur.

– Bien, marchons un peu.

J'ôte mon bonnet. Alain trimbale un panier garni.

– Tu n'auras que deux cents cannes à pêche.

– Pourquoi ?

– C'est comme ça. Sept automatiques. Des CZ. T'en auras pas plus. Il reste quatre feuilles d'explosif. Ça t'intéresse toujours ?

– Je prends. Mais je veux voir avant !

– Samedi onze heures. Je te récupère ici. Tu pourras voir.

– Démonter aussi ?

– Si tu veux. Si c'est bon, tu amènes le fric l'après-midi et tu te tires avec les caisses. On fera ça ailleurs.

– Je serai avec un ami. Il est mon certificat de garantie sur le lot.

Il sera surtout ma sécurité. On est plus fort à deux.

– Si tu veux. Pas de problème.

– Quel prix tu m'fais, appâts compris ?

Sous-entendu les munitions.

– Six mille.

– Je marche pour quatre.

– Alors, j'ai rien à faire avec toi. C'est pas moi qui décide. C'est pas moi qui fixe les prix.

Je réfléchis. Je temporise. Je m'éloigne un peu. Je décroche mon portable et conserve un œil sur le type. Il reste à distance. Il est inquiet. Il scrute le parking.

– Six ! pas en dessous. Ouais, je sais...

Il tend l'oreille. C'est bien comme ça.

– OK ! affirmé-je.

Tout est bidon, mais j'éprouve un réel plaisir à jouer mon rôle à la perfection. Je suis le matador avant la mise à mort du bovin. L'animal est ferré à la couleur des euros. Chariot en main, Alain sourit. Il devine le jeu de rôle auquel je m'adonne. J'imagine volontiers mes camarades rivés aux jumelles et aux téléobjectifs.

– Bien, comme tu voudras.

Je raccroche.

– C'est d'accord pour six mille.

À samedi !

Il est désormais urgent d'agir. Quarante-huit heures nous séparent de l'avant-dernier rendez-vous. Le groupe doit rappliquer au plus vite maintenant. Nous ne serons pas trop de quinze pour assurer l'interpellation en toute sécurité. Il me faut une mallette. Pleine de fric. Des petites coupures. C'est mieux. C'est toujours plus long à comptabiliser et plus appétissant à exposer. Le magistrat est prêt à adresser une réquisition à la Banque de France. À nous ensuite d'en assurer la sécurité. La valise est un élément incontournable pour ne pas dire essentiel. Elle contribuera à la réussite de la mission. C'est l'effet flash ! Son ouverture engendre souvent chez les revendeurs l'annihilation de toute crainte suscitée par ce genre de transaction. Tu ouvres et ils font abstraction, durant quelques secondes, de tous les dangers. Ils sont hypnotisés par la couleur du billet. Tous les feux sont au vert à présent. Le parquet. Les enquêteurs. Nous. Moi dans mon rôle. Les malfrats dans le leur. Celui des convoyeurs de mort à bon marché. Qu'importe qui elle touchera plus tard, pourvu qu'ils touchent avant. Pardon, avec tout ça j'oubliais un feu tricolore. Et pas des moindres. Celui de la direction. Il vient de passer à l'orange. Traduction : réflexion et prise de responsabilité. Tout un programme pour la vieille dame ! Risque ou risque pas. Pendant qu'elle s'applique à peser les enjeux et tente d'insérer la mission dans un cadre légal – autant faire entrer une clef carrée dans une serrure ronde –, les heures s'écoulent en silence. Son mutisme est presque inquiétant. Si le temps, c'est de l'argent, ici, c'est du sang. Aussi je veux croire qu'elle en tiendra compte lors de sa prise de décision. Et au plus vite.

Vingt-quatre heures avant le rendez-vous. Toujours rien de notre direction. Nous sommes fébriles. Le GIGN est désormais présent dans les locaux. Je suis rassuré de les savoir à mes côtés. Tonio, le bel Italien, m'adresse un clin d'œil discret. Ça, c'est un vrai frère. Il a souhaité être là pour le jour J et je l'en remercie. Le juge d'instruction ? Il trépigne d'impatience. Notre chère direction tarde à donner son feu vert. Il redoute un repli stratégique de nos képis étoilés. A-t-il tort ? Ce n'est pas sûr. Qu'en est-il de notre directeur général ? À quoi songe-t-il ? H moins vingt heures. C'en est trop ! Le magistrat débarque dans les locaux. J'entrouvre ma porte. Je capte son agacement derrière celle du bureau voisin. Le débat téléphonique se déroule à huis clos. J'évalue son exaspération à sept sur l'échelle de Richter. La patience s'ébranle. L'engagement se fissure. Le ton monte. Le malaise est presque palpable entre les deux administrations. L'incompréhension s'étale et s'installe entre les deux. Les échanges deviennent de plus en plus tendus. L'une renvoie à l'autre les responsabilités et le cadre illégal de l'opération. Malgré le point de droit soulevé, la seconde persiste à convaincre la première d'enrayer une fois pour toutes la machine à tuer. *Dépêchez-vous, l'urgent presse.* Détruire l'outil à déchiqueter. Quoi de plus normal ? À cela s'ajoute la bénédiction pleine et entière du juge. Alors ! Qu'espère-t-elle de plus, notre bonne vieille dame ? Puisque le glaive de la justice nous épargnera de toutes les sanctions pénales. C'est garanti. Pas sur papier mais devant témoins. Malgré la parole donnée, les consciences s'affrontent. Deux entités se heurtent dans un face-à-face sans merci. Les allusions se font assassines. À ce jeu dangereux, je crains de voir le feu virer au rouge. Sur la balance deux plateaux tentent de trouver le juste équilibre : cadre légal contre sécurité publique. Textes de loi ou paix des âmes ? Il faut choisir. Et choisir vite ! Les aiguilles tournent. L'horloge murale affiche dix-sept heures. Au-delà de dix-huit, c'est foutu. La Banque de France ne pourra pas conserver plus longtemps ses portes ouvertes rien que pour nous. Laquelle des deux entités emportera la décision ? C'est tout vu. Moi, j'opte pour la sauvegarde des hommes. Au diable les textes ! À quoi bon se cacher derrière eux puisqu'en face ils en jouent en toute impunité. Aujourd'hui en France. Demain en Belgique. Un va-et-vient permanent qui leur permet d'échapper aux poursuites des deux côtés de la frontière. Le combiné frappe l'appareil. Je ferme la porte. Une autre claque. Des pas s'éloignent. D'autres s'approchent. Yousef franchit le seuil de notre bureau.

– C'est foutu, la direction refuse toute implication dans ce genre d'opération. C'est un ordre et c'est sans appel. Je suis désolé.

Le contrordre résonne en moi comme un glas. Le coup de grâce vient de m'être donné. Adieu armes, mission et organisation bien huilée. Il lui reste encore de beaux jours devant elle avant de la voir succomber. Le bandit corse lui aura fait faux bond sans même l'avoir inquiétée. En attendant, des âmes s'écrouleront encore et toujours à ses pieds. Je vais devoir apprendre à avaler ma colère. Prendre plus de risques pour mieux me taire. À quoi bon tout ça ? Mes priorités ne sont décidément pas les leurs. Aujourd'hui, la direction refuse de nous recevoir, Alain et moi, sur le sujet. Il est désormais classé sans suite. Le voilà clos à tout jamais. Au-delà de l'amertume engendrée, comment lui en vouloir au regard des textes invoqués ? Tout lui donne raison. Mais comment lui pardonner au regard des vies bousillées ? Qui ose gagne... J'en rirais presque si ce n'était pas si dramatique. Nous ne sommes pas prêts d'être un jour sur le podium ni dans les étoiles. La vieille dame ne vise pas la lune... J'en suis désormais convaincu.

Combien de temps faudra-t-il attendre encore pour que le sang ne s'échappe plus de nos corps mutilés ?

Combien de temps faudra-t-il attendre pour que des larmes innocentes cessent enfin de couler ? Allez, dis-moi ! Dis-moi, s'il te plaît. Combien de temps encore ?

Je ne sais pas, mon enfant... je ne sais pas.

Aujourd'hui est un jour particulier. Un jour important. Le courage me manque. Aussi je préfère écrire ce matin plutôt que de m'exprimer devant un parterre de frères tout de bleu vêtus. Lire me sera plus aisé. C'est du moins ce que j'espère, même si je n'en suis pas tout à fait convaincu. Le gosier me serre. Assis à mon bureau, j'hésite. Le doute subsiste encore. Malgré le trouble, ma plume fige à tout jamais mon histoire sur le papier. Seul devant ma feuille, je couche quelques mots en toute simplicité. En toute humilité. J'ai de l'encre sur les doigts pour quelques larmes perdues. Je me souviens...

Ma carrière défile dans ma mémoire. Vingt ans. Vingt ans de service dont plus de quatorze ans consacrés, pour mon plus grand bonheur, au groupe d'intervention de la gendarmerie nationale. GIGN. Quatre lettres qui ont toujours eu le don de me faire rêver. De me faire croire que rien n'est impossible à l'homme dès lors qu'il entreprend avec conviction. Quatorze ans déjà. J'ai grandi. J'ai enfin mûri. Ces dernières années se sont écoulées en un éclair. Sans même l'avoir réalisé. J'en ai pris plein le cœur et l'esprit. Ma route a très souvent croisé celles du désespoir et de l'insouciance. Celles de vies plus faciles aussi. Bien que la réflexion ait été longue à mener et la décision difficile à prendre, l'évidence s'impose à moi comme un nouveau chemin de vie. Malgré la richesse des hommes et les émotions vécues, je me décide aujourd'hui à mettre un terme à mon contrat. Le cœur n'y est plus. L'engagement non plus. Cela pour deux raisons. La première : La situation ne change guère. Bien que tout évolue autour de nous, la vieille dame s'obstine à rester scellée dans des initiatives bridées et des responsabilités contrariées. C'est bien dommage. Car, au sein de notre unité, la volonté humaine et la connaissance technique ne sont pas le fruit d'une équation à deux inconnues. Si je peux me permettre, madame, avec tout le respect que je vous dois, notre compétence et notre capacité sont depuis toujours connues et reconnues de tous. Alors, pourquoi tant de prudence ? Pourquoi tant de réticence ? L'excès n'est jamais bon. Seul le juste équilibre compte. Je vous rassure, la détermination des hommes reste pleine et entière. Comment ? Par la passion qui les anime et le défi à relever. La discrétion qui vous caractérise, et bien souvent vous honore, vous dessert aujourd'hui à mes yeux fatigués. J'ai dit, vénérable dame.

L'unité GIGN ? Elle est peut-être là notre seule et véritable réussite. Chaque âme représente un petit monde. Un monde qui, mis bout à bout, forme un tout. Une fusion des êtres qui ne font qu'un. Un comme l'unité. D'ailleurs, à bien y réfléchir, je réalise aujourd'hui que la vieille dame a sans doute toujours refusé l'idée que le monde ne forme qu'un tout et un seul. Je suis navré de ne pas constituer ce tout avec elle si nécessaire à notre sauvegarde. Ce n'est pas faute de l'avoir invitée.

Ma laisse est devenue trop courte. Elle réduit mon champ d'action à un simple mouchoir de poche. Bien que je continue à me reconnaître dans le GIGN, je me perds désormais dans cette entité qu'est la gendarmerie. Force est de constater que l'attachement que je garde pour elle n'évitera pas la désunion désormais annoncée. Alors, ne m'en veuillez pas. La patience s'érode. J'en ai fini de lutter. Rien de grand ne se fait sans risque. Rien de grand ne peut se faire sans l'union des hommes. J'espère que la vieille dame le réalisera bien assez tôt avant qu'il ne soit trop tard. Je sais ce que je veux et surtout ce que je ne veux plus. Je n'en peux plus d'attendre que les choses bougent.

Je suis conscient que je ne pourrais jamais seul refaire le monde et que, seul, je serais, comme chacun de nous, voué à l'échec. Alors, n'avançons plus et prenons plutôt de la hauteur. Élevons-nous au plus haut des cieux pour faire l'état des lieux de notre belle planète bleue et de toutes ses institutions. Donnons. Donnons plus encore. Offrons plus de temps. Plus d'écoute et de soutien à l'homme qui souffre ici ou là. Il en va de notre sécurité, de notre pérennité et celles de nos enfants. C'est bien la seule valeur sûre qui nous reste encore aujourd'hui. L'amour de nos enfants...

Tout comme la montgolfière délestons-nous de ce qui pourrait être profitable à l'autre ou trop lourd à charrier. Ainsi nous prendrons de l'altitude. Notre champ de vision en sera modifié. Donner. Donner sans retour. Donner sans attendre. Ce qui est valable pour l'homme l'est aussi pour tout un pays. Pour tout un continent. Pour toutes les terres émergées que compte notre planète. Arrêtons. Arrêtons d'attendre. N'attendons pas que quelqu'un vienne nous délivrer. Ne plaçons pas la responsabilité d'une paix possible entre les hommes sur autrui. Et si l'éventuel libérateur s'impatientait lui aussi de voir la démonstration de notre volonté de paix enfin s'affirmer ? L'aide ne viendra pas de l'extérieur. Elle viendra d'abord de l'intérieur. Le monde se transformera lorsque l'un cessera d'attendre l'autre. L'homme n'a qu'une seule chose à changer pour être le témoin du grand bouleversement : lui-même.

Au-delà de ce constat, il y a une autre raison qui explique ma décision. Une cause tout aussi importante à mes yeux embués. La disparition de mon ami Antonio. Il m'a quitté trop tôt. Trop jeune. Au large d'Agay. Une plongée de plus. Une plongée de trop. Pour la première fois une plongée sans moi. Plongeurs émérites, lui et Éric m'ont quitté il y a quelques mois. Lors d'un après-midi de novembre. Le voilà à tout jamais parti vers un nouveau monde. Ce qui me rassure, c'est que j'ai eu le temps de tout lui dire. De tout lui promettre. Aujourd'hui, j'ose croire qu'il est encore parmi nous. À défaut de pouvoir atteindre la lune, il aura au moins touché les étoiles. Comme tous mes frères d'armes tombés pour la vie. Juste une petite confidence, Antonio : Je suis sûr que dans les prunelles de tes enfants, devenus grands aujourd'hui et sans doute pères demain, se reflète maintenant le regard d'un fantôme très heureux. Bon vent, mon ami... mon frère...

C'est idiot, mais si je devais refaire le chemin à l'envers, je crois que je l'accomplirais de nouveau assorti de mon plus beau sourire. Même si j'ai toujours voulu viser la lune sans jamais pouvoir l'atteindre, j'estime aujourd'hui avoir vécu, l'espace d'un instant, dans les étoiles... C'est extraordinaire !

Quelqu'un qui admire ceux qui ont fait de l'homme la priorité absolue...

Mis en pages par DV Arts Graphiques à La Rochelle
Imprimé en France par la Société Nouvelle Firmin-Didot
Dépôt légal : avril 2008
N° d'édition : 1082 – N° d'impression : 89825
ISBN 978-2-7491-1082-0